绍兴文理学院出版基金资助

中国企业集团财务公司治理监管研究

马林 著

中国财经出版传媒集团
中国财政经济出版社

图书在版编目（CIP）数据

中国企业集团财务公司治理监管研究／马林著．－－北京：中国财政经济出版社，2022.9
ISBN 978－7－5223－1105－0

Ⅰ.①中… Ⅱ.①马… Ⅲ.①企业集团－金融公司－企业管理－研究－中国　Ⅳ.①F279.244

中国版本图书馆 CIP 数据核字（2022）第 020318 号

责任编辑：武志庆　　　　　责任印制：党　辉
封面设计：王　颖　　　　　责任校对：徐艳丽

中国企业集团财务公司治理监管研究
ZHONGGUO QIYE JITUAN CAIWU GONGSI ZHILI JIANGUAN YANJIU

中国财政经济出版社　出版

URL：http：//www.cfeph.cn
E－mail：cfeph@cfeph.cn

（版权所有　翻印必究）

社址：北京市海淀区阜成路甲 28 号　邮政编码：100142
营销中心电话：010－88191522
天猫网店：中国财政经济出版社旗舰店
网址：https：//zgczjjcbs.tmall.com
北京财经印刷厂印刷　各地新华书店经销
成品尺寸：170mm×240mm　16 开　17 印张　239 000 字
2022 年 9 月第 1 版　2022 年 9 月北京第 1 次印刷
定价：72.00 元
ISBN 978－7－5223－1105－0
（图书出现印装问题，本社负责调换，电话：010－88190548）
本社质量投诉电话：010－88190744
打击盗版举报热线：010－88191661　QQ：2242791300

前　言

企业集团财务公司（以下简称"财务公司"）是极具中国特色的非银行金融机构，是国家为促进大型企业改革和发展做出的一项特殊的金融制度安排，是我国金融体系中非常重要的组成部分。截至2020年年末，财务公司全行业表内外资产突破10万亿元大关，至11.34万亿元。财务公司已经名副其实地成为我国金融体系的重要组成部分，是大型企业集团产融结合发展的重要平台。财务公司在提高企业集团资金管理效率，降低融资成本、提高融资效率方面发挥了积极的作用。随着财务公司的快速发展，经营管理风险开始暴露。2018年，宝塔石化集团财务有限公司票据兑付危机暴发。[①] 随后又有多家财务公司相继被曝发生流动性危机。公司治理机制失灵被认为是金融风险暴发的重要因素。2020年8月，中国银行保险监督管理委员会（以下简称《中国银保监会》）印发《健全银行业保险业公司治理三年行动方案（2020—2022年），提出切实增强银行业保险业机构公司治理监管工作质效，打赢防范化解金融风险攻坚战。学术界和实务部门历来重视对商业银行、保险机构公司治理及治理监管的研究，国内外相关

---

① 2020年8月24日，银川市中级人民法院依法公开开庭审理被告单位宝塔石化集团有限公司、被告人孙珩超、孙培华、王高明、米荣荣犯票据诈骗案件。公诉机关指控，2013年以来宝塔集团开始出现大规模亏损，被告人孙珩超作为董事长，明知该集团不符合申请设立财务公司的资格，为解决宝塔集团资金短缺问题，仍然安排筹建财务公司，在明知宝塔集团巨额亏损，资不抵债，无兑付能力的情况下，指使财务公司通过审核签发无真实贸易背景的电子银行承兑汇票的方式进行融资。自2016年4月至2018年10月31日，宝塔石化集团财务有限公司共计审核签发无真实贸易背景电子银行承兑汇票票据4.95万张，票面金额共计284.6亿元；至案发，未兑付银行承兑汇票27064张，未兑付金额171.29亿元。新华网宁夏频道转载宁夏日报庭审报道 http://www.nx.xinhuanet.com/newscenter/2020-08/25/c_1126409111.htm。

文献和成果较为丰富，但对财务公司这类特殊的金融机构公司治理、治理监管特殊性重视不足，相关研究成果匮乏。

公司治理本质上是一个不完全信息下的动态博弈均衡，涉及政治、经济、文化、历史等多方面的因素，机制成因和运行非常复杂，中国特色银行保险业公司治理机制的构建必然是一项系统工程。党的十九大提出健全金融监管体系，守住不发生系统性金融风险的底线的要求。第五次全国金融工作会议明确提出，要完善现代金融企业制度，完善公司法人治理结构，优化股权结构，建立有效的激励约束机制，强化风险内控机制建设，加强外部市场约束。财务公司是大型企业集团投资设立的为集团内部成员进行资金融通、资金集中管理和提供金融服务的金融企业，同时也是受金融监管部门监督管理的一类非银行金融机构，连接企业集团实体产业和金融产业，是大型企业集团产融结合发展的阵地和资金融通的内部银行。财务公司依附于大型企业集团，旨在加强集团资金集中管理、提升集团成员单位的资金使用效率，具有产业和金融的双重属性。防范控制各类风险，促进公司治理能力的提升，不断提升服务能力是金融管理部门关注的重点。中国银保监会对财务公司开展以公司治理等内容为核心的外部监管。加强金融机构公司治理监管是全球共识，巴塞尔银行监管委员会、国际保险监督官协会等国际组织均在监管核心原则文件中明确了对公司治理的监管要求。我国银行业保险业公司治理监管还存在短板，完善公司治理监管体制机制，提升公司治理监管信息化水平，从外部促进金融机构公司治理质量提升，是当前及未来一个时期金融监管当局关注的核心问题。

开展公司治理外部监管是金融监管的重要组成部分，是实现监管目标的重要手段，也是提升财务公司治理水平、防范经营风险的机制保障。财务公司与商业银行虽然均属于存款类金融机构，但其服务对象、主要业务模式、业务风险点、股东股权、内部管控等均与商业银行存在显著差异。财务公司经营、功能和定位的特殊性决定了公司治理的特殊性。财务公司治理监管需要与治理特殊性相适应，建立并不断完善与商业银行相区别的财务公司治理监管规则体系。科学合理地开展财务公司治理监管，也是降低行业金融风险、提升监管效能的现实需要。

  本书基于财务公司治理特殊性，对财务公司治理监管进行全面解析和系统阐释，在理论研究和文献分析的基础上，构建财务公司治理和治理监管的特殊性理论，建立适应财务公司治理特殊性的监管规则体系，提出优化治理监管的具体对策和监管政策建议。为检验理论可靠程度，本书基于财务公司统计年鉴数据、行业年度统计调查等数据，对财务公司治理状况进行考察，评估财务公司治理质量，实证分析财务公司治理状况对公司金融服务能力的影响，为完善理论改进治理监管政策提供实证依据，归纳总结财务公司治理机制失效的规制性因素，针对具体问题提出规则完善的对策建议。

作者

2022 年 1 月

目 录

第1章 绪论 ·· (1)
  1.1 研究背景 ·· (1)
  1.2 研究意义 ·· (3)
  1.3 研究内容 ·· (7)
  1.4 行业发展概览 ·· (7)

第2章 相关理论与文献综述 ·· (10)
  2.1 概念界定 ·· (10)
  2.2 公司治理相关理论 ·· (13)
  2.3 财务公司治理相关文献 ··· (19)

第3章 企业集团财务公司治理和监管演进 ··························· (31)
  3.1 我国财务公司行业发展历程 ····································· (31)
  3.2 企业集团财务公司治理发展演进 ································ (35)
  3.3 财务公司治理模式的演进 ·· (39)
  3.4 我国财务公司监管的演进 ·· (41)
  3.5 财务公司治理监管的发展趋势 ··································· (60)

第4章 基于治理监管的财务公司治理评估研究 ···················· (69)
  4.1 财务公司治理评估 ·· (69)
  4.2 财务公司治理评估体系的设计 ··································· (85)

第5章 财务公司治理状况及对资金归集能力影响的实证研究 …… (118)
- 5.1 计量模型设定与治理指标说明 …… (120)
- 5.2 研究设计 …… (123)
- 5.3 财务公司治理指数测算与描述统计 …… (126)
- 5.4 回归分析 …… (129)
- 5.5 实证研究结论的解释 …… (131)

第6章 基于调查的财务公司治理与监管成效分析 …… (134)
- 6.1 基于调查的财务公司治理成效与存在问题 …… (134)
- 6.2 财务公司治理存在的主要问题 …… (141)
- 6.3 财务公司治理监管的成效 …… (147)
- 6.4 财务公司治理监管效能不断提升 …… (151)

第7章 基于评估的财务公司治理监管框架研究 …… (153)
- 7.1 识别财务公司治理监管性质 …… (153)
- 7.2 明确财务公司治理监管目标 …… (155)
- 7.3 坚持财务公司治理监管原则 …… (156)
- 7.4 不断完善财务公司治理监管方式 …… (158)
- 7.5 完善《公司法》加强法律规制 …… (165)

第8章 基于治理监管框架的治理监管政策研究 …… (176)
- 8.1 企业集团财务公司治理机构监管 …… (177)
- 8.2 企业集团财务公司治理机制监管 …… (199)

第9章 财务公司治理监管：法律规制 …… (212)
- 9.1 公司法与公司治理 …… (213)
- 9.2 金融机构公司治理法律规制一般路径 …… (221)
- 9.3 商业银行法修改完善 …… (231)

参考文献 …… (238)

第1章 绪论

1.1 研究背景

金融机构公司治理研究是横跨经济学、管理学、法学等多门学科的交叉领域。国际金融危机暴露出西方国家金融企业公司治理存在的严重问题，如激励短期化导致股东、高管和部分员工过度冒险。在总结金融危机发生原因时，人们普遍认为金融企业公司治理存在缺陷是引发危机的重要因素。金融机构多数具有外部性强、财务杠杆率高、信息不对称严重的特征，各国金融监管机构无不把提升公司治理质量作为监管的重中之重，我国监管部门也将完善公司治理作为我国金融企业改革的重中之重。国际金融危机以来金融企业公司治理问题成为理论界和实务界关注的焦点。一段时间以来，我国部分中小金融机构也产生了大股东操纵和内部人控制问题。公司治理在我国经济转轨发展过程中历经了30多年的发展历程，一直是国有企业、金融机构以及上市公司改革发展的重点问题。金融机构公司治理问题成为各国经济学、管理学、法学等学科的热点研究领域。党的十八大以来，党中央多次强调要完善现代金融企业制度和公司法人治理结构，优化股权结构，建立有效的激励约束机制，强化风险内控机制建设，加强外部市场约束。金融监管机构出台一系列整顿和监管措施来加强对金融机构的公司治理监管。不断提升金融机构公司治理质量和能力，是防范和控制金融风险和提高监管效能的基础和关键。危机后各国加大了对金融企业公司治理的监管力度，出台了一系列公司治理监管法案和监管措施，意图通过加强公司治理监管，促进金融企业构建合理的激励约束机制、制衡机制和内部控制机制，从源头上防范各类风险，维护金融系统稳定。2020年8月，中国银保监会印发《健全银行业保险业公司治理三年行动方案（2020—2022年）》，提出以习近平新时代中国特色社会主义思想为指导，坚持加强党的领导，坚持完善现代金融企业制度。明确要坚持问题导向、标本兼治、分类施策、统筹推进的原则，聚焦主要问题、弥补制度短板、强化差异化监管、注重工作整体性和协同性。力争通过三年努力，初步构建起中国特色银行业保险业公司治理机制。

企业集团财务公司作为纳入中国银保监会监管的持牌金融机构，在提升公司治理质效方面既存在金融机构治理的一般共性，但与其他类型的金融机构相比，财务公司治理特殊性表现更为显著。现行财务公司治理监管框架和具体规则不能满足治理特殊性要求，监管过度、监管真空、重复监管等问题同时存在。近年来出现了个别财务公司风险暴露和信用危机，这固然有其内部治理失灵的原因，但外部治理监管机制没能有效发挥作用也是不可忽视的重要因素。

财务公司行业的发展与国家经济和企业集团的发展密切相关，是金融服务实体经济的重要媒介。财务公司为集团内部资本市场功能的发挥提供了平台，有助于集团更好地缓解融资约束问题，实现资本有效配置，降低交易成本。财务公司具有内部结算、融资、投资等金融服务功能。近年来，我国财务公司行业保持快速良好发展势头，机构数量逐年增加，全行业资产规模稳步增长，资产质量保持良好，财务公司在服务企业集团和实体经济发展中的作用越来越重要，是我国金融体系的重要组成部分。财务公司背后所依托的企业集团更是在国民经济中占有举足轻重的地位。近年来，中国人民银行、国务院国有资产监督管理委员会和中国银保监会等管理部门强调金融需服务实体经济，大力支持扶持财务公司行业发展，财务公司行业呈现出朝气蓬勃的良好发展局面。与此同时在我国财务公司行业高速发展的同时，公司治理和治理监管呈现出一些需要研究解决和应对的突出问题，公司治理监管科学性、有效性也有待提升。加强和完善财务公司治理监管，促进财务公司治理水平的提升，防范金融风险和提升服务实体经济的能力成为财务公司和监管机构共同关心的重要问题，在此背景下企业集团财务公司治理监管研究要回应现实需要、在理论和应用层面继续推动相关研究的发展并引向深入。

1.2 研究意义

基于以上背景，以公司治理特殊性理论作为分析框架，对财务公司治理监管开展系统性研究，具有重要的理论意义和现实意义。

1.2.1 理论意义

公司治理问题研究最早可以追溯到伯利和米恩斯的《现代公司和私人产权》。在这部著作里，两位作者对美国的主流公司做了大量的分析研究，提出了所有权和经营权的分离问题，并引发了代理问题的讨论，这被认为是公司治理问题的发端。[①] 2008 年国际金融危机后，金融机构公司治理问题成为理论界关注的焦点。周小川指出，国内现代企业制度建设已经推进了这么多年的情况下，一些公司、银行及金融机构，仍然缺乏公司治理原则的基本概念，公司治理形同虚设，制衡机制基本是零，表明公司治理方面的改革和推行的力度还存在缺陷。在研究金融稳定、金融风险的时候，应当把公司治理考虑进去。[②] 金融机构公司治理既与工商企业、上市公司治理存在一般共性，又由于金融机构高负债、高杠杆、高风险经营，经营活动具有强外部性特征，其公司治理表现出强烈的特殊性。在理论上建立金融机构治理特殊性理论框架尚不能满足实践发展需要，迫切需要将金融机构治理特殊性理论进一步推进到不同类型的金融机构，在金融机构治理特殊性理论框架下根据不同类型金融机构功能定位特点进一步构建细分理

---

① [美] 伯利, 米恩斯. 现代公司与私有产权 [M]. 甘华鸣, 罗锐韧, 蔡如海, 译. 北京: 商务印书馆, 2005.
② 周小川. 公司治理与金融稳定[J].中国金融, 2020 (15).

论。财务公司是我国金融体系的重要组成部分，其区别于商业银行的公司治理特殊性及治理监管特殊性并没有引起应有的关注，学术界对财务公司公司治理的理论研究尚处于起步阶段，对财务公司公司治理监管理论研究阙如，因此系统进行财务公司治理监管研究，具有理论上的意义。

（1）有利于丰富和发展金融机构治理监管理论

财务公司具有金融性、产业性和企业性三重属性，学术界对财务公司治理监管理论研究滞后于实践的发展。学术界目前没有将财务公司作为一类独特的金融机构来进行独立的公司治理监管理论研究。目前学术界对主要的金融机构，如银行公司、保险公司、证券公司的公司治理监管理论研究比较丰富，特别是对在我国金融体系中处于绝对优势地位的商业银行公司治理监管研究比较丰富，但对于财务公司行业的公司治理及监管理论研究还很薄弱，没有引起学术界的足够关注，治理监管相关理论还有待丰富发展和完善。

（2）有助于推动财务公司治理监管理论的构建和发展

财务公司治理监管不是一般工商企业和商业银行治理评估理论在财务公司的简单套用。通过对财务公司治理监管的研究，有助于推动完善财务公司治理理论、监管理论的发展完善，推动财务公司治理及监管的独立性，推动财务公司公司治理的评估和治理监管更符合财务公司发展的实际。此外，对财务公司治理相关问题的规范研究和实证检验，同时有助于推动公司治理理论和金融监管理论的发展。

1.2.2 现实意义

前银监会主席刘明康指出：公司治理是银行永续发展的基石，中国银监会一贯重视银行业公司治理建设，通过加强治理监管促进银行业金融机构公司治理水平的不断提高。前银监会主席尚福林指出，过去10年银行改革的重点是股份制改造，下一阶段要抓住公司治理这个关键，重点完善有效制衡机制，提高经营决策的科学性和运营管理的稳健性。现任银保监会主席郭树清指出，完善公司治理是金融企业深化改革、实现高质量发展的首要任务。

美国2008年金融危机爆发的一个重要原因是金融机构存在公司治理缺陷，复杂的委托-代理关系和信息不对称造成风险积聚并最终演变成金融危机。金融危机后，各国政府金融管理部门对金融机构公司治理监管程度加深，监管制度日益缜密，金融机构公司治理监管受到前所未有的重视和加强。习近平总书记高度重视金融工作，多次就完善金融机构公司治理发表重要论述。2016年习近平总书记主持召开二十国集团领导人杭州峰会，峰会公报明确支持《二十国集团/经合组织公司治理原则》的有效实施。金融管理部门不断加强公司治理监管，持续推动党的领导与公司治理有机融合，落实《二十国集团/经合组织公司治理原则》，探索构建中国特色金融机构公司治理机制。中国银保监会将公司治理监管作为银行保险业监管中的核心，持续完善公司治理规制，深入整治公司治理乱象，相继出台了股东股权管理、关联交易管理、独立董事管理等一系列规制文件。在2018年监管机构整治银行业市场乱象的行动中，公司治理不健全成为治乱工作的首要对象。2019年末出台的《银行保险机构公司治理监管评估办法（试行）》中，公司治理的评估结果更成为监管的重要量化依据。金融机构行业的特殊性决定了其公司治理和治理监管既遵循公司治理的一般规律，又要求公司治理相关主体对其特殊性给予充足关注。财务公司作为一类特殊类型的金融机构，对其开展公司治理监管应不同于其他银行业金融机构。

（1）研究财务公司治理监管为提升治理水平提供方案

2013年中国银监会印发《商业银行公司治理指引》（以下简称《治理指引》），明确将财务公司纳入参照执行的金融机构范畴，财务公司治理监管正式进入有章可循的阶段，经过多年的实践，财务公司治理实践和治理监管面临一些亟待研究解决的问题。中国银保监会于2021年6月8日印发《银行保险机构公司治理准则》（以下简称《治理准则》），旨在替代《商业银行公司治理指引》，对银行保险机构治理准则进行了大幅修订，第7条第2款提出：监管机构可以根据银行保险机构的不同类型及特点，对其公司治理开展差异化监管。第115条第二款规定：除银行保险机构外，中国银保监会负责监管的其他金融机构参照适用本准则，法律法规及监管制度另有规定的从其规定。表明《治理准则》目前未将财务公司明确排除适用。本书运用规范研究方法、针对财务公司治理监管中存在的问题，有针对性地提出优化方案，有助于建立更加科学有效的监管规则体系，促进财务公司治理水平的提升。

（2）研究财务公司治理监管有助于提高监管实效

财务公司风险的暴露对金融市场产生震动，违法违规开展业务是风险发生的直接原因，深层原因在于财务公司治理出现失灵，制衡和监督机制没能发挥应有作用。从监管角度看，信用危机发生也表明监管机制或执行机制存在缺陷。系统性开展财务公司治理监管研究，将该领域研究引向深入，有利于为监管部门加强公司治理监管提供决策支持。从国际上看，加强对金融机构公司治理的监管已经成为监管发展趋势。财务公司作为非银行金融机构应当积极借鉴国际经验，紧密结合国情和行业发展实际，不断强化公司治理能力建设。监管机构要加强外部治理监管，构建科学有效的符合我国特色的治理监管体系，需要与时俱进以发展的理论研究作为支撑。依法科学有效监管是金融监管永恒的主题，财务公司治理评估研究为在实践中开展有效监管提供了有价值的参考，是治理监管的重要手段和组成部分，治理监管研究则更直接服务于监管实践，研究财务公司治理监管对财务公司监管和行业发展具有重要现实意义。

（3）财务公司治理监管研究对提升财务公司经营管理绩效和行业的持续稳健快速发展具有实践价值

在当前经济全球化和金融一体化的新形势下，企业之间的竞争越来越表现为企业制度之间的竞争。良好的公司治理结构和机制，能够提高公司的科学决策水平，控制经营风险，提升公司的竞争能力和经营管理绩效。财务公司行业对国民经济的发展具有重大意义，良好的治理结构和较高的治理水平是财务公司长远发展的基石。只有建立起规范有效的公司治理结构，与时俱进提升公司治理水平，财务公司行业才能在国民经济中发挥更大的作用，在服务实体经济发展中才有更大的话语权。从监管者角度看，治理监管能力和方法也需要根据实践发展而不断提升，这样才能促进整个行业保持健康高速和可持续发展。富有成效的金融机构公司治理监管是守住不发生系统性金融风险目标的方式和途径。法律法规、监管规范等规范组成银行保险机构公司治理和治理监管的制度规范，财务公司治理监管制度的发展完善及制度的有效执行是财务公司治理目标实现的重要条件。

1.3 研究内容

本书以财务公司治理监管为研究主线，在综述公司治理、金融机构公司治理、财务公司治理相关文献基础上，回顾财务公司治理监管发展演进，系统分析财务公司治理特殊性，实证检验公司治理质量对财务公司金融服务能力的影响，分析财务公司治理成效和治理监管存在的问题，构建并优化财务公司监管规则，提出完善财务公司治理监管的政策框架和具体对策。

1.4 行业发展概览

财务公司作为我国金融体系一个重要的组成部分，服务国内250多家大型企业集团及20多个重要产业。财务公司行业坚持服务实体经济的使命定位，深化供给侧结构性改革，为产融结合、降本增效和实体经济发展提供了有力支撑。截至2020年年末，财务公司行业法人机构数量257家，财务公司资产规模平稳增长，表内外资产规模首次突破11万亿元。财务公司充分发挥集团资金管控功能，行业平均资金集中度再创新高，超过50%。全国财务公司服务的成员单位涵盖电力、石油化工、钢铁、机械制造、民生消费等领域。根据2019年统计数据显示，全国共有中央国有企业财务公司77家，较2018年新增1家，占全部财务公司的近1/3。地方国有企业财务130家,占全部财务公司数量的半壁江山。民营和外资财务公司51家,占比约1/5。从地域分布上看,北京、广东、上海三个省市的财务公司数量最多,分别为73家、24家、23家,财务公司地区分布比较集中。

近年来财务公司行业整体继续保持良好发展态势,持续深化服务实体经济,继续加快业务结构转型,坚决守住不发生系统性金融风险的底线,整体上取得了较好的发展业绩。全行业实现营业净收入1421.1亿元,实现净利润817.15亿元。2019年年末,财务公司全行业不良资产余额501.96亿元,平均不良资产率0.65%;不良贷款率0.86%,行业平均资本充足率19.78,核心一级资本充足率18.78%,拨备覆盖率356.49%。财务公司资金管控能力持续加强,全行业平均资金集中度达到51.65%[①]。2020年年初,新冠肺炎疫情暴发并在全球蔓延,成为波及国家或地区最广、影响人口最多的重大公共卫生事件,也成为财务公司发展所必须面对的重要外部环境因素。面对疫情冲击,财务公司行业保持了稳健的整体发展态势。2020年面对复杂的国内外经济形势,特别是新冠肺炎疫情的冲击,财务公司作为我国金融体系的一个重要组成部分,服务国内200多家大中型企业集团及其所在的20多个重要产业,为我国大型企业集团经营发展、产业升级和实体经济发展提供了重要支撑。财务公司发挥集团内部资金管理平台功能,资金归集平台功能,2020年行业全口径平均资金集中度达到52.17%。在新冠肺炎疫情肆虐的背景下,财务公司助力企业集团和成员抗击疫情复工复产,提供财票承兑、开具保函等表外业务,降低企业集团财务成本。

财务公司立足功能定位,发挥贴近实业优势,服务产业需求,助力集团降低财务成本,优化资源配置,推进企业集团产业链良性发展。财务公司不断转变发展理念,在做好资金集中管控的同时,发挥辅助管理属性,在筹融资和集团管理等方面探索突破。财务公司全行业加强党的建设,公

---

① 中国财务公司协会:《中国企业集团财务公司行业发展报告(2020)》,社会科学文献出版社,2020年10月第1版。

司治理不断完善，确保中央大政方针和决策部署在各项工作中得到贯彻落实。把党的领导融入公司治理的各个环节，进一步健全公司治理体制机制，搭建规范的"三会一层"治理架构，各治理主体之间的职责进一步明确，内部管理机制不断完善。2020年，突如其来的新冠肺炎疫情，给我国经济社会发展带来前所未有的冲击和挑战。2021年，全球疫情防控形势依然严峻，疫情给我国经济发展和金融稳定带来的不确定性和挑战仍然很大。面对疫情，财务公司行业保持了整体稳健态势，紧扣集团和所在行业的发展需求，不断加大对集团和成员单位的信贷支持力度，支持实体产业发展成效显著。

面对国内外风险挑战的明显上升、金融风险易发高发的复杂局面，在"稳定大局、统筹协调、分类施策、精准拆弹"的基本方针指导下，财务公司全行业守住了不发生系统性风险的底线。在金融领域个别风险事件发生后，财务公司行业进一步完善风险治理架构、加强风险管理制度建设、增强风险管理文化、重点加强信用风险、市场风险、操作风险、流动性风险等管控，尤其是着力于新兴业务的风险管理，并通过风险管理信息系统建设夯实风险管控的技术基础。过去一段时间，财务公司行业发展呈现四个新的特点：一是更加注重高质量发展和服务实体经济；二是更加注重基本功能发挥和金融风险防控；三是更加注重服务效率与服务质量；四是更加注重融入集团战略和整合内外部金融资源。在新的历史形势下，财务公司行业面临三个重要挑战：一是外部环境的负面冲击加大，外溢效应不断强化、深化甚至恶化；二是行业竞争力提高更为迫切，相对封闭的运营体系较难适应双向开放和技术创新的发展要求；三是风险事件导致行业分化更加明显，中小财务公司的发展面临显著瓶颈[①]。

---

① 中国财务公司协会：《中国企业集团财务公司行业发展报告（2020）》，社会科学文献出版社，2020年10月第1版。

第 2 章　相关理论与文献综述

2.1　概念界定

2.1.1　财务公司

中国银监会发布的《企业集团财务公司管理办法》第二条规定，财务公司是指以加强企业集团资金集中管理和提高企业集团资金使用效率为目的，为企业集团成员单位提供财务管理服务的非银行金融机构。企业集团是指在中国境内依法登记，以资本为联结纽带、以母子公司为主体、以集团章程为共同行为规范，由母公司、子公司、参股公司及其他成员企业或机构共同组成的企业法人联合体。成员单位包括母公司及其控股51%以上的子公司；母公司、子公司单独或者共同持股20%以上的公司，或者持股不足20%但处于最大股东地位的公司；母公司、子公司下属的事业单位法人或者社会团体法人。

财务公司是银行业金融机构、非银行金融机构、存款类金融机构。财务公司经营范围和业务种类应当经中国银保监会审查批准。目前财务公司经批准可以开展的业务包括：对成员单位办理财务和融资顾问、信用鉴证及相关的咨询、代理业务；协助成员单位实现交易款项的收付；经批准的保险代理业务；对成员单位提供担保；办理成员单位之间的委托贷款及委托投资；对成员单位办理票据承兑与贴现；办理成员单位之间的内部转账结算及相应的结算、清算方案设计；吸收成员单位的存款；对成员单位办理贷款及融资租赁；从事同业拆借；经批准发行财务公司债券；承销成员单位的企业债券；对金融机构的股权投资；有价证券投资；成员单位产品的消费信贷、买方信贷及融资租赁；经批准开展延伸产业链金融服务；中国银行保险监督管理委员会批准的其他业务。

按照资金的来源和用途，财务公司的主要业务通常可以分为三种类型：资产类业务、中间类业务和负债类业务。其中，资产类业务是指财务公司为企业集团内部企业提供贷款、同业拆出、融资租赁、贴现以及经银监会批准的有效证券投资、金融机构股权投资等。而中间类业务则是充当财务与融资顾问，协助成员单位之间做好委托贷款、委托投资、票据承兑等，承销集团内部单位的债券。而负债类业务则是发行财务公司债券、同业拆入资金以及吸收集团内部企业的存款等。

在产融结合日益深化的时代，金融资源是企业集团的重要资源，对于优化企业资源要素配置和提升要素生产率具有重要意义。财务公司作为企业集团的内部金融机构，以"依托集团、服务集团"为经营宗旨，整合集团金融资源，有效发挥金融服务集团主业功能作用。财务公司发挥自身金融专业优势，为企业集团整合优化配置资源创造独特价值。财务公司在整合企业集团资金资源、信用资源和渠道资源方面创造贡献价值。

2.1.2 公司治理

中国银监会《商业银行公司治理指引》将公司治理定义为：公司治理是指财务公司股东会、董事会、监事会、高级管理层、股东及其他利益相关者之间的相互关系，包括组织架构、职责边界、履职要求等治理制衡机制，以及决策、执行、监督、激励约束等治理运行机制。

财务公司根据法律法规及监管规定，建立包括股东大会、董事会、监事会、高级管理层等治理主体在内的公司治理架构，明确各治理主体的职责边界、履职要求，完善风险管控、制衡监督及激励约束机制。根据《治理准则》，良好公司治理包括但不限于以下内容：清晰的股权结构；健全的组织架构；明确的职责边界；科学的发展战略；高标准的职业道德准则；有效的风险管理与内部控制；健全的信息披露机制；合理的激励约束机制；良好的利益相关者保护机制；较强的社会责任意识。

财务公司的股东、董事、监事、高级管理人员等有义务遵守法律法规、监管规定和公司章程，按照各司其职、各负其责、协调运转、有效制衡的原则行使权利、履行义务，维护公司合法权益。股东、董事、监事、高级管理人员等治理主体或相关人员不得以干扰股东会、董事会、监事会会议正常召开等方式妨碍公司治理机制的正常运行，不得损害公司利益。财务公司应当按照法律法规及监管规定，制定和修改完善公司章程。公司章程对公司、股东、董事、监事、高级管理人员具有约束力。公司章程中对股东会、董事会、监事会、高级管理层的组成和职责等进行安排，明确公司及其股东、董事、监事、高级管理人员等各方权利、义务。

2.1.3 治理监管

财务公司治理监管是监管部门依法开展的以维护国家金融系统安全稳定运行，保护利益相关者合法权益，减少财务公司治理层面的冲突，推动监督财务公司完善内控体系，提升决策与风险控制能力为目的外部监管行为。财务公司治理监管需要监管部门真实、准确、完整地获取被监管者包括公司治理在内的数据和信息，运营科学的分析方法和评估系统，有针对性地开展治理监管。

《中华人民共和国银行业监督管理法》第一条规定："监管目标是防范和化解银行业风险，保护存款人和其他客户的合法权益，促进银行业健康发展。"第三条规定："银行业监督管理的目标是促进银行业的合法、稳健运行，维护公众对银行业的信心。"财务公司作为中国银保监会批准设立的金融机构，依法接受监管机构的监管。财务公司治理监管是监管部门对财务公司开展监管的一个重要方面，公司治理监管以法律法规为依据，监管部门根据职责和法律授权对财务公司开展治理监管。

金融管理部门进行的治理监管，本质上是一种行政行为，应当遵循行政行为主体合法、权限合法、内容合法和程序合法的要求。中国银保监会及其派出机构通过实施行政许可、现场检查、非现场监管、评估等方式，对财务公司公司治理实施持续监管。监管机构定期对财务公司治理情况开展现场或非现场评估。监管机构反馈公司治理监管评估结果后，财务公司应当及时将有关情况通报给董事会、监事会、高级管理层，并按监管要求及时进行整改。监管部门进行的治理监管是对财务公司发生现实利益影响的行政活动。

2.2 公司治理相关理论

国内外学术界对公司治理的研究十分广泛，不同国家学者对于公司治理的关注点差异较大。公司治理在宏观上关系到一国企业在全球化进程中的竞争力，在微观上关系到一家公司的经营效益和各方利益，因此是经济学、金融学、法学、管理学等社科领域历久弥新的研究焦点。[①] Hart（1995）认为公司治理可以被看作一种机制安排，用于制订那些事先未能做出的决策，治理结构分配公司非人力资本的剩余控制权，即资产使用权如果在初始合约中未做出安排，则治理结构决定其将如何使用。进入20世纪以后，市场复杂性不断增加，股东的国际化和分散化趋势加剧，这种趋势导致公司经理人员对公司的控制加强，也导致公司股东漠视对公司经营管理层的监督，股东对公司经营的控制能力越来越小。公司在自然演变的进程中所产生的必然结果是董事会逐渐成为公司的权力中心。

公司治理在英美国家的核心关注焦点是，公司治理的基本研究问题是众多小股东与管理层之间的利益冲突问题（Shleifer、Vishny，1997；Bencht、Roel，2002；姜国华等，2006）。但近年来，随着新兴经济体的快速发展和在全球经济中的比重不断上升，公司治理的研究已经从欧美国家扩展到新兴经济体特别是中国的公司治理问题上来。研究视角也由原来的企业层面或企业内部转移到企业之间（企业集团）（Morch、Wolfenzon、Yeung，2005；Morck，2008），研究层面也由微观（董事会结构、经理层薪酬等）和中观层

---

① 刘安. 公司治理的政治经济学维度[J]. 证券法苑，2014（13）：62-87.

面（控制权市场、经理人市场等）转变到宏观层面（法律、政治、文化、历史等）（LaPona、Lopez-de-Silanes、Shleifer，2008）。

股权结构是公司治理的逻辑起点（Bencht 和 Roel，2002）。学者们（La Porta 等，1999；Claessens 等，2000；Faccio 和 Lang，2002；Morck 等，2005；Khanna 和 Yafeh，2007）一致认为：东亚国家和欧洲大陆国家的公司不同于英美国家股权的分散，常常存在控股股东。这意味着公司并非完全独立的实体，而是隶属于企业集团，公司治理深深嵌入企业集团之中，因此需要从公司外部或公司间层面来考察研究公司治理。Morck（2008）甚至认为：对于隶属于企业集团的公司而言，要剖析其公司治理问题，最恰当的分析单位应是企业集团，而非公司。我国学者林毅夫、蔡昉和李周认为："公司治理结构中最基本的成分是通过竞争的市场所实现的间接控制或外部治理。"[1]

公司治理无疑是金融法关注的核心问题之一，商业银行、证券公司、保险公司、信托公司、基金公司等金融机构无不强调公司治理的重要性，资信评级机构、证券交易所等金融中介组织和金融自律组织无不重视公司治理的作用，投资者的保护、金融风险与危机的防范、金融监管的治理无不依赖于公司治理功能的发挥。[2] 我国的公司治理研究同国有企业改革紧密联系在一起，改革的着眼点在于股权多元化和摆脱行政控制，建立有效的激励约束机制，从而不断激发企业的活力和竞争力。1994 年我国第一部《公司法》施行，标志着我国公司制度的正式确立，我国的公司治理实践告别了无法可依的局面，公司治理理论和实践进入崭新的历史发展阶段。

一般认为公司治理问题研究最早可以追溯到 Berle 和 Means 于 1932 年出版的《现代公司和私有产权》。在这部著作里，两位作者对美国的主流公司做了大量的分析研究，首次提出了所有权和经营权的分离问题，并引发了代理问题的讨论，这被认为是公司治理研究的发端。实际上，西方经

---

[1] 林毅夫，蔡昉，李周. 现代企业制度的内涵与国有企业改革方向[J]. 经济研究，1997 (3)：6.

[2] 李安安，冯果. 公司治理的金融解释——以金融法和金融学的科际整合为视角[J]. 法制与社会发展，2015，124 (4)：162 - 172.

济学界对公司治理思想渊源更早可以追溯到 Adam Smith（1776），他在《国富论》中提出：应当建立一套行之有效的制度来解决所有者和经营者之间的利益冲突。股东和经营者存在委托－代理关系使公司治理早期研究更多关注股东利益的保护。然而，后来发生的几次大的金融危机和诸多公司财务丑闻让越来越多的人意识到这种观点的狭隘和短视。Hart（1995）在《新帕尔格雷夫货币金融大辞典》中指出：公司治理可以被看作一种机制安排，用于制订那些事先未能作出的决策，治理结构分配公司非人力资本的剩余控制权，即资产使用权如果在初始合约中未做出安排，则治理结构决定其将如何使用。[1] Mayer（1995）认为：公司治理可视为赖以代表和服务于它的投资者利益的一种安排。[2] Shleifer 和 Vishny（1997）认为：公司治理就是资金提供者如何确保其投资可以回收的一种机制。[3] 可以将公司治理理解为通过正式和非正式的制度安排来协调公司广泛的利益相关者之间的关系，以保证决策、执行的有效性和合理性，从而维护并实现公司各方面的利益。[4]

关于公司治理的本质，钱颖一（1995）曾具体地提出：公司治理结构是用以处理不同利益相关者即股东、贷款人、管理人员和职工之间关系以实现经济目标的一整套制度安排。它包括：①如何配置和行使控制权；②如何监督和评估董事会、经理人员和职工；③如何设计和实施激励机制。良好的公司治理结构能够利用这些制度安排的互补性质，并选择一种结构来降低代理人成本。

公司治理的理论内容，既涉及所有权结构、产权理论、委托－代理问题等抽象的理论课题，也涉及公司内部管理、控制权竞争、管理层收购、

---

[1] Newman. P., Milgate. M., Eatwell. J. 新帕尔格雷夫货币金融大辞典 [M]. 胡坚，等，译. 北京：经济科学出版社，2000.
[2] Mayer, S. The Capital Structure Puzzle [J]. Joural of Finance, 1995（39）：575－592.
[3] Shleifer, A., R. W. Vishny. A Survey of Corporate Governance [J]. Journal of Finance, 1997, 52（2）：737.
[4] Mark Granovetter. The Impact of Social Structure on Economic Outcomes [J]. Journal of Economic Perspectives, 2005（19）：33.

股东收益分配、薪酬激励、政府规制与公司治理等相对具体的问题。现代公司治理理论的核心是要解决所有者与经营者之间因利益不一致而产生的委托-代理关系,即在公司利益群体之间如何分配剩余索取权与剩余控制权,这既包括公司内部股东与非股东利益相关者之间的利益分配关系,也包括公司之外的政治环境与公司内部治理的相互影响。公司内部的经济民主与外部政治环境的经济民主呈正相关关系。[①] 公司治理可分为内部治理和外部治理两个方面,其中内部治理包括:①股东大会和监事会的监督机制;②董事会的决策机制;③经营者的激励约束机制;④在此基础上形成的企业管理的自我调控机制。外部治理由各种市场力量和包括公共监管在内的社会力量对公司的决策与行为的影响构成,由此形成公司治理的合力。[②] 李维安认为,公司治理的一般架构是建立在因分散的所有权结构而引致的所有权与控制权相分离的基础上。其主要目的是解决经理人员的机会主义行为及其他代理问题,以实现公司价值的最大化。公司治理理论强调对经理人员进行监督、约束和激励,并由此构建了以董事会建设为核心的内部治理机制和以产品市场、资本市场、并购市场、经理市场为主要内容的外部治理机制,两者共同构筑完整的公司治理体系,使经理人员在内部制度的约束和激励与外部市场的威胁和压力下,为股东利益最大化努力工作,从而实现有效解决所有者—管理者代理问题的最终目标。[③]

关于公司治理的研究对象,部分学者认为公司治理在研究公司管理层与公司中小股东之间的利益。例如,Shleifer 和 Vishny(1997)[④] 认为:公司治理是为了确保中小股东的投资能有所回报,然而近年来,随着新兴经济体的不断崛起,公司治理问题的关注重点也发生了变化,例如,研究视

---

① [美] 马克罗伊. 公司治理的政治维度:政治环境与公司影响 [M]. 陈宇峰,张蕾,陈国营,等,译. 中国人民大学出版社,2008:30-36.
② 赵忠龙. 论公司治理的概念与实现 [J]. 法学家,2013(3):97-112.
③ 李维安. 商业银行公司治理:理论模式与我国的选择 [J]. 南开学报(哲学社会科学版),2003(1):42-50.
④ Shleifer, A., R. W. Vishny. A Survey of Corporate Governance [J]. Journal of Finance, 1997, 52(2):737.

角从原先的企业层面或者企业内部层面转移到了企业集团之间,这从 Morch, Wolfenzon, Yeung (2005)[①] 和 Morck (2008)[②] 的研究中有所体现。有学者的研究从原先的董事会结构、经理层激励与约束等微观层面逐步转移到法律、文化、历史、政治等宏观层面,这从 La Porta, Lopez-de-Silanes, Shleifer (2008)[③] 的研究中可以看出。

关于公司治理的核心,Bencht 和 Roel (2002)[④] 认为股权结构是核心。同样地,学者 Claessens 等 (2000)[⑤],Faccio 和 Lang (2002)[⑥],Khanna 和 Yafeh (2007)[⑦] 均认为:与英美国家不同,欧洲、东亚国家的公司治理主要在于控股股东。也有学者认为:公司治理的核心是公司所在的企业集团。事实上,公司并非完全独立的个体,它是隶属于整个企业集团,因此,公司治理也应该从企业集团的角度去分析,即从公司外部或者从公司间层面出发去研究公司治理。LLSV (1998) 分析了法律的完备程度与投资者保护程度以及股权结构之间的关系,发现当投资者法律保护水平较低时,内部人控制权的私人收益会比较大。[⑧] Morck (2008) 认为:对于隶属于企业集团的公司来说,在分析公司治理之前,首先应该分析企业集团[⑨]。

---

① Morch R., Wolfenzon D. and Yeung. Corporate Governance Economic Entrenchment and Growth [J]. Journal of Economic Literature, 2005 (43): 655 – 720.

② Morck R. Corporations [M]. The New Palgrave Dictionary of Economics, second edition Edited by Steven N. D. & L. E. Blume, 2008 (2): 265 – 268.

③ La Porta R. L. . Lopez-de-Silanes F. and Shleifer A. The Economic Consequences of Legal Origin [J]. Journal of Economic Literature, 2008 (46): 285 – 332.

④ Bencht M., P. Bolton, and A. Roel. Corporate Government and Control [J]. Working Paper, 2002 (13): 9371.

⑤ Claessens S., S. Djankov, L. H. P. Lang. The Separation of Ownership and Control in East Asian Corporations [J]. Journal of Financial Economics, 2000 (58): 81 – 112.

⑥ Faccio M. & L. H. P. Lang. The Ultimate Ownership of Western European Corporations [J]. Journal of Financial Economics, 2002 (65): 365 – 395.

⑦ Khanna T. and Yafeh Y. Business Groups in Emerging Markets: Paragons or Parasites [J]. Journal of Economic Literature, 2007 (45): 331 – 372.

⑧ Porta L., Lopez-de-Silanes R. F., Shleifer A., Vishny R. Law and Finance [J]. Journal of Political Economy, 1998 (6): 1113 – 1155.

⑨ Morck R. Corporations [M]. The New Palgrave Dictionary of Economics, second edition Edited by Steven N. D. & L. E. Blume, 2008 (2): 265 – 268.

在中国，学者林毅夫、蔡昉、李周（1997）研究认为公司治理的核心问题是通过市场竞争的方式所实现的外部治理或者实现的间接控制。① 法学角度传统公司法理论认为，公司治理是关于委托人与代理人或者受托人之间的权力分配与安排的基本模式，公司治理的基本要素包括如何配置和行使公司控制权、如何监督和评估董事会与经理层、如何设计和实施激励机制。② 但另一种观点认为公司治理的核心不是权力而是保证有效的决策。③ 当前公司治理的金融法研究刚刚起步，研究成果尚显稚嫩，亟待理论深化和实践拓展。

Polo（2007）指出：一般性公司的治理理论研究框架是否适用于银行公司治理，这一问题尽管存在很大争议，但是仍有很多证据表明，诸如所有权结构、高管激励、董事会制度等传统的公司治理机制在银行治理中依然发挥着重要作用。实际上 Crespi 和 Garcia—Cestona 和 Salas（2003）、John 和 Qian（2003）、Adams 和 Mehran（2005）、Belkhir（2005）、Alonso 和 Gonzalez（2006）等的研究也支持了这一观点。

企业集团财务公司是具有中国特色的为企业集团发展提供资金金融服务的非银行金融机构，是我国金融体系中非常重要的组成部分。从业务范围上看，财务公司与商业银行相比具有相似性，但服务的对象不同，财务公司金融服务对象的范围受到严格限制，范围一般限定在企业集团内部成员单位。目前国内外的理论研究中，并没有将财务公司作为区别于商业银行的金融机构研究其公司治理的特殊性。商业银行公司治理特殊性理论已经普遍确立，因此本节参照现有研究文献将商业银行治理特殊性理论做如下归纳。

与一般性公司比较，银行公司具有很多特殊性，这些特殊性使银行的治理与一般性公司的治理机制存在较大不同：①高负债/权益比的银行资本结构，这是因为银行的负债比例一般都高达90%以上。②银行债权人高

---

① 林毅夫，蔡昉，李周. 充分信息与国有企业改革［M］. 上海：上海人民出版社，1997.
② 施天涛. 公司法论［M］. 北京：法律出版社，2006：280.
③ ［美］约翰·庞德. 治理型公司的前景［A］. ［美］沃尔特·J. 萨蒙等. 公司治理（《哈佛商业评论》精粹译丛）［M］. 孙经纬，高晓晖，译. 中国人民大学出版社，哈佛商学院出版社，2001：72.

度分散。银行的负债主要是通过小额负债（居民存款）构成，而且即使是企业存款，单一企业的存款占银行总存款的比率也非常低。③短存长贷导致银行的资产负债期限结构不匹配，存在挤兑风险。④银行金融契约信息不对称程度更加严重或更具不透明性，委托-代理关系更为复杂。⑤银行产品市场以及并购市场限制性竞争特性，导致有效的管理层激励与约束机制在一定程度上失效，增强了管理层代理动机，等等。① 因为商业银行具有以上特殊性，尤其是20世纪90年代亚洲金融危机的暴发和2008年全球金融危机的发生，引发了人们对金融企业特别是银行的公司治理问题的深入反思，继而认识到有效加强银行公司治理对提高国家金融体系稳定性与金融安全的极端重要性。

财务公司同商业银行一样，存在固有的内在脆弱性、危机的外部性、资本结构的特殊性、行业监管的严格性等方面均不同于一般性公司的特殊性，公司治理的复杂程度比一般企业高，财务公司治理结构的优劣会直接影响其稳健发展和风控能力，需要通过健全公司治理机制，理顺内外部权责关系的方式实现稳定和发展。财务公司股东的最终控制权的单一性决定了作为实际控制人的企业集团对财务公司治理有绝对性影响，削弱了财务公司股东会和董事会的功能。关于财务公司公司治理具有独立于商业银行治理的特殊性理论将在本书第4章做具体阐述。

2.3 财务公司治理相关文献

2.3.1 关于财务公司治理研究

通过对中国学术期刊网（www.cnki.net）的检索，我们发现如下事实：首先我们对以"公司治理"为篇名的文章进行了检索，截至2020年年末，

---

① 赵昌文，杨记军，夏秋. 中国转型期商业银行的公司治理与绩效研究［J］. 管理世界，2009（7）：46-55.

结果发现以公司治理为篇名的检索结果为 30343 篇，以公司治理为主题的检索结果达到了 120315 篇，这说明公司治理研究在国内学术界是比较热门的研究领域。以"财务公司"为主题词进行检索，检索结果有 33588 篇，以"财务公司"为篇名进行检索，共检索出文献 29362 篇。由此可见以财务公司为研究对象的国内研究程度有限。而以"财务公司"+"治理"为主题词进行检索，检索结果则迅速下滑到仅有 139 篇；以"财务公司"+"治理"为篇名进行检索，则检索结果更是仅为 15 篇。上述事实充分说明，财务公司治理研究在国内目前处于研究初期，该领域并未引起理论界的足够重视，理论界并未将"财务公司"作为公司治理研究的特别关注对象，国内的相关研究比较缺乏。业集团与财务公司的权力配置一直是学术界关注的一个重要问题。现有文献研究倾向认为财务公司治理与企业集团治理关系密切，企业集团治理水平、权力分配、管理模式、规模实力对财务公司治理产生影响。

第一，大部分学者认为企业集团的权力分配、规模实力以及治理水平对财务公司治理水平都会产生影响，财务公司治理水平与企业集团的整体治理密切相关。

袁琳（2011）通过对国内 10 家企业集团财务公司访谈调研，提出我国财务公司的风险最终是由财务公司董事会与集团董事会共同承担。财务公司主要为集团成员提供服务，尚未拓展到外部供应链的其他企业。财务公司的股东中也没有合格的机构投资者参与，其股权结构有待进一步优化。集团董事会在风险管理中的责任及功能被弱化，财务公司董事会本身的治理结构有待优化。集团对财务公司董事会授权与控制的边界模糊。

企业集团与财务公司的权力配置一直是学术界关注的一个重要问题。从企业集团治理和与财务公司治理的视角考察集团资源的配置是从更高的层面分析财务公司治理的一个重要切入点。任梦杰（2016）研究认为：公司治理是联系企业内部以及外部各利益相关者的正式和非正式关系的制度安排，其目的是弥补各利益相关者信息的不对称性、契约的不完全性和责任的不对等性，从而使各利益相关者在权力、责任和利益上相互制衡，实现对企业剩余索取权的合理安排。在公司治理中，财务治理机制处于核心地位，是实现公司治理目标的重要手段。财务公司是企业集团财务治理的重要平台，企业集团应将预算的监督权、投融资决策的参与权、风险管理的实施权等逐步赋予财务公司，从而促进资源的有效配置和集团管控水平的提升。如果企业集团将上述权力全部赋予财务公司，在财务公司治理过程中，财务公司董事会的决策权和企业集团董事会的决策权及相关责任分配将面临新的挑战。企业集团治理特色和治理水平将对财务公司治理产生更为根本的影响。

李慧（2013）从集团治理的角度研究认为：以财务公司为主体实施集团内部资本的整合与集中管理，是企业集团利用财务公司的金融职能和平台作用，对子公司实施资金监控与风险控制、强化预算执行刚性、缩短委托 - 代理链长度、降低代理成本的一种重要手段。通过财务公司的投融资、管理咨询等具体金融活动，各子公司可以加强与集团其他成员企业间的联系，有利于构建集团内部共同的价值观和行为准则，实现集团内部的关系型治理。严李浩（2011）研究认为：财务公司虽然是独立的企业法人，但在行政上隶属于企业集团，财务公司董事会、监事会、经营层的组成人员均为集团内部人员，三会之间难以形成规范、有效的权力制衡；集团公司进行产业经营的时间较长，对财务公司法人治理问题和金融企业特性认识不足，对财务公司的金融风险控制偏弱。虽然三会俱全，有的甚至还聘请了独立董事，但相应的公司治理机制却没有真正建立，公司治理制度虚化，法人治理结构中应有的"分权与制衡"目的没有实现，难以有效控制财务公司的运营风险。公司法人治理的法律基础是民法中的委托 - 代理原则，但是大多数财务公司在实际运行中授权不清晰，具体而言有以下两种情况：一是授权不明确，委托人与代理人对风险边界的认识不统一，造成风险失控。二是没有授权，决策效率低下。[①]

---

① 严李浩. 企业集团财务公司内部控制制度建设：存在问题与改进建议[J]. 上海金融，2011（11）：104 - 107.

戴璐（2007）认为：财务公司除了对集团的管理产生影响之外，对集团内部的代理冲突与治理效率也潜存着重要影响。企业集团财务公司是否能够在内部管理和公司治理上发挥正效应，至关重要的一项工作在于如何建立对财务公司的绩效评估机制，增强财务公司的管理能力。同时，监管部门应建立有效的监控制度，避免财务公司成为资金违规操作的集散地。在如何协调财务公司的独立运营与集团财务管控方面，谭文浩（2016）提出：应建立权责清晰与利益契合的财务公司治理框架。财务公司作为集团资金运作的独立法人，其逐利性很可能损伤集团整体的长远利益。为了能从集团整体发展战略角度适当调整某些项目的资金需求，企业集团需在财务公司利益与集团整体利益不一致时，利用集团的管控职责对运行偏误进行纠正。集团董事会作为公司整体战略的决策者，负责资金运营的总体规划和决策，集团CFO在董事会授权下，应对财务公司采取事前、事中、事后全过程的监控，从而保证资金配置与运营的效率以及公司的可持续性发展。

顾亮（2014）通过实证研究发现：集团公司成立财务公司使集团成员企业的业绩出现明显下降，并未能显著提高成员企业的业绩。集团财务公司在某种意义上为集团对成员企业的资金占用提供了一定的便利，对于集团成员企业公司治理和中小股东利益是一种损害。在目前集团结构框架下，由于集团是一个非法人结构，而成员单位是独立的法人，集团成立财务公司可能会损害成员单位的价值。另外，研究表明，成员企业的负债水平对抑制资金的占用有一定的正面作用，同时由于集团内部资本市场预算软约束的存在，成员企业的成长性会加速集团成员企业业绩的下滑。

第二，现有文献认为财务公司公司治理缺陷表现明显，公司治理机制运行形式化，财务公司股东会、董事会制约制衡机制弱化。

高曦（2014）研究提出：财务公司的董事会治理存在缺陷。具体缺陷包括集团财务公司董事会人数设置存在不合理，独立董事严重缺位；财务公司董事会缺乏独立、专业的审计委员会；集团公司风险防范、管控的意识不强，风险隐患易传导到财务公司；集团财务公司董事会的核心人员多来自集团，且财务公司董事会与经理层重合严重，有可能被母公司和其他成员操纵。财务公司应提高自身的独立性，充分发挥董事会的作用，建立战略型的董事会。此外，改善董事会的人员结构，避免高管与董事会成员重合，选聘职业经理人作为公司高管，实现董事层和经营层的分离；相应减少内部企业的董事数量，新设和增加独立董事数量；完善监事会制度，实现与董事会管理层的制衡。进一步充实和健全审计队伍。设置和完善直接向董事会负责、能够独立行使监督职能的审计稽核部门，使稽核部门的监督作用贯穿于公司整体经营活动的全过程，充分发挥董事会的监督作用，引进机构投资者改善股东构成。

韩留卿（2014）研究认为：有效的公司治理对于财务公司建立现代企业制度，促进自身稳健发展，提高企业集团资金使用效率及企业集团风险管控能力具有重要意义。我国财务公司治理主要是根据《中华人民共和国公司法》（以下简称《公司法》）、《企业集团财务公司管理办法》，并参照上市公司、商业银行相关法律规定及相关公司治理指引建立的。因财务公司所属企业集团的行业性质、业务板块及管控模式不同，实际治理也各有差异。从形式上看，普遍建立了较完善的治理组织架构，但在实际运作中并没有完全体现公司治理的有效性，存在一股独大、制衡不足、权责不够明确、高管身份混同、各项治理机制有待加强等现实问题。因此提出了引入外部股东，优化"三会一层"结构，健全董事、监事考核评估机制，保证董事长、总经理及监事人格及身份的独立性及高管激励约束机制等对策建议。

李洁（2012）研究提出：企业集团财务公司的董事会核心成员来自集团成员单位的管理层，他们更关注集团层面的利益，导致财务公司董事会缺乏战略规划。企业集团对财务公司业务干预过度，影响了财务公司资金监管职能作用的发挥。由于企业集团对财务公司出现风险将履行兜底作用，造成财务公司董事会的风险意识不强，财务公司董事会普遍缺乏风险预警机制。为完善法人治理结构，财务公司董事会应建设战略型董事会，避免董事长、总经理的兼职，设置直接向董事会报告的稽核审计机构，独立行使审计稽核职能，引进战略投资者改善股东结构。

第三，关于内部资本市场理论与财务公司治理的有关文献认为：财务公司的设立对提升内部资本市场的有效性起了积极的促进作用。

王超恩（2016）通过实证研究发现：集团财务公司效率与企业创新产出之间呈现显著的正相关。提高集团财务公司效率能降低集团成员企业的信息不对称程度，在货币趋紧时能够帮助集团成员企业避免可能的财务冲击，促进企业创新产出。易兰广（2014）研究发现的结论显示：一方面，我国企业集团的内部资本市场是有效的，国有企业集团内部资本市场的有效性强于非国有企业集团；另一方面，集团所有权对内部资本市场有效性的影响不显著，但财务公司的设立对提升内部资本市场的有效性起了积极的促进作用，非国有企业集团财务公司的职能实现比国有企业集团更加有效。

2.3.2 关于公司治理评估的研究

关于公司治理评估的研究，1952年美国机构投资者协会设计出了第一套正式评估董事会的程序。La Porta, Lopez-de-Silanes, Shleife 和 Vishny（简称LLSV）（1997，1998）为代表的一些学者从公司治理的外部环境出发，构建了反映投资者法律保护程度的公司治理指数。Gompers, Ishii 和 Metrick（2003）构建G指数以及Bebchuck, Cohen 和 Ferrell（2004，2009）构建的E指数为里程碑，公司治理评估研究开始关注公司治理机制在公司治理中的重要作用。近年来，针对G指数和E指数存在的不足，公司治理评估研究逐步把目光转向董事会特征、信息披露、治理机制运作等方面，利用涵盖信息量更大的数据库来构建公司治理指数以评估公司治理质量或治理风险。公司治理评估系统以及公司治理指数的发展则进一步推动了检验公司治理有效性的实证研究。现有反映公司治理质量的公司治理得分多采用指数评估的形式，这种评估方式能够凸显某一公司治理机制的相对重要性，因而被广泛应用于公司治理评估研究。

同时，也有很多学者对财务公司治理进行了研究。国际上，与财务公司行业相对较接近的商业银行业（都属于具有一定特殊性的行业）已经开展了治理评估。亚洲开发银行的 Arvind Mathur 和 Jimmy Burhan 以 CAMEL-IN-A-CAGE 来直观地说明如何在银行评估体系中体现公司治理结构的因素，这就是亚洲开发银行所倡导的"5+7"的银行公司治理评估。前面的"5"是指国际通用的 CAMEL 法的 5 大要素，即资本充足率（Capital Adequacy）、资产质量（Asset Quality）、管理（Management）、收益水平（Earnings）和流动性（Liquidity），而"7"就是与公司治理相关的因素：I—独立董事（Independent Directors）；N—提名委员会（Nominating Committee）；A—审计委员会（Audit Committee）；C—薪酬与合规委员会（Compensation and Compliance Committee）；A—责任与透明度（Accountability）；G—公司治理委员会（Governance Committee）；E—评估、效率和教育（Evaluation, Effectiveness and Education）。

2006 年 2 月，巴塞尔委员会对《健全银行的公司治理》做了修订，并于 2010 年 10 月再次对《健全银行的公司治理》进行了修订。从历史发展趋势来看，巴塞尔资本协议遵循着从资本管理到全面风险管理，再到公司治理的演进线路。[①] 监管思路的演进预示监管取向的变化，从对业务、风险、资本的监管逐步朝着对金融机构治理决策、监督及控制的监管方式转变。各国监管当局已经认识到由于金融业务的复杂化程度和金融创新的加速，从资本和业务角度进行外部监管已经不能实现监管目标，必须将监管延伸到公司治理层面，从根本上规制金融机构的行为。

财务公司治理评估目前包括行业评估和监管评估两个维度。财务公司行业协会在历经两年多的研究论证后，于 2016 年 7 月正式发布了《企业集团财务公司行业评级管理办法（试行）》。财务公司行业评级是中国财务公司协会（以下简称"中国财协"）依据财务公司报送的数据，运用行业统计分析系统对财务公司资金集中管理能力、经营与服务能力、风险管理能

---

① 工商银行董事会办公室课题组. 巴塞尔新资本协议与商业银行公司治理[J]. 金融论坛，2011 (6): 40–45.

力及营利能力进行定量打分,最终形成评级结果的过程。行业评级采用的核心评级体系,通过定量打分的方式对财务公司的资金集中管理能力、经营与服务能力、风险管理能力和营利能力4个方面进行评估。评估体系中虽然不直接涉及公司治理方面的内容,但公司治理是公司经营管理和财务数据指标的基础,行业治理评估是行业评级的组成部分,行业核心评估体系是对财务公司评估的一个重要的研究成果。

2016年中国银监会下发了新修订的《企业集团财务公司监管评级与分类监管办法》,该办法明确了关于应用财务公司行业评级的原则,在操作表中对公司治理的具体评级做出了细化和规定。其中《公司法》《商业银行公司治理指引》《商业银行内部控制指引》《银行业金融机构审计指引》是监管机构开展对财务公司治理评估的主要制度依据。

综上所述,可以看出财务公司治理评估研究尚处于刚刚起步阶段,特别是国内已有的评估系统多为一般公司治理评估系统,专门的评估标准有待深入研究;同时基于财务公司治理评估结果开展的财务公司治理有关的大样本实证研究目前还没有,这一点与一般公司治理和商业银行评估研究有较大差距。

2.3.3 公司治理与治理绩效研究理论

企业集团财务公司作为我国经济体系中非常重要的组成部分,近年来得到快速发展。无论是在公司数量上,还是在治理体系建设上都取得了巨大进步。针对财务公司的研究也日渐丰富起来。随着我国深化企业改革,不断完善市场经济建设的过程,合资、独资、集体所有制、股份制、有限责任等各类企业相继出现。股东导向型的董事会结构是否在企业发展中起到促进作用,股份制企业是否相较传统企业取得实质性的转变,公司多元化治理体系的建设是否取得了成功?诸如此类的问题引导着越来越多的研究者开始深入研究公司治理问题,并取得了丰富成果。在这些研究当中,探讨最多的问题就是公司治理与企业绩效的关系。对此,学者们从不同行业、不同企业类型等多个角度对公司治理效果进行了实证分析。南开大学公司治理评估课题组（2010）采用大样本上市公司数据，构建了符合中国上市公司治理特征的中国公司治理指数，对上市公司治理水平进行了全面的定量测算。研究得出：多数公司满足了强制性治理的要求，但是治理水平等级高的企业仍较少，自愿性治理的企业数量也不多。杨典（2013）以上市公司作为研究对象，通过访谈研究方法，得出并不存在"最佳"的公司治理结构这一观点。公司治理能否起到良好效果取决于公司治理体系示范是否与特定的社会、政治、文化等制度环境相契合。韩少真、潘颖、张晓明（2015）以中国A股上市公司作为研究对象，分析了公司治理水平对经营绩效的影响。研究发现：公司治理水平越高，经营绩效越好，并且民营企业治理对经营绩效的影响比国有企业更大。进一步研究发现管理层治理和股东治理是影响经营业绩的重要因素。郑志刚、殷慧峰和胡波（2013）对我国非上市公司的治理有效性进行了检验。研究得出：不同于上市公司主要依靠董事会等内部治理机制和信息披露等外部监管来提高治理水平，我国非上市公司的控股股东在公司治理中扮演着重要角色。李慧聪、李维安、郝臣（2015）使用保险业的数据，实证研究了监管环境下合规对公司治理有效性的影响。研究得出：治理合规对公司治理有效性的提升作用不明显，强制性合规对风险控制和经营的有效性具有显著作用，而自主性治理合规的作用主要体现在提升经营绩效上。杨红英和童露（2015）讨论了混合所有制改革下的国有企业公司治理体系建设。研究认为：完善激励约束机制、职业经理人选聘机制、绩效评估机制、信息披露机制和监督机制是提高企业治理效率的关键。近期，公司治理研究的问题逐渐多元化，出现将公司治理与企业绩效（姚伟峰，2013）、企业创新（王超恩，2016）相联系的研究，并且也逐渐关注到公司治理与企业投资效率（李云鹤和李湛，2012）、公司风险管理（袁琳和张伟华，2015）的关系。

上述学者的研究表明，公司治理的有效性不但与企业绩效有关，还可能进一步影响企业效率、投资、创新等方面。财务公司作为企业集团内部的金融机构，必须要加强自身治理体系建设，提高对集团的服务能力。然而很少有研究涉及财务公司的治理问题。对此，本书在构建财务公司治理能力评估体系基础上，测算财务公司治理能力指数，通过实证研究方法来分析公司治理能力指数对公司绩效的影响。

2.3.4 财务公司治理监管研究

《巴塞尔协议》实施以来，资本充足率监管成为审慎银行监管的核心和国际标准。2008年暴发的国际金融危机，深刻地暴露出全球银行业资本监管和公司治理实践中的一些根本弊端，再次警示了资本监管的有效性应取决于稳健的公司治理结构，资本约束作为银行的外部治理机制对银行风险行为的控制同时受到其自身公司治理水平的影响。[①] Laeven 和 Levine (2008) 研究发现：外部监管对于银行风险的约束取决于其内部公司治理结构，不同的银行由于其内部公司治理结构的不同，即使面临同样的资本约束要求，其风险承担行为也表现不同，两者具有交互影响作用。对于公司内部治理与外部治理机制的交互关系，Dyck (2001) 研究发现：控股股东的利益侵占可以依赖两种机制，即外部制度影响机制和公司层面的股权治理机制。Levine (2007) 也认为银行治理有四个来源，即股东、债权人、市场竞争和政府监管。

企业集团财务公司是中国银保监会监管的非银行金融机构。财务公司成立首先需要符合我国《公司法》的基本规定，设置法定的公司机关。《公司法》意义上的公司治理是一种机制，即通过合理的治理结构来实现的一整套制约和平衡机制，包括股权结构下的三会和经理层等公司组织机构的设置及为实现公司治理目的而建立的权力分配与制衡制度，还包括调整其相互间法律关系的各种规则。从监管的正义性看，公司治理的参与主体依法享有权利与义务。实践中，资本逐利本质以及在代理人内部控制的欲望下，公司内部易出现滥用权利或怠于履行义务的情形，对市场经济秩

---

① 高国华，潘英丽. 资本监管、公司治理结构与银行风险行为[J]. 软科学，2011, 25 (8): 49 - 54.

序形成了现实或潜在的危害。为此,需要监管机构基于法律授权行使监管职责。①《公司法》构建的基本公司制度存在的问题对于依其设立的包括财务公司在内的公司均产生影响。我国《公司法》层面存在的制度构建问题同样影响了财务公司这一类金融公司的公司治理。

财务公司作为金融机构,本身面临着通过金融创新不断提高核心竞争力的使命,因此学者已经开始关注金融创新对公司治理的影响。

刘明康(2004)提出:良好的银行公司治理机制的判断标准包括五个维度:内部组织机构之间清晰的职责边界;独立有效的内部控制体系;与股东价值相挂钩的考核机制;科学的激励约束机制;先进的管理信息系统。在具体的监管目标上,《治理指引》第二条的规定体现了财务公司治理监管的目标:确保财务公司依法合规经营;确保财务公司培育审慎的风险文化;确保财务公司履行良好的社会责任;确保财务公司保护金融消费者的合法权益。监管机构通过监督财务公司以及健全组织架构,建立清晰的职责边界,制订科学的发展战略与价值准则,履行社会责任并构建有效的风险管理机制与合理的内部控制、激励约束机制,建立信息披露制度等方式实现上述目标。

冯果(2013)撰文提出:金融创新作为一把"双刃剑",既能够创造经济效益和社会福利,也会带来经济灾难和社会病痛,其对公司治理毁誉参半的复杂影响和功罪交集的矛盾冲突当属这种双重角色的典型映射。金融创新不仅挑战公司治理理论,使公司治理理论陷于解释的难题而无法自圆其说,还挑战公司治理制度,使公司治理制度陷入适用的困境难以自我救赎。②

中国银监会于 2013 年下发的《治理指引》是对银行业金融机构公司治理的全面规范。企业集团财务公司作为非银行金融机构参照试用《治理

---

① 黄立新,陈宇,王靓,等. 监管转型背景下公司治理监管路径的现状、问题与对策[J]. 证券法苑,2015(1):283-295.

② 冯果,李安安. 金融创新视域下公司治理理论的法律重释[J]. 法制与社会发展,2013,114(6):64-75.

指引》，《治理指引》也是监管机构对财务公司监管评级中关于监管治理的重要依据。银保监会负责监管的国家开发银行、国有商业银行、股份制商业银行、金融资产管理公司、邮储银行、信托公司、企业集团财务公司和金融租赁公司统一按照《治理指引》的规定执行，这表示监管部门未根据各类银行业的金融特点在公司治理监管上进行区别。《治理指引》所称的公司治理是指股东大会、董事会、监事会、高级管理层、股东及其他利益相关者之间的相互关系，包括组织架构、职责边界、履职要求等治理制衡机制，以及决策、执行、监督、激励约束等治理运行机制。公司治理应当遵循各治理主体独立运作、有效制衡、相互合作、协调运转的原则，建立合理的激励、约束机制，科学、高效地决策、执行和监督。《治理指引》规定银行业监督管理机构应当将商业银行公司治理纳入法人监管体系中，并根据本指引全面评估商业银行公司治理的健全性和有效性，提出监管意见，督促商业银行持续加以完善。

根据中国银监会下发的《企业集团财务公司监管评级与分类监管办法》及《企业集团财务公司监管评级评分操作表》的规定，《治理指引》是财务公司治理监管的最重要制度依据。监管机构根据《治理指引》等规范对财务公司治理进行监督检查和评估打分。财务公司公司治理监管与评估构成监管评级的一个重要组成部分，财务公司的监管评级与业务范围挂钩，直接影响企业集团和财务公司的根本利益。

第3章 企业集团财务公司治理和监管演进

3.1 我国财务公司行业发展历程

中国的财务公司是作为企业集团的附属金融机构，是受中国银保监会监督管理的非银行金融机构，是非常具有中国特色的一类金融机构。财务公司是以加强企业集团资金集中管理和提高企业集团资金使用效率为目的，为企业集团成员企业提供资金管理和金融服务的非银行金融机构。1987年5月7日，中国人民银行正式批准设立了第一家企业集团财务公司。从此，我国的大型企业集团开始运用自己的金融机构融通企业内部资金，提高企业的资金使用效率和效益。财务公司行业的定位是集团资金结算平台、集团资金归集平台、集团资金监控平台和集团综合金融服务平台。财务公司服务集团资金集中管理的基本定位，立足集团主业发展，服务集团成员企业，充分发挥"集团资金归集平台、集团资金结算平台、集团资金监控平台、集团金融服务平台"四个平台功能，促进集团优化资源配置，节约财务成本，保障资金安全，提升运行效率。财务公司作为金融机构，具有对集团成员企业提供金融服务的服务属性和作为集团总部管理职能重要组成部分的辅助管理属性，通过相应的集团制度安排，财务公司为集团成员单位提供稳健、高效的金融服务，企业集团依托财务公司运作体系落实财务管控要求。截至2019年年末，经过20多年的发展，我国共有企业集团财务公司258家，数量上看是仅次于商业银行的非银行金融机构,财务公司行业表内外资产总额 10.33 万亿元,全行业实现营业净收入 1421.1 亿元,全行业实现净利润 817.15 亿元,截至 2019 年年末,财务公司全行业平均资金集中度达到 51.65%,较 2018 年年末增加 2.17 个百分点。财务公司行业已经成为我国金融体系的重要组成部分。

从财务公司所处的产业分布情况来看,第一、第二、第三产业均设有财务公司,根据《中国企业集团财务公司行业发展报告(2020)》统计的 2019 年 258 家财务公司的数据,发现第二产业的财务公司数量最多,占全部财务公司的 59.82%;其次为第三产业的财务公司,占比为 36.16%;最后第一产业的财务公司占比为 4.02%。财务公司行业大体上经历了五个发展阶段。

3.1.1 萌芽起步阶段:1987 年 5 月至 1991 年 12 月

1987 年 5 月 7 日,东风汽车工业财务公司成为首家经中国人民银行批准成立的财务公司,此后不久,中山、重汽、华能、锦江、一汽、四通财务公司相继成立。同年 12 月 16 日,国家体改委、国家经贸委印发《关于组建和发展企业集团的几点意见》,该文件把财务公司定位在企业集团内部融通资金与外部建立金融往来的功能上,并明确财务公司的设立审批部门是中国人民银行,成为财务公司起步初期的制度依据。一直到 1991 年 12 月国发 71 号文件出台前,国内共有 18 家财务公司先后批准成立,这个阶段,财务公司的职能定位主要为"在企业集团内部融通资金"。设置财务公司并作为一类持牌金融机构,是我国借鉴国外大型企业集团财务管理经验的实践创新,是支持大型企业集团特别是国有大型企业改革发展的一项金融举措。成立财务公司的企业集团,可以加强对成员单位的资金监控和资金统筹运营管理、降低融资成本,提高资金适用效率,进而提高企业集团整体经营效率。

3.1.2 探索发展阶段:1991 年 12 月至 1996 年 9 月

1991 年 12 月 14 日,国务院转发《关于选择一批大型企业集团进行试点请示的通知》,该文件正式确立了把设立财务公司作为大型企业集团试点的政策，要求试点企业集团逐步建立财务公司。1992年11月12日，中国人民银行等部门出台《国家试点企业集团建立财务公司的实施办法》，这是我国关于财务公司的第一个独立规章，该文件首次对财务公司性质做出明确，指出财务公司是"办理企业集团内部成员单位金融业务的非银行金融机构"。该部门规章详细规定了申请设立财务公司的条件和财务公司的业务范围等，各企业集团开始依据该实施办法申请机构设立和开展业务。1991—1995年，人民银行共批准设立了48家财务公司，平均每年批准设立10家，涵盖了我国大部分重点行业，财务公司资产规模从1.98亿元增长至1225.60亿元。这一阶段，财务公司行业开始了规范发展的进程。同时，财务公司的职能定位转变为"为集团成员单位提供金融服务的非银行金融机构"。

3.1.3 调整阶段：1996年9月至2000年6月

随着财务公司机构数量、业务规模的激增，尤其是在资本市场和货币市场的交易异常活跃，其经营活动也暴露出一些问题。1995年召开的全国金融工作会议正式提出了中国金融分业经营的政策。根据此次会议精神，中国人民银行1996年9月27日发布了《企业集团财务公司管理暂行办法》，从机构设立及变更、业务、财务会计、监管管理、整顿接管及解散、惩罚等多个方面进行了规定，同时财务公司除债券外的其他证券业务被禁止，特别是对财务公司参与资本市场进行了严格限制。1997年9月3日，人民银行发布了《关于加强企业集团财务公司资金管理等问题的通知》，强调了财务公司不得直接参加联行清算及同城票据交换，并提出了相应的整顿改革要求。这一时期，财务公司的发展以分业和功能调整为主，虽然发展速度减缓，但为后来的规范发展打下了基础。

3.1.4 规范发展阶段：2000年6月至2004年8月

1999年党的十五届四中全会通过了《中共中央关于国有企业改革和发展若干重大问题的决定》，由于财务公司与大型国有企业改革发展密切相关，中国人民银行出台了支持财务公司发展的一系列配套政策措施，如批准财务公司开展贴现、再贴现业务及允许财务公司加入银行间同业拆借市场和债券市场。2000年6月30日，中国人民银行正式发布了我国第一个关于财务公司运行和监管的正式规则《企业集团财务公司管理办法》，围绕财务公司的功能定位、机构准入、业务准入等问题进行了调整和规范，我国财务公司进入规范中发展的新阶段，为后来的又好又快发展打下了良好的基础。这一时期，处在宏观经济形势和监管政策调整中的财务公司机构数量从66家增至75家，资产规模从1563.3亿元增至5197.7亿元，利润总额从23.92亿元增至46.41亿元，各年发展出现一定波动。

3.1.5 健康快速发展阶段：2004年8月至今

中国银监会成立后，于2004年8月3日正式发布了《企业集团财务公司管理办法》，管理办法对财务公司的定位做了较大调整，明确规定"财务公司是为加强企业集团资金集中管理和提高企业集团资金使用效率为目的，为企业集团成员单位（以下简称"成员单位"）提供财务管理服务的非银行金融机构"。2006年，中国银监会颁布了《企业集团财务有限公司风险监管指标考核暂行办法》，结合财务公司的功能定位，以防范风险为核心，加强了日常监管。2007年中国银监会《企业集团财务公司风险评估和分类监管指引》发布，标志着监管机构开始全面评估财务公司的风险状况，开始实施分类监管。2013年，中国人民银行开展财务公司电子商业汇票线上清算试点，首批7家财务公司获批加入人民银行大额支付系统，并通过在人民银行开立的清算账户和电子商业汇票系统，实现票据交付和资金交割同时完成。2014年，中国银监会选取北汽、上汽、海尔、格力、武钢五家企业集团的财务公司作为试点，延伸产业链金融服务。产业链金融是指金融机构通过为产业链上多层次、多种类的企业提供金融服务，将处于产业链上的核心企业和上下游客户、供销商连成一个整体，进一步整合从材料采购、加工、运输直至销售的产业链条，从而实现整个产业链降本增效、互利共赢的金融服务模式。为进一步扩大开展延伸产业链金融服务财务公司的试点范围，促进财务公司在有效服务实体经济方面发挥更大的作用，2016年11月银监会办公厅下发《关于稳步开展企业集团财务公司延伸产业链金融服务试点工作有关事项的通知》，决定在全国范围内开展财务公司延伸产业链金融服务试点工作，放开的业务范围包括"一头在外"的应收账款保理业务和"一头在外"的票据贴现业务。2017年3月，中国人民银行、银监会等五部门联合下发了《关于金融支持制造强国建设的指导意见》指出："规范发展企业集团财务公司，稳步推进企业集团财务公司开展延伸产业链金融服务试点工作，大力发展产业链金融产品和服务，有效满足产业链上下游企业的融资需求。"到2019年，有59家财务公司开展产业链金融服务。在这一时期，随着监管部门对财务公司的功能定位、业务范围和监管政策的调整，财务公司行业明确了发展方向，树立了新的经营理念，整体发展实力显著增强，财务公司依托的企业集团的产业资本进入了高度扩张期，财务公司行业步入快速健康发展阶段。

财务公司行业的四个平台定位中，集团资金归集平台与集团资金结算平台相辅相成。资金结算在满足集团成员单位生产经营基本资金需求的同时，形成资金内部网络通路与有效沉淀，成为集团资金的归集载体。资金有效归集于财务公司账户体系，为安全、便捷、高效的集团结算操作创造条件。集团依托财务公司实现管理职能与服务效能的统一。财务公司资金结算和资金归集能力是财务公司履行集团资金监控平台、集团金融服务平台职能的基础，所形成的资金资源有效沉淀，资金网络全面铺开，是财务公司各项业务有序开展、金融服务开拓创新的基础。

3.2 企业集团财务公司治理发展演进

企业集团财务公司治理发展演进过程中，大体经历了三个阶段：

3.2.1 全民所有制企业的财务公司公司治理

在1994年7月1日《中华人民共和国公司法》（以下简称《公司法》）

实施前，我国的大型国有企业全部是全民所有制企业，设立财务公司的企业也都是全民所有制企业。我国的财务公司从诞生之日起就深深打下了行政驱动的烙印，财务公司不是市场自发形成的产物，是国家为了推动大型国有企业改制改革，提高大型国有企业竞争力而学习西方发达国家经验的产物，是我国金融制度的创新。财务公司的首要性质是公司，公司制度的存在是包括财务公司在内的公司存在的制度基础。我国的《公司法》是1994年颁布实施的，在《公司法》实施前已经存在的财务公司从法律性质上看仍然不是真正意义上的公司。当时经中国人民银行批准设立财务公司的大型企业在性质上全部属于全民所有制。全民所有制企业集团设立的财务公司无论在法律形式还是实际管理上都完全隶属于企业集团，财务公司是作为企业集团的一个特殊组成部分存在。

这一时期的财务公司没有公司治理概念，不强调独立法人地位和治理结构，财务公司是全民所有制企业的一个组成部分，全面接受上级的行政领导和管理，全民所有制企业对其拥有的财务公司经营承担兜底责任，财务公司虽然是公司，但是内外部不存在分权制衡、有限责任、风险经营的现代公司制度理念，从所有权上看，财务公司是典型意义上的国有企业，没有其他所有制成分，财务公司股东为全民所有制企业和其下属企业，企业集团财务公司公司治理与所在企业管理没有区别，股东之间不存在监督制衡关系，财务公司的管理层人员具有国家干部身份，拥有行政级别。财务公司内部更多体现的是行政管理关系，内部控制制度尚未建立，与典型的公司制企业存在很大差异。在外部治理方面，中国人民银行作为财务公司审批管理机构，主要在业务上对财务公司进行监督管理。全民所有制时期成立的财务公司的公司治理处于萌芽阶段，为《公司法》实施后的现代企业制度建立和公司治理实践的开创积累经验。

3.2.2 《公司法》颁布后中国人民银行监管阶段财务公司的公司治理

我国第一部《公司法》于1994年7月1日正式施行。《公司法》为公司制度在我国的正式确立提供了法律基础，也标志着现代企业制度在我国开始逐步建立。《公司法》的实施为财务公司公司治理创造了基础法制条件，从此我国财务公司治理伴随着国家金融改革进入全新发展时期。从《公司法》实施到1996年年底，全国所有财务公司按照国家要求对相关事项进行全面规范，并向有关部门办理重新登记。1997年，国务院转发国家计委、国家经贸委、国家体改委《关于深化大型企业集团试点工作的意见》，将试点企业集团扩大至120家，其中还包括了万向集团、万杰集团以及红豆集团三家乡镇企业集团。[①] 设立财务公司企业集团所有制突破了全民所有制企业集团范围，开始有新型企业集团加入设立财务公司行列。财务公司股东的所有制形态开始多元化，非公有制财务公司数量增长的趋势在未来一定时期将继续保持。

　　财务公司公司治理正式开始了有章可循的阶段。在《公司法》出台实施前，《实施办法》对财务公司公司治理做出了一些初步的规定，如明确财务公司的民事主体形式是独立法人，对成立财务公司的股东资格提出了具体的要求，明确财务公司独立核算、自负盈亏、自主经营，财务公司负责人不得兼任等治理要求，《实施办法》成为财务公司公司治理的制度基础。一年半后我国《公司法》正式颁布实施，各财务公司以《公司法》和《实施办法》为依据，正式搭建"三会一层"，建立内部控制体系，财务公司公司治理进入了新的历史发展阶段。人民银行于1996年和2000年先后发布《企业集团财务公司管理暂行办法》和《企业集团财务公司管理办法》，上述两个办法均以《公司法》为基础，对财务公司公司治理提出明确要求，在人民银行管理时期，我国的财务公司的功能定位得以确立，财务公司治理体系搭建完毕，随着国家经济的发展和经济金融体系改革的推进。这一时期，设立财务公司的企业集团中首次出现民营企业集团，财务公司的股东首次出现非国有成分，现代公司治理体系初步搭建完毕，我国财务公司的公司治理进入新的历史发展时期。

---

① 周菁. 我国企业集团财务公司管理制度的变迁[J]. 浙江金融，2005（6）：50−51.

从财务公司所有制分布上看，截至 2019 年年末全国共有中央国有企业财务公司 77 家，占全部财务公司的 29.84%；地方国有企业财务公司 130 家，占全部财务公司的 50.39%；集体民营财务公司 48 家，占全部财务公司的 18.60%；外资企业财务公司 3 家，占全部财务公司的 1.16%。财务公司行业以国有企业为主体，民营企业背景财务公司数量较少，随着我国大型民营企业集团数量的不断增加，民营企业背景的财务公司数量或将持续增加。我国 500 强企业集团设立财务公司将保持快速发展的节奏。

在我国，《公司法》是一个舶来品，既依循大陆法系的传统，同时又体现了资本市场与英美法系之间的亲和性。公司治理制度和资本制度既是《公司法》的两大基石，也是支撑整个《公司法》的两大支柱制度，中国《公司法》几十年的修订和改革主要围绕这两大制度展开，其中公司治理制度的改革是公司法律制度改革和发展永恒的主题。

3.2.3 2003 年至今财务公司治理的全面规范阶段

随着 2003 年中国银行业监督管理委员会（以下简称中国银监会）的成立，我国财务公司发展进入了快速发展的新时期，设立财务公司企业集团更加多元化，以大型国有企业集团为主体，民营、外资企业集团为重要组成部分的覆盖国民经济所有重点行业的企业集团纷纷设立财务公司。财务公司股东多元化的同时，财务公司公司治理质量不断提高，随着国有企业改革的不断深入，国有企业集团的财务公司作为企业集团的内部非银行金融机构，治理结构不断完善，独立性不断提升。财务公司的股东除企业集团和成员单位外，经监管部门批准还可以引入有银行业管理经验的战略投资者。截至 2019 年年末，全国共有财务公司法人机构 258 家，其中民营企业财务公司 37 家，外资企业财务公司 3 家，民间资本和外资进入财务公司实现常态化。股东多元化的同时，财务公司内部控制体系随着公司治理结构的不断完善而完善，内部监督和风险管理能力不断提升。

2019 年财务公司资产负债良性互动，资产规模从高速增长转为稳健增长，负债规模保持合理扩张态势，动态有效地支持企业集团产业转型和高质量发展。2019年年末，全行业表内外资产首次超过10万亿元，增速8.74%。其中，表内资产总额7.02万亿元，同比增长10.87%。2019年年末，财务公司全行业负债规模与资产规模有序统筹，全行业负债为6.02万亿元，同比增长11%。存款仍是财务公司最主要的负债业务类型，2019年年末各项存款占总负债的比重为94.62%。①

2019年财务公司同业业务和中间业务继续保持稳健发展态势，国际化业务创新发展趋势较为显著，业务结构不断完善，各项业务取得积极进展。一是积极适应经济政策、货币政策和同业市场变化，统筹存放同业、同业拆借、买入返售和卖出回购等业务，同业业务增长良好，同业金融资源得到有效利用，同业业务结构持续优化。截至2019年年末，财务公司行业存放同业余额2.73万亿元，同比增长11.16%；同业拆入余额1113.6亿元，同比下降7.86%；拆放同业余额405.16亿元，同比下降27.78%。二是顺应企业集团综合化金融服务需求的大势，不断深化完善中间业务，在2019年中间业务大发展的情况下继续保持良好发展态势。

3.3　财务公司治理模式的演进

从原先的传统国有企业治理模式到现代化公司治理模式、从集团行政控制治理模式到更加独立的法人治理模式、从行政治理模式到市场化治理模式，财务公司治理模式发生了很大的变化。

3.3.1　传统国有企业治理模式向现代公司治理模式转变

我国的企业集团财务公司是改革开放的产物，是国家为扶持大型国有企业集团发展和金融创新的制度安排。长期以来财务公司作为企业集团内部的金融机构，财务公司的党组织、人事管理由其所在的企业集团按行政

---

① 中国财务公司协会. 中国企业集团财务公司行业发展报告（2020）[R]. 北京：社会科学文献出版社，2020.

隶属关系统一管理，财务公司的管理班子成员具有相应的行政级别和政治待遇。随着我国国有企业改革的不断深入，国有企业集团本身不再具有行政级别，企业集团领导班子根据干部管理权限和所在企业的改制情况，在事实上仍具有国家工作人员身份，有些仍享受相应的行政级别待遇。国有企业集团的二级以下的公司，其班子成员逐步不再具有国家工作人员身份，也不再享有相应的级别待遇。为适应市场经济的发展需要，不断提高财务公司专业化经营能力，大型国有企业集团财务公司逐步开始从外选聘职业经理人，按照现代公司制度通过股东会、董事会、经理层来贯彻决策和实施考核。财务公司从传统的国有企业治理模式逐步向现代公司治理模式转变。

3.3.2 集团行政控制治理模式向更加独立的法人治理模式过渡

财务公司在股权结构上大多由企业集团母公司或集团内骨干子公司控股，在职能上依托集团、服务集团。同时财务公司作为受银保监会依法监管的非银行金融机构，是高风险高负债的以经营风险为主营业务的独立法人。财务公司这种极其特殊的组织形态对其治理模式产生了深刻的影响。随着财务公司业务范围的扩展和行业影响力的持续扩大，财务公司治理方式由企业集团的行政方式领导向更加独立的金融机构法人过渡。财务公司需要根据《公司法》建立了包括股东会、董事会、监事会、执行机构（经理层）在内的法人治理机构，大部分财务公司设立了党组织。集团的管控和经营政策逐步通过股东会、董事会的方式贯彻。从简单的通过行政指令的方式对财务公司开展领导，慢慢向通过公司治理机关的方式实现。财务公司的董事会对公司一切决策承担责任。在党的领导与公司治理的关系上，部分财务公司在领导体制上实行了"双向进入、交叉任职"。设立党组织的财务公司，所有或部分党组织领导成员进入董事会、监事会和管理层，通过这种方式解决了党的领导和企业经营管理的统一。

3.3.3 行政治理模式向市场化治理模式的转变

随着民营、外资企业集团开始涉足财务公司领域和财务公司股权多元化，财务公司经营管理方式逐步由国有形态下的行政方式向多元形态下的市场方式转变，从行政型治理向市场型治理转变。在初期的国有企业中，员工和高管的收入均由上级主管部门确定或经由相应管理机构核定，职工纳入编制管理，正式职工的进出也有严格的管理程序，编制外的员工大量存在，企业内部因身份区别矛盾激烈。而在民营企业集团财务公司中，人事和薪酬等问题均根据市场情况决定。随着国家市场化改革和国有企业改革的不断深入，国有企业集团财务公司工资、人事制度逐步朝着市场化的方向改革，国有公司和非国有公司之间的人员流动日益频繁。其他类型金融机构特别是商业银行与财务公司行业的人员流动逐步常态化，近年成立的很多财务公司，无论是国有企业集团还是民营外资企业集团，财务公司的管理人员很多都是从商业银行转行而来。但在市场化改革不够深入的国有财务公司高层管理人员中，相关的体制障碍并未完全消除，企业高管人员的选聘和薪酬等问题，仍旧在传统方式的体制控制和市场确定之间摇摆，市场化改革还处于深刻的利益博弈和持续进行过程当中。

3.4　我国财务公司监管的演进

金融监管的本质是监管部门根据授权为维护金融体系稳定和保护金融消费者合法权益，依法开展的对金融机构市场和金融市场交易行为的合理监督、干预和控制。金融交易由于存在强烈的信息不对称性和外部性特点，包括自由主义经济学派在内的经济学派均承认对金融市场进行外部监管具有必要性，以此维护市场公平、降低金融交易和金融市场行为的负外部性。财务公司作为我国非常独特的一类非银行金融机构，其本身虽然不直接面对公众客户，但是财务公司负债端资金来源包括从银行间市场、企业集团各成员单位资金、与各类金融同业机构进行业务吸收的资金以及因自身具有部分投资银行职能所吸收的资金，与一般金融机构具有很多共性，财务公司的业务开展对其企业集团具有资本放大效应，对财务公司进行外部监管具备必要性和合理性。

3.4.1 银行业机构治理监管演进

科学有效的监管是中国特色银行保险业公司治理的重要保障。《二十国集团/经合组织公司治理原则》在引言中强调，有效监管是一个经济体中良好公司治理框架的重要前提。对于金融机构公司治理来说，有效监管更是不可或缺的重要保障。2008年国际金融危机表明，低效的公司治理往往是金融风险的主要诱因，也是导致金融脆弱性的问题之源。鉴于金融风险的巨大负外部性，危机后各国普遍对金融机构公司治理加强监管。巴塞尔银行监管委员会《有效银行监管核心原则》。2015年巴塞尔银行监管委员会发布的《银行公司治理原则》明确强调监管部门应当对银行的公司治理进行指导和监管，首次把外部监管直接作为机构公司治理原则之一，进一步凸显了监管部门在机构公司治理中的重要作用。公司治理监管伴随着我国商业银行改革发展进程。早在中国人民银行使金融监管权的2002年，中国人民银行就制定了《股份制商业银行公司治理指引》，对股份制商业银行股东和股东大会、董事和董事会、高级管理层、监事和监事会、银行激励与约束等公司治理进行规范。彼时，四大国有独资商业银行尚未完成改制，因此中国人民银行制定的公司治理指引规制的对象仅为股份制商业银行。该指引规定商业银行的股东应当符合中国人民银行规定的向金融机构投资入股的条件；商业银行应当保护股东合法权益，公平对待所有股东；商业银行对股东贷款的条件不得优于其他借款人同类贷款的条件；同一股东在商业银行的借款余额不得超过商业银行资本净额的百分之十。股东的关联企业的借款在计算比率时应与该股东在银行的借款合并计算；商业银行不得为股东及其关联单位的债务提供融资性担保。董事对商业银行及全体股东负有诚信与勤勉义务。董事应当按照相关法律、法规、规章及商业银行章程的要求，认真履行职责，维护商业银行和全体股东的利益。高级管理层成员应当遵循诚信原则，谨慎、勤勉地在其职权范围内行使职权，不得为自己或他人谋取属于本商业银行的商业机会，不得接受与本商业银行交易有关的利益，不得在其他经济组织兼职。高级管理层依法在职权范围内的经营管理活动不受干预。高级管理层对董事、董事长越权干预其经营管理的，有权请求监事会予以制止，并向中国人民银行报告。2002年中国人民银行制定的股份制商业银行公司治理指引，是我国金融管理机关制定的首个银行公司治理监管规范，标志着金融管理机关开始介入银行公司治理，是银行治理监管的发端，其提出的银行公司治理监管的理念和具体措施很多仍在发挥作用。2002年5月，中国人民银行制定了《股份制商业银行独立董事和外部监事制度指引》，对商业银行独立董事和外部监事进行监管规范，提出具体监管要求。

2003年中国银监会成立。为推动中国银行和中国建设银行两家国有银行股份改革改制，2004年5月中国银监会印发《中国银行业监督管理委员会关于中国银行、中国建设银行公司治理改革与监管指引》，要求两家试点银行应建立规范的股东大会、董事会、监事会和高级管理层制度。两家试点银行应根据现代公司治理结构要求，按照"三会分设、三权分开、有效制约、协调发展"的原则设立股东大会、董事会、监事会、高级管理层。按照《公司法》等法律法规的有关规定，建立规范的股份制商业银行组织机构，以科学、高效的决策、执行和监督机制，确保各方独立运作、有效制衡。两家试点银行应公平、公正地选择境内外战略投资者，改变单一的股权结构，实现投资主体多元化。中国银行股份有限公司2004年8月26日挂牌成立，自此这家已有近百年历史的银行由国有独资商业银行整体改制为国家控股的股份制商业银行。2005年10月，中国建设银行率先在香港公开发行股票。2006年6月1日和7月5日，中国银行在香港联合交易所和上海证券交易所先后公开发行上市。为推动外资银行法人机构公司治理质量提升完善，原中国银监会于2005年制定了《外资银行法人机构公司治理指引》，从股东和股东会、董事和董事会、高级管理层、监督约束机制、激励机制以及信息披露与报告等方面对外资银行法人机构公司治理进行监管规制。该指引提出健全的公司治理应保障银行具备明晰的组织架构、科学的决策机制、合理的激励机制、透明的信息披露机制以及有效的约束机制，保证银行有明确的经营目标，安全、稳健、合法、高效运行，同时保护股东、员工、客户等所有利益相关者尤其是存款人的合法权益。

　　为加强国有大型商业银行公司治理改革、确保股份制改造真正取得实效，原中国银监会于 2005 年针对中国工商银行、中国农业银行、中国银行、中国建设银行、交通银行制定了《国有商业银行公司治理及相关监管指引》，提出国有大型商业银行公司治理改革的总体目标是：以改革管理体制、完善治理结构、转换经营机制、提高经营绩效为中心，将国有商业银行逐步建设成为资本充足、内控严密、运营安全、服务和效益良好、具有国际竞争力的现代化股份制商业银行。该指引首次提出，完善公司治理是国有商业银行改革的核心和关键。《国有商业银行公司治理及相关监管指引》（银监发〔2006〕22 号）第四条"完善公司治理是改革的核心和关键。国有商业银行应通过建立健全公司治理机制，提升核心竞争力，促进可持续健康发展。"监管机构要求国有商业银行建立规范的股东大会、董事会、监事会和高级管理层制度，建立科学的权力制衡、责任约束和利益激励机制。国有商业银行应根据《公司法》等法律法规的规定，设立股东大会、董事会、监事会和高级管理层，制定体现现代金融企业制度要求的银行章程，明确股东大会、董事会、监事会与高级管理层，以及董事、监事、高级管理人员的职责权限，实现权、责、利的有机结合，建立科学高效的决策、执行和监督机制，确保各方独立运作、有效制衡。推动国有商业银行改革的核心举措是实现股权适当多元化，打破国有独资格局，为此原中国银监会要求国有商业银行应建立多元化的股权结构，引进战略投资者应立足于提升银行自身公司治理及经营管理水平，并明确要求国有商业银行引进战略投资者应遵循长期持股、优化治理、业务合作和竞争回避的原则。2005 年的治理指引明确提出国有商业银行应从自身实际出发，制定清晰明确的中长期发展战略；国有商业银行应加强风险管理和合规建设，建立科学的决策体系、内部控制机制和风险管理体制；国有商业银行应按照集约化经营原则，整合业务流程和管理流程，优化组织结构，完善资源配置，提高业务运作效率；国有商业银行应按照现代金融企业和大型上市银行的标准和要求，实施审慎的财务会计制度和市场化的信息披露制度；国有商业银行应加强信息科技建设，全面提升综合管理与服务功能；国有商业银行应根据现代金融企业人力资源管理的要求，建立市场化的人力资源管理体制和激励约束机制等方面对提升治理质量提出规范要求。监管机构对国有商业银行公司治理成效进行评估，但评估主要围绕经营指标开展，按照三大类七项指标进行评估，具体包括经营绩效类、资产质量类和审慎经营类。经营绩效类指标包括总资产净回报率、股本净回报率、成本收入比；资产质量类指标指不良贷款比例；审慎经营类指标包括资本充足率、大额风险集中度和不良贷款拨备覆盖率。2005年国有商业银行公司治理指引是为了旨在推动国有商业银行改制而出台的具有阶段性目的监管规范，实现股权多元化建立银行公司治理机制是其要解决的关键问题。随着国有大型商业银行公司治理机制的初步建立和上市融资的完成，国有商业银行治理和治理监管也步入新的发展阶段。

由于2005年公司治理指引监管对象未涵盖中小商业银行，中国银监会办公厅于2009年印发《关于进一步完善中小商业银行公司治理的指导意见》（以下简称《指导意见》），至此，股份制商业银行、国有商业银行和中小商业银行公司治理监管均有了明确监管规范依据。《指导意见》要求中小商业银行应清晰界定股东大会、董事会、监事会及高级管理层（以下简称"三会一层"）的职责边界，做到各负其责、各尽其职、相互配合，不越位、不缺位。银行应明确"三会一层"的职责范围，建立和完善"三会一层"的议事规则和决策程序，以有效制衡和确保效率为原则，重点明确股东大会与董事会、董事会与高级管理层、董事长与行长、监事会与独立董事以及董事会专门委员会的责权划分，确保决策机构、执行机构和监督机构三者的有效制衡和配合，提高决策效率。监管机构首次要求商业银行股东应符合相关法规的资质要求，全面履行股东责任和义务。股东对商业银行承担诚信义务，应确保提交的股东资格申请资料真实有效。股东应完整、及时、准确地向董事会披露其关联关系，并承诺当关联关系发生变化时及时向董事会报告。股东（特别是主要股东）承担支持银行持续发展的义务，当银行资本充足率不足时，应暂缓或减少分红，并通过增加核心资本等方式支持银行补充资本。控股股东（主要股东）不得越过董事会和高级管理层直接干预银行经营管理，不得损害银行利益和其他股东合法权益。在董事会任期内，已派出董事的股东如转让其持有的全部股份，商业银行应要求该股东派出的董事辞去董事职务。该指引首次提出加强股东资质监管，对于严重违反诚信义务、导致商业银行出现不审慎经营行为的股东，监管机构有权依照有关规定限制其股东权利或责令其转让股份。《指导意见》首次将监管对象扩展至银行股东，并明确提出股东不得违规干预银行经营管理、不得损害银行和其他股东合法权益，但对违规关联交易却未作规制，不得不说是2009年指导意见的一个重大缺陷。

商业银行公司治理监管重大变革发生在2013年。中国银监会于2013年对各类商业银行公司治理监管规范进行了统一，印发了《商业银行公司治理指引》（以下简称《指引》）。国有商业银行、股份制商业银行和中小商业银行统一适用该指引，此前针对不同类型商业银行制定的规范不再适用。《指引》对商业银行公司治理进行了全面系统性的规范。《指引》从监管角度对公司治理进行了定义：商业银行公司治理是指股东大会、董事会、监事会、高级管理层、股东及其他利益相关者之间的相互关系，包括组织架构、职责边界、履职要求等治理制衡机制，以及决策、执行、监督、激励约束等治理运行机制。《指引》已经注意到股东股权治理在银行公司治理重大核心功能，首次对提出股东应当依法对商业银行履行诚信义务，确保提交的股东资格资料真实、完整、有效。主要股东应当真实、准确、完整地向董事会披露关联方情况，并承诺当关联关系发生变化时及时向董事会报告，并明确要求股东特别是主要股东应当严格按照法律法规及商业银行章程行使出资人权利，不得谋取不当利益，不得干预董事会、高级管理层根据章程享有的决策权和管理权，不得越过董事会和高级管理层直接干预商业银行经营管理，不得损害商业银行利益和其他利益相关者的合法权益。《指引》关注到关联交易的重大影响，要求商业银行建立关联交易管理机制。股东获得授信的条件不得优于其他客户同类授信的条件。

股东以持有的银行股票为自己或他人担保的，应当严格遵守法律法规和监管部门的要求，并事前告知董事会；非上市银行股东特别是主要股东转让股份的，应当事前告知董事会。在治理监管方面，监管机构将商业银行公司治理纳入法人监管体系中，并根据指引全面评估商业银行公司治理的健全性和有效性，提出监管意见，督促商业银行持续加以完善。监管机构通过非现场监管和现场检查等实施对商业银行公司治理的持续监管，具体方式包括风险提示、现场检查、监管通报、约见会谈、与内外部审计师会谈、任职资格审查和任前谈话、与政府部门及其他监管当局进行协作等。《指引》明确了商业银行公司治理应当遵循的基本原则，列出了治理主体的主要权责、并将风险管理、内部控制、激励约束、信息披露制度的建立纳入公司治理框架，明确监管机构对商业银行公司治理进行监管。但《指引》存在很大缺陷，主要表现在对股东行为规制的不足、对关联交易的规制不足、对违反指引的责任不足、指引本身的强制性不足。

为推动村镇银行构建差异化的公司治理结构，中国银监会办公厅于2014年12月发布了《中国银监会办公厅关于加强村镇银行公司治理的指导意见》，提出在坚持主发起行最低持股比例的基础上，推动村镇银行实现股权本地化、多元化、民营化。为进一步加强银行保险机构公司治理监管，提升公司治理有效性。2019年11月，中国银保监会印发《银行保险机构公司治理监管评估办法（试行）》。该评估办法是中国银监会和中国保监会合并组建新的中国银保监会后，首次针对银行和保险两类机构统一制定的公司治理监管规范，银行保险机构公司治理监管评估内容主要包括：党的领导、股东治理、董事会治理、监事会和高管层治理、风险内控、关联交易治理、市场约束、其他利益相关者治理等方面。评估办法首次将党的领导纳入银行治理评估，针对实践发展暴露出的问题突出强调了股东治理和关联交易治理，抓住了商业银行治理的关键。评估办法将公司治理监管评估分为合规性评估、有效性评估、重大事项调降评级三个步骤。合规性评估：满分100分，主要考查银行保险机构公司治理是否符合法律法规及监管规定，监管部门对相关指标逐项评估打分。有效性评估：重点考查银行保险机构公司治理机制的实际效果，主要关注存在的突出问题和风险。监管部门在合规性评估基础上对照有效性评估指标进行扣分；对银行保险机构改善公司治理有效性的优秀实践可予以加分。重大事项调降评级：当机构存在公司治理重大缺陷甚至失灵情况时，监管部门对前两项综合评分及其对应评估等级进行调降，形成公司治理监管评估结果。

评估办法对存在下列情形的，直接评定为 E 级《银行保险机构公司治理监管评估办法（试行）》第二十一条 银保监会根据公司治理监管评估结果，对银行保险机构依法采取不同监管措施：（一）对 A 级机构，不采取特别监管措施。（二）对 B 级机构，应关注公司治理风险变化，并通过窗口指导、监管谈话等方式指导机构逐步完善公司治理。（三）对 C 级机构，除可采取对 B 级机构的监管措施外，还可视情形依法采取下发风险提示函、监管意见书、监管措施决定书、监管通报，责令机构对相关责任人予以问责，要求机构限期整改等措施。（四）对 D 级机构，除可采取对 C 级机构的监管措施外，在市场准入中，认定其公司治理未达到良好标准。同时，还可根据《中华人民共和国银行业监督管理法》《中华人民共和国保险法》等法律法规，采取责令调整相关责任人、责令暂停部分业务、停止批准开办新业务、停止批准增设分支机构、限制分配红利和其他收入等监管措施。（五）对 E 级机构，除可采取对 D 级机构的监管措施外，还可根据《中华人民共和国银行业监督管理法》《中华人民共和国保险法》等法律法规，对机构及责任人进行处罚。（对 E 级机构，除可采取对 D 级机构的监管措施外，还可根据《中华人民共和国银行业监督管理法》《中华人民共和国保险法》等法律法规，对机构及责任人进行处罚）。拒绝或者阻碍公司治理监管评估；隐瞒公司治理重要事实、资产质量等方面的重大风险或提供虚假材料；股东虚假出资、出资不实、循环注资、抽逃出资或变相抽逃出资；股东通过隐藏实际控制人、隐瞒关联关系、隐形股东、股权代持、表决权委托、一致行动约定等隐性行为规避监管审查，对银行保险机构的控制权或主导权造成实质影响；公司治理机制失灵，股东（大）会、董事会长期无法正常召开或作出决策；出现兑付危机、偿付能力严重不足；监管部门认定的其他公司治理机制失灵情形。

2020年8月17日，中国银保监会关于印发健全银行业保险业公司治理三年行动方（2020—2022年）的通知。监管机构制定《健全银行业保险业公司治理三年行动方案》（简称三年行动方案），坚持加强党对金融工作的领导，坚持完善现代金融企业制度，坚持借鉴国际良好实践和立足我国国情及行业实际相结合，着力规范治理主体行为，着力弥补监管制度短板，着力健全体制机制，着力优化外部环境，持续提升我国银行业保险业公司治理的科学性、稳健性和有效性。三年行动方案首次提出坚持分类施策原则，充分考虑不同类型机构特点，承认和尊重公司治理的多样性和差异性，探索建立差异化、有针对性的公司治理监管方略。提出力争通过三年时间的努力，推动我国银行业保险业进一步坚持和加强党的领导，率先落实《二十国集团/经合组织公司治理原则》，初步构建起中国特色银行业保险业公司治理机制。

三年行动方案的提出，推动了党的领导与公司治理有机融合。习近平总书记强调，坚持党对国有企业的领导是重大政治原则，必须一以贯之；建立现代企业制度是国有企业改革的方向，也必须一以贯之。要将党的领导融入公司治理进一步制度化、规范化、程序化，推动国有及国有控股机构党组织切实发挥领导作用，把方向、管大局、保落实。监管机构将进一步明确并严格落实党的领导融入公司治理的具体要求。在对国有及国有控股银行保险机构的公司治理全面评估中，重点关注党的领导与公司治理融合情况。推动国有及国有控股机构，特别是相关中小机构，结合中央最新文件精神，进一步完善公司章程，写明党组织的职责权限、机构设置、运行机制、基础保障等重要事项；完善"双向进入、交叉任职"领导体制，进入董事会、监事会和高管层的党委班子成员要严格落实党组织决定；结合机构实际制定和完善党委前置研究讨论的重大经营管理事项清单，重大经营管理事项必须经党委研究讨论后，再由董事会或高管层作出决定。金融监管部门将持续探索完善党的领导与公司治理有机融合的方式和路径；研究完善国有及国有控股机构党组织与董事会、监事会的沟通机制；探索将党的领导与公司治理有机融合情况，作为对属于相关机构党委班子成员的董事、监事和高管人员履职评估的重要内容；进一步完善党的领导与公司治理融合的相关评估指标并适度提高权重；推动相关机构党组织严格实行民主集中制，坚决惩治和预防腐败，积极支持职代会和工会依法开展工作。监管机构提出，2022年侧重于完善评估制度，健全评估工作机制，将总结前两年公司治理评估工作中的经验和教训，进一步修订公司治理评估制度，完善公司治理评估指标体系。加强公司治理评估与商业银行监管评级、保险公司偿付能力监管等工作的衔接，切实提升监管效能。

股权关系不清、股东行为失范是近年来银行业保险业市场乱象丛生的根源。监管机构提出要下大力气进一步整治资本质量不实、股权关系不清、股东行为不当等突出问题，健全股东股权管理的体制机制，促进股权结构明晰化和股东行为规范化，切实保护中小股东合法权益。在三年行动方案中，监管机构提出2020年深入整治股权与关联交易乱象，同时着力完善大股东行为约束机制，要将股权和关联交易专项整治工作放在突出位置，从严要求、加快突破、依法惩处，按照穿透原则进一步排查整治虚假注资、循环注资、隐形股东、违规代持、违规一致行动人、股东不当干预、向股东输送利益等深层次高风险问题，严格落实问题整改；将加强大股东，特别是控股股东行为规范，明确大股东不得超越权限干预机构董事会、高管层履行职责，切实防止大股东操纵和掠夺公司。监管机构将建立全国统一的银行保险机构投资人股权管理不良记录，向社会公开一批严重违法违规股东，强化震慑效应。推动商业银行股权集中托管，提升股权结构透明度。与国有金融机构出资人单位加强沟通，推动进一步完善出资人权利行使方式，优化股权董事占比，提升股权董事专业水准。2021年侧重于健全中小股东权益保障机制，推动股东股权存量问题整改；建立中小股东沟通协商机制，支持股东间就行使基本权利开展正当的沟通协商；建立健全股东特别是中小股东与机构间的沟通对话机制，支持股东就自身重大关切向机构问询；提升中小股东参与股东大会的便利性；建立银行保险机构违法违规股东公开常态化机制，持续加强对违法违规行为的震慑力度；

探索完善股东承担损失的具体方式和机制；持续做好股权和关联交易专项整治工作，加快推动重点难点问题整改，尽快完善薄弱环节，推动化解存量风险；进一步探索完善银行保险机构股东治理机制；结合近年股权和关联交易专项整治等工作情况，将一些行之有效的做法固化为制度；积极关注机构投资者参与公司治理情况，推动机构投资者主动披露与投资相关的公司治理及投票政策；研究完善银行业保险业股权兼并收购方面的交易规则，以及控制权市场方面的机制安排。

加强金融机构公司治理监管是全球共识，巴塞尔银行监管委员会、国际保险监督官协会等国际组织均在监管核心原则文件中明确了对公司治理的监管要求。监管机构明确要加快弥补我国银行业保险业公司治理监管制度短板，完善公司治理监管体制机制，提升公司治理监管信息化水平，切实增强公司治理监管工作质效；提出重点推进公司治理监管制度和信息系统建设；研究制定公司治理监管制度体系建设规划，着手建立统一协调的银行业保险业公司治理监管制度体系；研究制定统一的银行保险机构公司治理监管指引，整合完善银行保险机构公司治理监管要求；研究制定银行保险机构董事监事履职评估办法，加强董事监事履职规范。研究制定银行保险机构大股东行为监管制度，着力规范大股东特别是控股股东行为；修订《商业银行与内部人和股东关联交易管理办法》《保险公司董事、监事和高级管理人员任职资格管理规定》等制度，增强相关规制的时效性；重点推进公司治理评估、股权监管、关联交易监管三项公司治理监管信息系统建设，切实提升公司治理监管的信息化水平；健全公司治理监管工作机制，探索完善差异化监管。研究完善公司治理监管横向和纵向协作机制，进一步促进公司治理监管权责清晰、协同高效和运行规范；加强城市商业银行、农村商业银行等地方中小法人机构公司治理监管队伍建设，提升中小机构公司治理监管的专业化水平；继续加强制度建设，细化银行保险机构股权监管办法，优化董事会运作规则，完善信息披露、薪酬考核等方面的监管规制；根据监管工作需要，在银行保险机构公司治理基本规制框架内，适时研究制定或完善适用不同类型机构的公司治理监管细则，加强差异化监管；将政策性金融机构公司治理纳入政策性金融机构整体改革框架；借鉴国际良好实践，进一步提高对保险集团的公司治理要求；建立与经合组织等国际组织以及国内外相关学术机构的沟通机制；积极参与金融稳定理事会、巴塞尔银行监管委员会、国际保险监督官协会等国际组织公司治理监管工作；制定或修订公司治理监管评估办法、独立董事管理办法等公司治理监管规制；持续优化公司治理监管信息系统。

3.4.2 监管机构和监管政策的演变

2003年中国银监会成立之前，财务公司作为非银行金融机构的监管部门是中国人民银行。人民银行是我国财务公司制度创建的具体执行者，也是财务公司行业早期探索的引路者。财务公司与商业银行和保险公司不同，财务公司是我国改革开放后的新生事物，在改革开放以前和新中国成立之前不曾存在，由于对财务公司的功能定位、业务范围和价值作用存在不同理解，人民银行监管时期对财务公司定位几经调整后才基本确定下来。

1991年12月，国家为扶持促进大型企业集团发展，激发国有大型企业集团经营活力和市场竞争力，国务院下发了《国务院批转〈国家计委、国家体改委、国务院生产办公室关于选择一批大型企业集团进行试点请示〉的通知》，规定试点企业集团要逐步建立财务公司。中国人民银行为落实国务院发展大型企业集团的精神，于1992年11月下发了《关于国家试点企业集团建立财务公司的实施办法》，对财务公司的机构性质、业务范围、设立的条件、申报和程序以及对财务公司的管理等各方面进行明确，财务公司作为金融机构的性质是在这份文件中首次得以确认。现在看来这个实施办法规定虽然比较简单，涵盖的内容也不是很全面，但却为此后我国企业集团财务公司管理制度的发展奠定了基础，成为我国财务公司制度创立奠定基础的规范性文件，具有十分重要的历史意义。

1996年9月3日，中国人民银行发布了《关于加强企业集团财务公司资金管理等问题的通知》，并于当年9月27日下发布了《企业集团财务公司管理暂行办法》，这是财务公司行业的首个管理办法。当时正值国家对非银行金融机构进行治理整顿的时期，有关管理部门开始对照新颁布的《企业集团财务公司管理暂行办法》的内容对已经设立的财务公司的业务进行清理、整顿和规范。这一时期，我国财务公司行业在国家经济体制改革和市场经济体制确立的初期进行了曲折探索，人民银行作为财务公司行业监督管理部门，在果断应对当年部分财务公司拆借资金发放贷款的高风险行为进行整顿和规范，也为后来财务公司行业职能定位和业务范围的最终确定积累了经验教训。

经过3年的规范和整顿，2000年人民银行发布了《财务公司加入全国银行间同业拆借市场和债券市场的管理规定》，允许财务公司申请加入全国银行间同业拆借市场和债券市场，扩大货币市场业务。同年6月30日，人民银行正式发布了《企业集团财务公司管理办法》，加快了财务公司规范化发展的进程。同年12月，人民银行又下发了《企业集团财务公司设立审批程序（试行）》，停滞了3年的财务公司新设审批重新启动，开启了新一轮财务公司的批准设立工作。但人民银行2000年发布的《企业集团财务公司管理办法》中对财务公司的定位主要是"为企业集团成员单位的技术改造、新产品开发以及产品销售提供金融服务的非银行金融机构，并且财务公司的业务是以中长期金融业务为主"，财务公司开展短期业务受到严格限制，这一定位现在看来过于强调了风险控制，使财务公司的业务空间较为狭窄，金融功能受到限制，在一定程度上限制了财务公司行业的发展，财务公司的监管在曲折中前进。

2003年中国银监会成立。中国银监会根据授权和法定职责依法对财务公司行业进行监督管理。中国银监会接过财务公司监管权力后，于2004年修订颁布了《企业集团财务公司管理办法》，银监会发布的新管理办法对人民银行时期发布旧办法根据实践发展进行了较大的调整。从财务公司功能定位、业务范围、准入条件、企业集团责任等方面进行了新的规范。

2004年中国银监会发布了《企业集团财务公司管理办法》，将财务公司明确定位为"以加强企业集团资金集中管理和提高企业集团资金使用效率为目的，为企业集团成员单位提供财务管理服务的非银行金融机构"。这一定位较人民银行发布《企业集团财务公司管理办法》中关于财务公司的功能定位有了很大的调整改变。监管机构明确了财务公司的核心功能是对企业集团资金进行专业、集中、高效管理，为集团的财务管理提供专业服务，目的是提高集团资金运营效率。这一全新的定位更加符合企业集团对财务公司的实际期待，同时借鉴了国际上企业集团财务公司发展的成功经验。财务公司的运营一方面为集团贡献利润，但作为集团内部金融机构更为重要的价值是在于它给企业集团所带来的在财务成本、内部交易成本以及企业集团对外融资成本等方面的节约。此外，财务公司同时作为企业集团监控集团成员单位资金调拨的平台，极大地丰富和改善了集团对下属企业的管控方式，有助于降低集团整体上资金财务风险，财务公司在企业集团中处于十分关键的核心地位，适应了我国大型企业集团发展阶段的需要，这一办法的及时出台为财务公司和企业集团的发展奠定了坚实的制度基础。

中国银监会在2004年发布的《企业集团财务公司管理办法》第八条明确规定："申请设立财务公司，母公司董事会应当作出书面承诺，在财务公司出现支付困难的紧急情况时，按照解决支付困难的实际需要，增加相应资本金，并在财务公司章程中载明。"第五十九条规定："财务公司解散或者被撤销，母公司应当依法成立清算组，按照法定程序进行清算，并由中国银行业监督管理委员会公告。中国银行业监督管理委员会可以直接委派清算组成员并监督清算过程。"上述规定加大了财务公司股东的责任，目的是防止集团不负责任地将经营风险转嫁给有限责任的财务公司，有助于防范集团对财务公司不适当干预，有助于防范财务公司经营风险和金融系统风险，也是银监会为维护财务公司行业整体信用，维护社会经济的稳定发展实施的创新性监管政策。

2006年中国银监会出台了《企业集团财务公司风险监管指标考核暂行办法》，办法结合财务公司的功能定位，以防范风险为核心加强了日常监管，对财务公司经营的杠杆率进行控制。办法的出台标志着银监会开始参照对商业银行的监管方式对财务公司进行监管。2007年银监会发布了《企业集团财务公司风险评估和分类监管指引》（以下简称《监管指引》），监管机构开始全面评估财务公司的风险状况，实现风险预警并开始对财务公司进行分类监管。《监管指引》是银监会第一次全面系统地制订财务公司的监管标准，从公司治理评估、内部控制评估、功能定位评估、合规性管理评估、经营状况评估等方面，从定性和定量两方面对财务公司进行监管评估，并根据评估成绩配置监管资源、调整监管力量并进行差异化监管。《监管指引》的出台为财务公司行业评估和监管评级制度的建立积累了经验，是监管实践的重大创新。

为降低实体企业融资成本，促进财务公司金融债券发展，2007年银监会发布《关于企业集团财务公司发行金融债券有关问题的通知》，通知允许财务公司在银行间市场发行金融债券筹集资金，并规定了具体的审批条件和审批程序，这标志着财务公司开始具备发行金融债券的资格。当年中石化财务公司等6家财务公司获准发行了财务公司金融债券。财务公司通过发行金融债券募集资金是英美国家企业集团金融公司（财务公司）主要的筹资方式，但直到2016年年末，我国财务公司金融债券发行规模所占比例仍然较小，财务公司金融债市场并未成为财务公司主要的融资方式。

2007年中国银监会发布《关于进一步规范企业集团财务公司委托业务的通知》，针对财务公司从事的委托业务中存在的问题和风险进行规范。2013年7月，人民银行启动了财务公司电子商业汇票线上清算业务试点工作，首批7家财务公司获批加入人民银行大额支付系统，并通过在人民银行开立的清算账户和电子商业汇票系统，实现票据交付和资金交割的同时完成。2014年，银监会同意5家财务公司开展延伸产业链金融试点业务，2016年底银监会正式发文同意扩大试点。财务公司服务对象突破了集团企业成员单位，是银监会监管政策的重大调整，也标志着财务公司监管进入新的发展阶段。2019年初中国银保监会办公厅印发《企业集团财务公司监管评级办法》的通知，为全面评估财务公司的风险状况，合理配置监管资源，有效实施分类监管，促进财务公司规范、科学、可持续发展提供监管依据。新的监管评级办法对财务公司评级及评估结果的运用进行系统性规定。

财务公司治理监管重大变革发生在2013年。中国银监会于2013年对各类商业银行及银行业金融机构公司治理监管规范进行了统一,印发了《商业银行公司治理指引》(以下简称《指引》)。国有商业银行、股份制商业银行和中小商业银行统一适用该指引,包括财务公司在内的其他银行业金融机构参照适用,此前针对不同类型商业银行制订的规范不再适用。《指引》对商业银行公司治理进行了全面系统性的规范。《指引》从监管角度对公司治理进行了定义:商业银行公司治理是指股东大会、董事会、监事会、高级管理层、股东及其他利益相关者之间的相互关系,包括组织架构、职责边界、履职要求等治理制衡机制,以及决策、执行、监督、激励约束等治理运行机制。《指引》已经注意到股东股权治理在银行公司治理中的重大核心功能,首次提出股东应当依法对商业银行履行诚信义务,确保提交的股东资格资料真实、完整、有效。主要股东应当真实、准确、完整地向董事会披露关联方情况,并承诺当关联关系发生变化时及时向董事会报告,并明确要求股东特别是主要股东应当严格按照法律法规及商业银行章程行使出资人权利,不得谋取不当利益,不得干预董事会、高级管理层根据章程享有的决策权和管理权,不得越过董事会和高级管理层直接干预商业银行经营管理,不得损害商业银行利益和其他利益相关者的合法权益。《指引》关注到关联交易的重大影响,要求商业银行建立关联交易管理机制。股东获得授信的条件不得优于其他客户同类授信的条件。股东以持有的银行股票为自己或他人担保的,应当严格遵守法律法规和监管部门的要求,并事前告知董事会;非上市银行股东特别是主要股东转让股份的,应当事前告知董事会。在治理监管方面,监管机构将商业银行公司治理纳入法人监管体系中,并根据指引全面评估商业银行公司治理的健全性和有效性,提出监管意见,督促商业银行持续加以完善。监管机构通过非现场监管和现场检查等实施对商业银行公司治理的持续监管,具体方式包括风险提示、现场检查、监管通报、约见会谈、与内外部审计师会谈、任职资格审查和任前谈话、与政府部门及其他监管当局进行协作等。《指引》明确了商业银行公司治理应当遵循的基本原则，列出了治理主体的主要权责、并将风险管理、内部控制、激励约束、信息披露制度的建立纳入公司治理框架，明确监管机构对商业银行公司治理进行监管。但《指引》存在很大缺陷，没有坚持分类施策原则，没有考虑不同类型机构特点，对各类金融机构公司治理的多样性和差异性考虑不足，特别是财务公司业务本身就是关联交易的，因此继续探索建立差异化、有针对性的公司治理监管方略，制订或完善适用不同类型机构的公司治理监管细则成为治理监管的改革方向。

2014年以来，监管机构支持促进财务公司行业发展壮大，加强对实体经济的支持力度。支持符合条件的企业集团设立财务公司，促进财务公司行业进一步壮大。中国银监会积极贯彻落实国务院关于加快民间资本进入金融业的精神，结合产业发展实际需要，对具备准入条件、符合产业发展方向的企业集团设立财务公司给予大力支持，全年共批准22家企业集团筹建财务公司，其中包含6家民营企业集团；批准22家财务公司开业，其中包含4家民营企业控股的财务公司。财务公司行业背景进一步丰富，机构数量和资产规模持续增长。银监会会同国资委印发《关于进一步促进中央企业财务公司健康发展的指导意见》，从央企财务公司入手，推动发挥央企财务公司的行业引领作用，进一步明确财务公司在集团内的功能定位，理顺行业发展的内外部环境，推动行业健康发展。通过与国资委的共同督促，使企业集团准确认识财务公司的功能定位，正确把握财务公司的双重属性，充分发挥财务公司的功能作用。

2019年11月，中国银保监会印发《银行保险机构公司治理监管评估办法（试行）》，推动银行保险机构提升公司治理有效性，促进银行业和保险业长期稳健发展，但该评估办法的适用范围仅限于商业银行和保险机构，未将财务公司纳入规制范围。2021年6月，中国银保监会发布《银行保险机构公司治理准则》（以下简称《治理准则》），《治理准则》对加强党对金融机构的领导，明确党组织的治理主体地位进行了规范。《治理准则》针对近年来银行保险机构出现的新情况新问题,强化股东股权治理,严格约束股东和实际控制行为,强化董事、董事会责任。财务公司作为参照执行的金融机构,公司治理监管力度加大,财务公司治理规范性更加强化。

3.4.3 监管方式的演变

30年来,随着财务公司数量的不断增加和行业资产规模的大幅增长,监管机构对财务公司监管方式随之不断调整和演进。从起初的机构准入和业务监管逐步过渡到行业自律和核心指标评级与监管评级。中国人民银行监管时期,财务公司的功能定位尚处摸索阶段,当时的科技信息技术还不够发达,监管当局主要通过传统的行政管理方式对财务公司进行监管。监管的手段包括机构准入、风险处置和公司接管、退出等机构监管,人民银行对财务公司业务经营通过行政指令和下发文件的方式进行管理,对财务公司业务运行出现的风险通过行政手段进行管控。这种行政指令式为主的监管方式与当时国家经济发展阶段和财务公司行业发展实际相适应,当时财务公司数量较少,信息科技及网络通信技术还不发达,人民银行的监管力量和监管资源有限。

2003年中国银监会成立后,监管资源和监管力量得到加强,2000年以后我国经济进入高速增长阶段,信息科技与通信技术蓬勃发展,为创新监管方式和监管手段创造了基础性条件。财务公司的机构设立、退出仍然需要银监会审批,其他监管事项都下放到了银监会的派出机构地方银监局,银监会不再直接对财务公司成立后的业务开展进行监管。具体的监管方式上,银监局通过网络数据专线与财务公司建立数据交换,能够直接实时了解掌握财务公司的各项财务经营数据,极大提高了监管效率。

2015年,中国银监会对财务公司的监管方式做出重大调整,除向地方银监局下放监管权外,重点开展以行业评级为基础的监管评级的监管方式改革。财务公司行业协会经过两年多研究论证,经各财务公司同意后确立了行业核心评级体系。行业评级体系包括资金集中管理能力、综合服务能力、风险管理能力和营利能力四大类指标，进而运用评级体系对财务公司进行评估打分，得分对应级别，评级结果向社会公开。监管部门参考行业评级结果并结合其他定性要素对财务公司进行监管评级，监管评级结果不公开，监管评级与业务范围挂钩。监管当局根据监管评级成绩对财务公司进行监管分类，每一类对应不同的业务范围。财务公司评级越高的，获得的业务范围越大。这样财务公司业务范围与监管评级紧密联系，评级结果直接影响财务公司核心利益。行业评级指标体系强调客观性，监管部门重点对财务公司提供的数据的真实性进行监管，如果发现财务公司提供数据有不真实的情况，就将对财务公司进行降级，降级就意味着业务范围受到限制，直接影响财务公司和股东的核心利益。

2016年，监管机构不断改进监管评级体系，实施分级分类监管。为进一步推进财务公司分类分级监管，扶优限劣，促进财务公司差异化、特色化经营，监管机构制定了财务公司监管评级的具体标准和要求。财务公司的监管评级将由地方银监局统一实施，在协会行业评级结果的基础上，结合非现场监管与现场检查掌握的情况以及其他信息加以监管调整，形成监管评级结果；监管评级结果将作为财务公司有限牌照和分类监管的重要参考和依据，与财务公司新业务准入、创新业务试点和分类监管措施等挂钩。监管评级初步考虑的定性调整因素至少包括公司治理、内部控制、风险合规、集团支持等方面，比如法人治理的独立性，"三会一层"运作的有效性，信息系统的便利性和安全性，数据质量的真实性、准确性，监管指标的合规情况，是否受到监管处罚，集团对财务公司的支持力度等。

2019年1月，中国银保监会办公厅印发《企业集团财务公司监管评级办法》，财务公司监管评级是指监管机构根据日常监管掌握的情况以及其他相关信息，对财务公司的整体状况做出评估判断的监管过程，是实施分类监管的基础。监管机构根据财务公司监管评级结果，对不同评级级别的财务公司在市场准入、监管措施以及监管资源配置等方面实施区别对待的监管政策。财务公司的监管评级结果作为监管机构制定监管规划、配置监管资源、采取监管措施和行动的主要依据。财务公司的监管评级要素由定量和定性两部分组成，包括公司治理、内部控制、风险管理、服务实体经济功能发挥与集团支持、一票否决事项五方面内容。财务公司的监管评级结果作为衡量财务公司经营状况、风险管理能力和风险程度的主要依据。中国银保监会将财务公司的最终评级结果以及存在的主要风险和问题，通过会谈、审慎监管会议、监管意见书等途径通报给财务公司董事会和高级管理层，必要时在通报中一并提出整改要求。根据监管评级评分操作表，公司治理在监管评级中占有一定权重，公司治理质量对监管评级认定产生直接影响。

3.5 财务公司治理监管的发展趋势

未来，财务公司治理监管的信息科技手段监管将持续加强，监管边界将向企业集团延伸，监管部门将保持财务公司新设审批节奏。

3.5.1 信息科技手段监管将持续加强

随着信息通信技术和移动互联网科技飞速发展，政府对经济社会的服务和管理方式也在发生深刻变革。我国的金融监管从本质上看是政府依法对市场的合理干预。监管当局运用信息科技手段提高监管效率，降低监管成本是未来金融监管领域的深刻革命。目前财务公司的很多业务已经完全通过信息技术在线开展，越来越多的财务公司加入电子商业汇票系统，财务公司与商业银行、成员单位通过信息系统交换数据，开展业务。未来随着央行清算系统的不断发展，将根据承载能力进行设计，最终实现财务公司直接接入清算系统，从而完成业务和资金实时交割清算。财务公司的绝大部分线下业务将放到线上操作。监管方式也将越来越依靠信息技术的方式，通过科技手段实时监管，风险预警，大数据分析等信息监管方式的运用将不断提高监管效能。

信息科技系统是财务公司最重要的基础设施，并日益成为业务拓展的重要支撑。信息系统建设是财务公司信息化工作的重要内容。近年来，监管机构对信息科技风险治理上的监管要求不断提升，相继制定出台了《关于加强非银行金融机构信息科技建设和管理的指导意见》《信息科技风险指引》《业务连续性监管指引》《金融机构数据治理指引》等，加强对信息科技风险的监督检查。随着信息技术和5G发展建设，金融监管方式也将从传统方式向信息化方式转变，通过对信息的监控，从源头上防范金融风险，及早发现并处置违法违规行为。

3.5.2 监管边界向企业集团延伸

财务公司与商业银行相比，一个最大的不同在于财务公司资产负债表负债端的资金来源。财务公司是企业集团控制管理的内部金融机构，由于企业集团主业所处的行业、所有制、资产规模、扩张速度等方面均存在很多差异，企业集团整体经营风格和经营状况往往对财务公司产生重大的根本性影响。不同企业集团的财务公司的经营风险、经营策略和功能定位都有很多差异。监管当局不能局限在仅仅监管财务公司而不考虑财务公司身后的企业集团。监管边界扩展至财务公司身后的企业集团，向财务股东方延伸，成为现实必要。一方面，通过监管财务公司动态了解掌握财务公司身后的企业集团发展动态；另一方面，运用各种途径加强对企业集团本身经营情况的了解，预先判断风险、提示风险并果断采取相关措施。监管部门因为监管权能够汇总到很多数据信息，理论上拥有强大的信息分析处理能力，将监管范围向股东延伸具备现实条件。财务公司的股东一般为企业集团和企业集团重要的成员单位，因此加强股东治理监管是监管的一个重要发展趋势。

财务公司股权结构相对单一，董事、监事和高管人员多由集团推荐，财务公司生存、发展和经营管理决策高度依赖所在集团，集团主导地位突出，部分集团对财务公司功能定位存在偏差，集团违规干预财务公司经营决策，集团风险传导至财务公司情况时有发生，监管对象仅限于财务公司将无法实现监管目标。对财务公司监管将不断向其股东特别是其所在企业集团延伸。

3.5.3 监管部门将保持财务公司新设审批节奏

财务公司机构数量将继续增长，属地监管加"再监管"模式成趋势。2014年以来，中国银监会按照党中央、国务院统一部署，不断提升监管有效性，促进财务公司行业发展壮大，加强金融对实体经济的支持力度。银监会支持符合条件的企业集团设立财务公司，促进财务公司行业进一步壮大。全年共批准22家企业集团筹建财务公司，其中包含6家民营企业集团。2016年，银监会共审批了17家财务公司筹建。随后几年，财务公司数量持续增加，批准设立数量加速。2019年，银保监会一共批准了6家企业集团设立财务公司的申请，继续保持了较高的审批节奏，财务公司总数达到258家。在中央支持金融服务实体经济的大政策环境下，财务公司这一类产融结合平台的机构数量将保持继续增长，银保监会将根据有关法律法规，在财务公司准入方面继续加大支持力度，财务公司数量在未来几年仍将保持快速增长。根据我国经济的持续发展，大型企业集团将持续增加，财务公司数量在未达到500家之前，大型企业集团排队申请设立财务公司的状况不会发生根本性改变。

为适应财务公司数量对监管资源分配的需要，落实国务院简政放权政策，中国银监会内部对财务公司监管分工也进行了重大调整。2015年，银监会把原来直接管理的16家财务公司的监管权限下放至属地银监局。同时为落实监管架构调整后的新监管职能要求，对《非银行金融机构行政许可事项实施办法》进行了修订，将进一步大幅下放行政审批权限，把财务公司各类新业务的审批权全部下放至属地银监局，充分发挥银监局在市场准入监管中贴近市场、跟进发展的作用，落实属地监管责任，提高行政审批工作效率。银监会不直接监管财务公司后，将转变为对地方银监局是否落实监管政策进行监管，即"再监管"。银监会将重点就地方银监局对其辖区内财务公司的监管情况实施监管，对地方银监局的监管能力和监管效果进行考核评估，对监管效果好的继续放权，对监管能力不强和监管效果弱的上收权力，通过竞争和考核调动地方银监局的积极性，从而全面提升监管效能，提高对财务公司的服务能力。根据对财务公司年龄的描述统计和分布特征，企业集团财务公司在我国还属于新兴行业，行业仍处于快速发展阶段。随着我国大型企业的快速发展和金融体系的不断完善，未来一段时间财务公司数量将继续保持快速增长。

3.5.4 财务公司市场破产机制的建立

健全的金融机构破产法律制度是维护金融市场秩序和提高市场效率的基础性制度和必要条件。金融机构是管理信用和风险的特殊企业，金融机构破产既有普通公司破产的一般特征，也有鲜明的特殊性。不同类型的金融机构在功能性质和对金融系统影响程度方面存在显著差异，因而在监管法层面对其破产的处置方式也有所不同。财务公司既是企业集团统筹调配资金的内部银行和受集团控制的金融公司，同时又是受中国银保监会监管的持牌金融机构。企业集团经营恶化或发生风险事件可能直接导致其所属财务公司陷入资不抵债的破产处境。随着对外开放和金融市场发展程度的深入，陷入经营困境的财务公司以破产方式实现市场退出越来越不可避免。实践层面，已经出现个别财务公司出现信用和破产危机。目前我国专门针对金融机构破产的法律法规和处置机制尚未建立。

根据财务公司在集团中的功能和作用，可以将财务公司分为融资型财务公司和投资型财务公司两大类型。民营企业集团通过设立财务公司多是为了利用财务公司金融牌照信用为集团获取更多低成本资金，财务公司充当企业集团的融资平台和融资工具。显然融资型财务公司面临更高的破产风险。在实际业务中，财务公司主要借助票据业务为集团进行融资，一旦集团资金链断裂或出现不可控风险事件发生流动性危机，财务公司承兑的票据不能按时兑付，在大量持票人和其他债权人追偿的情况下，财务公司即直接面临破产风险。

财务公司债权人无法获得存款保险基金赔付。尽管财务公司被划为银行业金融机构，但目前由于财务公司吸收存款的范围限制在集团内部的成员单位，财务公司并不向存款保险机构交存款保险保费。财务公司开展的商业汇票承兑为表外业务，根据《中华人民共和国票据法》（以下简称《票据法》）规定与持票人形成的票据权利义务关系，并非存款法律关系，票据权利人无法获得存款保险赔偿。此外，财务公司行业尚未建立行业风险准备基金制度，无法借助行业风险准备基金化解风险。票据的背书转让产生连环诉讼。财务公司违约不按期履行票据兑付责任，持票人可以根据基础法律关系向直接交易对手请求履行付款义务，也可以根据《票据法》向出票人、背书人或保证人请求付款，义务人赔付后又享有追索权继续通过诉讼追索，这可能产生大量连环诉讼，在司法系统引发连锁反应。由于票据的高流通性，持票人分布在全国各地，一家财务公司出现信用违约对整个票据市场和司法系统产生广泛影响。企业集团破产与财务公司破产高度关联。财务公司不同于服务对象不特定的金融机构，由于财务公司是作为企业集团内部的金融机构，服务对象和业务范围受到严格限制，企业集团经营状况对财务公司经营具有决定性影响。财务公司身后的企业集团经营陷入破产困境，财务公司往往同时陷入破产危机，出现企业集团与控股的财务公司同时陷入破产困境的复杂局面。近年来，越来越多民营企业集团设立财务公司，个别风格激进的集团高负债扩张若出现资金链断裂，其所属财务公司破产风险持续加大。

财务公司破产监管规范供给严重不足。面对财务公司破产对一般规则和特殊规范的需求，现有金融机构破产的法律规范供给严重不足，规制特定类型的金融机构破产的金融监管法规范近于空白，使财务公司的破产处置陷入无章可依的规则困境。《金融机构破产条例》至今未出台，以非金融企业为立法模拟对象的《中华人民共和国企业破产法》（以下简称《企业破产法》）没有兼顾金融机构破产的复杂性、专业性、特殊性等特点，难以全面适用。《中华人民共和国银行业监督管理法》（以下简称《银行业监督管理法》）仅对发生严重信用风险的金融机构的接管作了原则性规定。金融监管机构和司法解释未有专门针对金融破产的规则，针对特定类型的金融机构的专门破产规则更未建立。地方政府层面，由于金融机构破产法律规制属于中央权力，地方政府无权制定相关地方性规定。综上，当前财务公司破产监管法规范供给严重不足。

非金融企业破产以清理债权债务为主要内容，破产受理法院和法院指定的管理人起主导作用，适用法律主要为破产法和其他民商事法律和相关司法解释。金融机构破产因关乎社会和金融市场稳定，金融监管机构和政府有关部门参与进破产程序，适用法律除破产法和民商法外，还包括主要为公法的金融监管法。破产金融监管法规范在金融机构破产程序中处于重要的基础性地位。针对不同类型的金融机构，破产监管法规范应当具有不同的规制内容和规制重点。财务公司的负债结构和破产特点决定了财务公司破产监管法的规制方式和重点。

法律层面，《企业破产法》是金融机构破产的一般法，金融机构破产应按照《企业破产法》的基本规定执行。《企业破产法》第一百三十四条规定："金融机构实施破产的，国务院可以依据本法和其他有关法律的规定制定实施办法。"表明金融机构破产的特殊规范由行政法规进行规定，立法机构不制定针对金融机构破产的专门法律。未来国务院制定的《金融机构破产条例》中不可能针对不同类型的金融破产进行差别性规定，至少不会对银行业、证券业、保险业、期货和金融衍生品各金融业态中的不同类型金融机构破产进行差别规范。不同类型的金融机构破产的差异性规制任务主要由金融监管规章承担。此外，司法解释在金融机构破产程序中具有重要作用，司法权和金融管理行政权的边界划分是制定相关司法解释的关键。金融机构破产司法解释以国务院出台《金融机构破产条例》为前提和条件。根据《中华人民共和国立法法》（以下简称《立法法》）第八条（九）的规定和金融管理体制，地方性法规和地方政府规章无权规制本行政区域的金融机构破产事项。财务公司的性质是非银行金融机构，规制财务公司破产的监管法层次和规范的分工与金融机构相同。

财务公司破产原因。财务公司的性质功能与商业银行存在本质差异，财务公司的负债端资金来源不是公众存款，而是集团内部成员单位的自有资金存款和通过银行间市场拆入的短期资金。财务公司信用危机产生根源是其背后的企业集团过度透支财务公司金融牌照信用，违规开展票据业务，财务公司在没有收取足够保证金或采用风险控制措施的情况下，违规超限进行票据承兑。相关企业拿到财务公司承兑的商业汇票后到票据市场贴现从而套取资金。票据到期全国各地的大量持票人要求兑付，即发生兑付危机。企业集团的激进扩张和财务公司违规开立承兑汇票给集团融资是财务公司发生信用和破产危机的原因。可以看出财务公司信用危机与商业银行信用危机的发生原因和法律性质存在本质差异。

由监管规章规制财务公司破产和市场化退出。金融机构市场化退出不应再人为回避，财务公司破产经营陷入困境，是进行监管救助还是破产应当有明确规则依据。在上位法未有明确规定的情况下，金融监管机构出台财务公司破产监管规则刻不容缓。对于实践中出现财务公司陷入严重信用危机符合启动破产程序的条件的，金融监管规则应当给予回应。否则当财务公司发生信用危机，是采用像处置个别商业银行信用危机的接管、重组方法，还是实施监管引导进入破产程序以市场化方式退出的究问给各当事利益方造成持续困扰。监管规制的具体形式，可以通过修改《财务公司监督管理办法》增加破产处置和退出规则的规范内容，也可另行制订财务公司市场退出监管处置办法。

财务公司破产监管规制的原则。财务公司不同于商业银行的特殊性决定了财务公司破产监管规制的特殊性。财务公司出现信用危机符合破产条件的，应当坚持以破产方式退出为基本处置原则，接管、指令托管加重组的方式不应引入财务公司行业。对持票人进行刚性兑付产生逆向激励，滋生道德风险，不利于发挥市场约束作用。刚性兑付将扰乱金融市场秩序，扭曲资金价格和正常的风险定价机制，并积累系统性金融风险。持有财务公司承兑汇票的遭受潜在损失的主体大部分为商主体，主要是商业银行、实体企业和违法倒卖票据的机构，应当由涉事商主体承担的信用风险和损失不应转嫁给社会。因正常业务关系收到财务公司承兑票据的自然人数量较少，该部分自然人可以通过向其直接交易对手求偿方式进行权利救济。此外，在企业集团存在破产风险或已经进入破产程序的情况下，财务公司存在的基础也不复存在，也即决定了无法通过重组方式进行救助和处置。

因此监管机构对财务公司信用危机处置应当坚持"应破则破"的监管价值导向。

地方政府的从属责任。现行法律框架下，民营企业集团设立的财务公司发生信用危机，地方政府往往出于维护社会稳定原因参与处置，但地方政府参与处置的责任没有明确法律依据。地方政府既非民营企业集团的股东，也非财务公司的监管部门，维护社会稳定与处置企业破产并没有法律上的直接联系。根据财务公司金融机构性质和监管实际，财务公司破产处置应当坚持金融监管机构为主导的原则，地方政府发挥配合与协调的作用。在财务公司和其身后的企业集团同时破产的情况下，地方政府和金融监管机构在破产处置中的责任应当清楚界定，金融机构的破产处置由金融监管机构主导负责，非金融机构的集团公司和其他关联公司破产涉及政府责任的，由地方政府主导，金融监管机构配合协同。

依法合规妥善处置财务财务公司信用危机，是当前金融机构破产监管迫切需要回答的问题。具体个案的处置层面，在缺乏法律法规和破产监管规章的情况下，对于达到破产条件的财务公司，应当按照市场化原则进行破产清算，实现金融机构的有序退出。金融监管机构应当出台针对个案的指导规范，明确破产处置的基本原则和理念，处置方式和具体措施，加强与司法机关协调，明确个案中金融监管权和司法权各自的边界。在债权人应对方面，应当防止企业破产成本向社会转嫁，坚持打破刚性兑付的基本原则，严肃市场纪律和发挥市场竞争和淘汰机制作用。金融管理部门应及时纠正财务公司承兑的电子商业汇票划入电子银行承兑商业汇票的不当归类，在电子商业汇票承兑系统分类中增设财务公司承兑的票据类型，最大限度减少对市场主体的误导。

金融监管机构在处置财务公司破产中应当注意防范地方保护主义，防范保牌照保机构保稳定的无原则主义。司法机关应当落实如果民商事案件不是必须以相关的刑事案件的审理结果为依据，则民商事案件应当继续审理的审判理念，及时处理机构破产和相关民事纠纷。根据票据行为无因性原理，基于真实的交易关系和债权债务关系取得票据的持票人确定享有票据权利，无论票据在流转过程中是否存在中断基础法律关系的情形。对于专业以倒卖票据为业的持票人，即使其涉嫌犯罪，对于通过支付市场对价取得的票据，其票据权利应当予以保护，应当保障其参与财务公司破产财产分配的民事权利。

第4章 基于治理监管的财务公司治理评估研究

4.1 财务公司治理评估

金融机构治理评估是评估主体运用评估指标和方法对其公司治理质量的衡量或评估。治理评估在一定程度上反映被评估主体的公司治理状况或质效。根据评估主体的不同,可以将公司治理评估分为市场评估、学术评估和监管评估。其中,监管评估是金融监管机构为履行金融监管目标开展的对被监管对象进行的治理评估,监管评估是金融监管的组成部分,是金融监管的手段和重要方法。治理评估服务于治理监管,治理监管通过治理评估实现特定监管目的,两者既相互区别,又紧密联系。衡量财务公司治理状况,监管机构需要借助治理评估。治理评估本质上是一种事后监管,是监管机构对财务公司进行了一种监管行为,评估结果直接作用于治理监管,监管机构根据治理评估结果对财务公司采用不同监管举措,因此治理评估结果对财务公司经营管理和现实利益产生显著作用和影响。

我国的企业集团财务公司同时具有企业属性和金融属性的双重属性特征,很多国有企业集团的财务公司是从集团财务资金管理部门演变而来,财务公司发挥集团内部金融服务和辅助管理的功能。财务公司的特殊金融功能、特殊服务范围、特殊管理功能和特殊股权结构,都决定了财务公司治理具有显著的特殊性,显著区别于面向不特定客户的其他类型金融机构公司治理。财务公司治理与商业银行等其他类型金融机构相比,公司治理特殊性更加明显。财务公司治理的特殊性要求公司治理监管和公司治理评估与之相适应，充分考虑财务公司治理特殊性。治理评估指标设定应符合财务公司治理特点，不能简单套用其他类型金融机构评估指标。作为集团子公司，财务公司的发展须服从企业集团的整体发展战略和经营目标，接受企业集团的监督管理。而作为金融机构，又要接受银保监会等外部监管机构的监督管理。自身经营业务的特殊性及面临的双重监管环境使财务公司的经营区别于集团内的其他业务单元。

4.1.1 财务公司的特殊性

1. 财务公司经营活动特殊性

财务公司除少数几项业务种类外，经营业务的主要服务对象是集团内的成员单位，财务公司的经营发展对企业集团和成员单位具有很强的依附性。作为企业集团的"内部银行"，财务公司业务大多局限在集团内部，不参与市场竞争，主要业务及利润点为集团内部贷款、结算业务和金融同业的存款、拆借、债券等业务。财务公司一方面作为国家特殊许可的独立公司法人，开展经营活动以营利为目的，但同时也是企业集团的组成部分，其经营发展服务于企业集团的整体发展战略目标，是企业集团内部的金融机构。财务公司在发展历程中，其功能几经调整变化，但立足集团、服务集团的基本定位未有改变，是金融业中很独特的一类机构，具有很强的企业属性。在财务公司与商业银行等其他金融机构开展业务的过程中，多数商业银行将财务公司作为企业集团的一个部分，将对财务公司的授信纳入企业集团整体授信额度内，金融同业与财务公司开展的同业合作也以企业集团发展情况为基本考核，这是财务公司的经营特殊性一个明显体现。在企业集团内部，由于很多财务公司是由资金部或结算中心演变而来的，因此企业集团在管理模式上未将财务公司与其他实体企业相区别，沿用对集团内部其他企业的管理模式，财务公司作为独立于企业集团的金融法人机构的独立属性不明显。财务公司的业务种类具有企业属性。财务公司开展的担保业务、票据业务、融资租赁、买方信贷、消费信贷等业务并非专属于金融机构。财务公司发展业绩与企业集团经营状况密切相关，企业集团发展状况对财务公司产生决定性影响，财务公司高度依附于企业集团的发展，这是财务公司区别于其他金融机构的重要方面，也是财务公司企业属性的体现。

财务公司对集团成员企业和上下游企业提供贷款业务，包括贷款、票据贴现、买方信贷、消费信贷、融资租赁和延伸产业链金融贷款等融资性服务。企业集团和成员企业行业分布广泛，经营状况差别较大，贷款风险集中度高。由于贷款业务范围和对象受到严格限制，财务公司之间不存在贷款竞争。财务公司与商业银行等其他金融机构在贷款业务下通常不存在直接竞争。财务公司向集团成员企业发放贷款本质上是集团内部的资金调剂，从商业银行融资是从外部融资，因此财务公司与外部金融机构之间不存在之间竞争。从负债结构上看，存款是财务公司最重要的负债来源，尽管财务公司经批准可以发行债券筹集资金，但债券规模较小。拥有上市公司的企业集团，上市公司作为企业集团的优质资源，财务公司在证券监管部门的监管框架下，通过签署金融服务协议、存款服务协议、账户管理协议等不同形式的关联交易协议，为上市公司提供个性化的金融服务。作为金融机构，财务公司通过同业拆入资金、卖出回购业务从商业银行融入资金，构成财务公司同业负债，财务公司在符合央行规定的条件下可以通过向中央银行转让票据获取低成本的央行再贴现资金，构成财务公司资金来源。

财务公司的企业属性根植于其身后的企业集团。设立财务公司的大型企业集团在其主营产业链多处于核心地位，对产业链上下游产品流、资金流、物流、信息流等具有较强的控制力，财务公司在开展产业链金融业务、服务企业集团上下游企业方面具有天然优势，走向产业银行业是财务公司的发展方向之一。财务公司发展情况与企业集团所处产业发展息息相关，随着监管机构对财务公司延伸产业链金融试点的推广，不同产业背景的财务公司的产业属性将更加明显，财务公司服务相关产业发展的金融作用及对产业发展的影响将持续显现。财务公司是企业集团投资的下级企业单位，财务公司业务开展高度依赖集团的发展战略和经营状况，其业务开展也高度受制于企业集团。

2. 财务公司金融机构属性

财务公司是法定金融机构。《银行业监督管理法》第二条规定："对在中华人民共和国境内设立的金融资产管理公司、信托投资公司、财务公司、金融租赁公司以及经国务院银行业监督管理机构批准设立的其他金融机构的监督管理，适用本法对银行业金融机构监督管理的规定。"法律明确规定了企业集团财务公司在我国的金融机构地位，财务公司须经中国银保监会许可设立、须持有金融业务经营许可证、并依法接受业务监管。根据《电子商业汇票业务管理办法》，财务公司承兑的电子商业汇票为电子银行承兑汇票。财务公司承兑的电子银行承兑汇票信用和被接受程度大大高于企业承兑的电子商业承兑汇票，充分体现了财务公司作为金融机构的金融企业信用。

我国法律禁止未经许可的企业以资金借贷为主营业务，一般性企业未经批准不得以开展资金借贷为企业主营业务。财务公司在我国属于银行业金融机构或非银行金融机构，接受中国银保监会和中国人民银行的机构和业务监管，在监管许可的范围内开展业务。财务公司的业务具有金融属性。《企业集团财务公司管理办法》第二十八条对财务公司可以开展的业务种类和业务范围以列举方式进行了规定。财务公司可以为成员单位提供资金结算、存贷款、票据承兑贴现、融资租赁、债券承销等业务，可以进行同业拆借、金融机构股权投资、财务顾问等业务，其中存贷款业务和同业拆借业务集中体现了财务公司的金融属性，是财务公司作为我国金融机构纳入金融监管的基本依据。财务公司与商业银行在业务种类上具有一定程度的相似性，但财务公司不能开展吸收公众存款、开立基本账户、发行银行卡等业务。此外财务公司与商业银行的差异主要体现在服务对象的范围方面。金融属性主要根据企业负债端的资金来源方面决定，由于财务公司不能吸收企业集团的外部单位的存款，负债端的资金来源十分有限，仅限于成员单位存款、同业拆借及同业借款。财务公司虽可经营存贷款业务，但因资金来源的限制，金融属性与其他类型金融机构相比相对较弱。在金融机构经营牌照严格管制的条件下，由于牌照稀缺性和金融机构的法定性，使财务公司具备一定程度的金融企业信用，设立财务公司能够增加企业集团的整体信用，扩大融资规模，降低融资成本，提高资金管理效率。财务公司作为金融机构接受金融监管的本身实际上也是财务公司信用价值的体现。相较商业银行来说财务公司资金来源受限，财务公司的资金主要来自集团成员单位存款且主要为临时性结算存款，以活期、短期为主，在外部融资方面虽有同业拆借、债券等业务但也存在一定限制。各企业集团在资金使用方面存在一定的周期性，存款大幅震荡的情况时有发生，而财务公司提供的贷款、票据融资业务具有一定的稳定性和长期性，这就使财务公司长期可用资金规模受到限制，一定程度上限制了财务公司金融服务作用的发挥。

监管政策对财务公司核心金融服务能力——资金归集能力具有限制性。财务公司归集资金受到诸多监管政策的限制，中国银保监会出台的《流动资金贷款管理暂行办法》《个人贷款管理暂行办法》《固定资产贷款管理暂行办法》和《项目融资业务指引》等，使金融机构发放的大部分流动资产贷款、固定资产贷款必须由银行受托支付，不得由财务公司受托支付，企业的贷款专户资金绝大部分无法归入财务公司。中国证监会出台的《上市公司与集团财务公司关联交易及其规范》、深交所出台的《深圳证券交易所信息披露业务备忘录第37号——涉及财务公司关联存贷款等金融业务的信息披露》等规定都直接或间接地限制了企业的资金归集。企业集团内部层面，由于企业集团和成员单位与财务公司缺乏有效的协同机制，集团企业通过下属财务公司进行资金归集和运作，但未能实现企业需求与财务公司业务的高度匹配，而在集团给下属成员企业的考核标准中，资金归集的权重很低，更多的是营收相关指标。虽然财务公司不同于其他成员企业，拥有特别的权限，但同其他成员企业平级，并没有直接对其他集团成员的考核权。

财务公司通过吸收企业集团成员单位存款归集成员单位资金，财务公司在缴纳法定存款准备金后，资金主要向成员单位发放贷款，具有一头在外延伸产业链金融服务资质的财务公司在满足监管要求的前提下，可以向上游供应商发放贷款。财务公司通过自营贷款、票据贴现、保理融资、融资租赁等方式向成员单位提供资金，符合条件的财务公司以一头在外保理、票据贴现业务向上游供应商提供资金支持，充分利用财务公司归集的资金支持企业集团主业发展，实现将集团各个成员单位资金在整体上效益最大化、企业集团财务费用最小化。财务公司还可以作为中间方，撮合成员单位的资金融通，以委托贷款的方式整合集团资金资源。财务公司作为企业集团财务咨询机构，为集团成员单位重大融资工作提供统筹服务，出具融资方案、提供咨询牵头开展融资谈判及协议条款拟定等。财务公司还可联合外部银行组建银团贷款，发挥杠杆效应。在集团信用管理方面，财务公司管理集团预收账款、应付账款等营运性资产负债，协助集团统筹商业承兑汇票的使用，管理商业承兑汇票开出的期限金额等要素。财务公司发挥金融信用支持集团信用扩展。财务公司开立财务公司保函、开立财务公司承兑汇票。依托财务公司在外边金融市场的外溢效应体现的信用支持，比如基于财务公司在外部银行的同业授信额度为企业代为开立银行保函、银行承兑汇票、银行信用证等。财务公司作为企业集团的内部金融机构，是金融市场的重要参与者，利用金融市场资源服务集团主业发展。财务公司通过开展有价证券投资提高集团闲置资金使用效率。通过开展同业拆入、债券回购等业务践行金融市场融资者职能，开展债券承销和结售汇等业务降低集团整体财务成本。

财务公司是基于《企业集团财务公司管理办法》设立的极具中国特色的银行业金融机构，是我国唯一一类内生于企业集团的金融机构，其成立的目的就是为企业集团业务发展提供金融支持，具有很强的服务实体经济属性。企业集团金融资源整合的目的就是助推产融结合、实现以融促产，与财务公司服务实体经济的属性高度契合，财务公司整合集团金融资源，避免金融资源脱实向虚，更好发挥金融服务实体经济发展功能，为企业集团金融资源整合提供支撑保障。财务公司是深耕于企业集团及产业链发展的金融机构，具有独特的产融双重专业优势，为企业集团金融资源整合提供专业化服务保障。财务公司作为金融市场的重要参与者熟悉金融监管政策，与商业银行、保险公司、信托基金、券商资管等各类金融机构既是合作者又是同业者，具有丰富的渠道资源，有效发挥企业集团与金融市场的桥梁纽带作用。财务公司根植于企业集团的内生性，决定了财务公司具有产业与金融双重信息资源，为集团科学有效决策提供有价值的服务。

4.1.2 财务公司公司治理的特殊性

1. 公司法与财务公司治理

公司治理的逻辑起点和制度框架是公司法。企业集团财务公司的机构组织形式是依照《中华人民共和国公司法》设立的公司。《公司法》为银行保险机构公司治理提供了基本法律概念、法定公司治理机关及其基本职权、权力行使规则、权利的保护和救济、市场退出以及法律责任等基本规范。公司本质上是一种大规模募集资金的工具，而工商业活动的公司化不过是创始人将产业资本资本化的途径。公司可以被视为一种投融资工具。从合同角度看，可以将公司理解为合同的联结体、公司法是公司参与各方之间的格式合同。财务公司是以货币和风险为经营对象的特殊类型公司，首先应当接受《公司法》的规制。《公司法》理应承担规制公司经营管理和财务运作的职能。然而，纵观我国金融机构公司治理法律规制的历史进程，《公司法》的规制作用并不明显，令人怀疑《公司法》如今是否还能被视为规制银行保险机构公司治理的主流路径。现代公司法上的公司是与其社员互为独立的法律主体，公司作为团体可以在"公司"的名义下享有权利、承担义务，而公司的财产和债务都不会直接归属于公司的社员或公司的代表人。公司一旦依法成立，便是一个独立的人，有自己的利益和行为规则，其不但可以以自己的名义对外从事经营活动，也能够以公司之名并以公司利益为重协调并处理公司内外部关系。[①]

[①] 徐胜强. 我国公司人格的基本制度再造——以公司资本制度与董事会地位为核心[J]. 环球法律评论，2020（3）.

我国《公司法》虽经多次修改，但作为规制公司治理的重要制度规范却没能起到应有的作用，公司治理中的诸多问题长期得不到解决，我国的公司治理质效与经济发展地位不相适应。如公司股东会、董事会、监事会等组织机构的名不副实问题；控股股东对公司的过度控制问题；上市公司的虚假陈述、操纵市场、内幕交易问题；有限公司内部的股东内斗、控制权滥用等公司治理问题反复发生。公司治理制度与实践中的公司治理发生严重脱节，借鉴和效仿欧陆公司法的中国公司治理制度，时常显露出诸多水土不服的反应，历史和现实已经日益表明和提示，中国的公司治理已经陷入既有制度锁定的困境，公司治理的改革需要空前的决断和魄力，其根本的出路在于彻底突破现行制度和法律观念的束缚，摆脱和克服对既有治理结构和治理机制的路径依赖。中国的公司治理制度需要一次更为全面、系统而深刻的制度变革和创新。① 财务公司经营的特殊性决定了其公司治理与一般企业存在着显著差异，系统全面地归纳其特殊性及对其公司治理的潜在影响是理论分析的出发点。从公司治理的角度来看，财务公司特殊性主要表现以下几个方面：经营高杠杆性；资产组成的风险程度高；资产负债存在严重期限错配；风险的传染性；广泛的外部监管。

党组织参与公司治理是财务公司治理特殊性另一重要表现。习近平总书记指出坚持党对国有企业的领导是重大政治原则，必须一以贯之；建立现代企业制度是国有企业改革的方向，也必须一以贯之。要将党的领导融入公司治理进一步制度化、规范化、程序化，要处理好党组织和其他治理主体的关系，明确权责边界，做到无缝衔接，形成各司其职、各负其责、协调运转、有效制衡的公司治理机制。2015年9月，中共中央办公厅印发了《关于在深化国有企业改革中坚持党的领导加强党的建设的若干意见》，明确提出必须毫不动摇坚持党对国有企业的领导，毫不动摇加强国有企业党的建设。要求把加强党的领导和完善公司治理统一起来，明确国有企业党组织在公司法人治理结构中的法定地位，强调党对国有企业的领导只能

---

① 赵旭东. 公司法修订中的公司治理制度革新[J]. 中国法律评论，2020 (3).

加强，不能削弱。2020年8月，中国银保监会印发《健全银行业保险业公司治理三年行动方案（2020—2022年）》（以下简称《方案》），提出推动我国银行业保险业进一步加强党的领导，借鉴吸收国际先进经验，切实提升公司治理质效。《方案》提出要进一步明确并严格落实党的领导融入公司治理的具体要求。在对国有及国有控股银行保险机构的公司治理全面评估中，重点关注党的领导与公司治理融合情况，适度提高权重。具体工作包括推动国有及国有控股机构进一步完善公司章程，写明党组织的职责权限、机构设置、运行机制、基础保障等重要事项；完善"双向进入、交叉任职"领导体制；要求进入董事会、监事会和高管层的党委班子成员要严格落实党组织决定；要求银行保险机构结合本单位实际制订和完善党委前置研究讨论的重大经营管理事项清单，重大经营管理事项必须经党委研究讨论后，再由董事会或高管层作出决定；指出监管机构和银行保险机构持续探索完善党的领导与公司治理有机融合的方式和路径。党对国有金融机构的领导、党组织参与公司治理是财务公司治理的一个显著特征。

　　基于代理成本理论构建起来的以分权制衡为形式的公司治理机关设置与我国公司治理实践产生巨大的脱节，公司法构建的公司治理机关名实不符。我国的公司或者是国家控股，或者是私人控股，包括上市公司在内也以绝对或相对控股为主流，股权结构的"一股独大"状态十分明显，这与美英等普通法系国家公司股权分散的情况差别很大。股权高度分散的公司治理矛盾多体现为股东与公司控制者（经理人）间的矛盾，公司治理重在解决该矛盾。而股权高度集中产生的后果就是控股股东（受实际控制人支配股权的全体股东）对公司的控制作用明显，分权制衡的基因先天不足，脱离大股东控制的公司机构独立治理的难度极大。这种模式下，公司的主要利益冲突不再是股东和代理人之间的冲突，而转向股东相互之间，主要是大股东与中小股东或者控股股东与从属股东之间的冲突。对于金融机构和上市公司还表现为大股东和公司本身及公司债权人的利益冲突，如实践中大量出现的控股股东掏空公司现象。但我国现行《公司法》对控股股东的规制处于抽象概念层面①，对这一事实上主导公司治理的控股股东行为的规制十分薄弱。《公司法》作为公司治理的制度基础，其制度设计存在的重大缺陷是导致我国公司治理质量较低、公司治理问题频发的重要制度因素。②

公司规模的大小对公司治理机制的设定和运行具有深刻影响。很多国家《公司法》规定不同规模的公司设置不同的公司治理机构，法律和政府监管对规模不同的公司治理干预程度也存在差异。公司规模包括人员规模、资产规模、和营业收入及股东人数四个方面。以公司的股票是否公开发行和自由转让交易为划分标准的封闭公司与公众公司在公司治理机制上法律规定的标准也存在重大不同。我国《公司法》拟制了有限责任公司与股份有限公司两种类型的公司，基本划分依据同样是公司规模的大小。财务公司不论资产规模、股东数量还是员工人数多少，公司类型全部为有限责任公司。财务公司全部为封闭的非上市公司。财务公司作为银保监会监管的银行业金融机构，平均规模与同样是银保监会监管商业银行、政策性银行、邮储银行、信托公司、金融资产公司、金融租赁公司存在很大差异。企业集团财务公司的资产规模、从业人数、营业收入远低于上述六类金融机构。财务公司平均股东人数远低于商业银行。财务公司平均规模相对较小的状况是财务公司公司治理的现实基础，也是财务公司治理与其他银行业金融机构治理的相区别的重要现实差异，规模相对偏小是财务公司治理的一个最基本也是最重要的特征。规模较小的公司公司治理更加灵活宽松，规模较大的财务公司公司治理则更加严格，接受的外部规制也越多，是国际公司治理发展的普遍趋势。财务公司在公司规模上与其他银行业金融机构相比存在特殊性，因此对财务公司治理评估与治理监管应体现与财务公司规模和实践发展相符合的基本特点。

---

① 仅体现在《公司法》第二十一条："公司的控股股东、实际控制人、董事、监事、高级管理人员不得利用其关联关系损害公司利益。"

② 亚洲公司治理协会（ACGA）2018 年发布的公司治理观察报告（CG Watch 2018）显示，中国公司治理在 12 个受观察的亚洲国家中排名第 10 位。

2. 财务公司股权结构与治理特殊性

合理的股权结构是金融机构公司治理的重要基础。股东作为公司的所有者，拥有公司剩余索取权，承担公司最终风险，作为委托人对公司治理的影响巨大，股权集中程度对治理模式和效果具有明显影响。金融机构股东治理监管是公司治理监管的核心和基础。财务公司治理制度的构建以有效规制股东行为为重点，形成更加严密的规制机制，不断完善公司治理法律制度的同时建立符合保险机构特殊性的公司治理监管模式。我国财务公司治理机制经过近十多年的建设取得了较大成就，一些治理机制的有效性得到发挥。随着外部监管力度的加大，外部治理机制不断完善，内部治理机制的有效性不断提升。

财务公司股权结构具有股东人数少、实际控制人持股比例高、国有股权占比高这三个基本特点。根据行业统计数据，截至2018年年末，股东为单一单位的财务公司占比12.8%；2家股东单位的财务公司最多，占比34.8%；3~4家股东单位的财务公司占比28.4%。共有13家财务公司引入战略投资者，战略投资者类型包括信托公司、银行和其他财务公司，持股比例在2.5%~19.5%。财务公司股权结构表现出股东数量少，股权集中度高的显著特征。

财务公司作为非上市的封闭型有限责任公司，其与上市的银行股份公司和证券公司在股权结构上存在重大差异。根据现行法律法规与监管政策，监管机构未针对财务公司股东人数和股权集中与分散程度，单一股东持股比例、同一实际控制人持股比例进行监管干预，这符合财务公司的功能定位与实践发展。在这种情况下，我国财务公司的公司形态绝大多数以有限责任公司的形式设立，股东人数较少，相当比例的财务公司主要股东为企业集团或企业集团作为第一大股东的上市公司。除少数财务公司引入战略投资者外，财务公司的股东全部为企业集团实际控制的企业，人合性特征明显，股东会规模较小。由于财务公司股权结构单一，股东间存在关联关系和控制与被控制的关系或关联关系，财务公司主要股东持股比例较高，多处于绝对控股地位。高度集中的股权结构与规模较小公司的公司治理相适应，并对公司治理产生根本性影响，单一的股权结构是财务公司与商业银行等金融机构在股权结构上的明显区别。股权的高集中度弱化了股东间的制衡监督作用，不利于分权制衡的治理机制发挥作用。由于缺少企业集团外部的股东，财务公司董事、监事和高级管理层均受控股股东实际控制，这造成董事会集体决策和制衡监督机制的弱化、监事的作用弱化、董事会对高级管理层的监督考核机制弱化。控股股东中是国有企业集团或国有控股企业的财务公司占比超过80%，高比例的国有股权是财务公司治理的另一个重要特点。财务公司的封闭性、人合性、股权高度集中性的特征使财务公司治理既与上市股份公司存在较大区别，也与非上市的商业银行（股东人数众多、股权分散程度相对较高、资产规模较大和员工人数较多）具有重大区别。国有企业传统的管理方式和管理文化对于公司治理存在一定的内在紧张关系和冲突。行政命令式的管理模式对公司治理机制的正常发挥造成负面影响，国有企业高级管理人员事实上存在的行政级别对财务公司治理也会造成一定程度的影响。国有企业中坚持党的集中统一领导与公司治理强调的分权制衡在实践如何更好地统一，仍存在不同认识，实践中不同企业也存在不同的理解，这也是我国财务公司行业公司治理的一个鲜明特点。

3. 财务公司集团关系与董事会治理特殊性

财务公司承担企业集团内部银行职能，财务公司在集团的股权层级对其职能的发挥具有直接影响。通常，财务公司的股权层级越高，其在集团的地位和影响越大，归集集团成员企业的能力越强。财务公司在集团一般作为二级企业管理，集团对财务公司的定位集中于资金集中平台，兼顾利润、风险和服务。2015—2018年，作为集团本部直接管理二级单位的财务公司占比始终在90%以上。[①] 企业集团主要依靠委派管理人员对财务公司实施管控，日常管理方式以沟通协调为主。集团对财务公司管控还体现在

---

① 中国财务公司协会. 中国企业集团财务公司行业发展报告（2020）[R]. 北京：社会科学文献出版社 2020：294.

对财务公司董事的提名与推荐方面。根据行业协会调查，财务公司董事产生主要受集团和股东单位推荐产生，其中股东单位推荐占比高达47.95%；集团推荐占比达40.85%；财务公司推荐占比仅为10.11%。可以看出财务公司董事会构成中，外部董事不足，制约了董事会内部制衡机制的发挥。财务公司董事会、董事独立性严重不足，受集团单一意志控制严重，董事对财务公司违规行为监督作用弱化。

4. 财务公司业务结构与公司治理特殊性

财务公司的业务范围与服务对象范围的特点对财务公司治理具有深刻影响，这是财务公司公司治理特殊性的一个重要方面。与商业银行形成鲜明对照的是，财务公司以为关联方服务为业务常态，财务公司服务对象本身与股东重合或受股东实际控制，这是财务公司开展金融业务的一个重要特点，也是区别于其他金融机构的行业特点。服务对象的内部化不利于形成利益相关者对公司治理的推动，弱化外部市场环境对公司治理能力和治理质量施加的影响，减少了推动财务公司治理水平持续提升和改善的推动力量。由于设立财务公司的企业集团所在行业的特点，发展阶段和发展规模及资金状况存在较大不同，财务公司因其依托的企业集团不同业务类型也存在较大差异。对于以结算和资金监控为主要功能的司库型财务公司和以为集团筹集资金为主要功能的融资型财务公司，其对信用风险管理的需求较为弱化。而以服务集团产品销售的财务公司，其业务更与商业银行更为类似，对信用风险管理专业化能力的要求较高。因此财务公司业务特点和服务对象特点对公司治理产生直接影响。

财务公司外部治理缺位。现代公司的治理问题是同时依赖内部治理和外部治理共同实现的，外部治理是公司投资者通过外部市场对管理层进行约束和控制，从而降低代理成本。外部治理是处于主动地位的，内部治理以外部治理为条件，是外部治理的内生性制度安排。缺少了外部治理所提供的市场压力机制和充分信息，内部治理的功能发挥会受到严重限制。外部竞争的市场环境是推动公司治理的重要力量。外部市场包括产品市场、要素市场、经理人市场、金融资本市场、并购市场等。由于财务公司以服务集团内成员单位为基本职责，不完全以营利性为经营业绩评估目标，各财务公司之间不存在直接的竞争关系，这与商业银行的高强度竞争形成鲜明对比，因为财务公司行业间缺少足够的竞争，导致财务公司外部治理机制无法发挥作用，无法通过简单的适应外部治理为标准判断内部治理的效果。行业竞争不足与考核的内部化对财务公司治理构成重要影响，是财务公司治理的另一个鲜明特点，也是财务公司治理特殊性的重要表现，外部治理缺位是财务公司公司治理与治理评估特殊性的重要表现。外部市场竞争环境的缺失对财务公司外部公司治理机制的作用发挥形成阻碍，促使内部治理机制在治理机制中的作用更加凸显。

财务公司作为非银行金融机构，银保监会对其监管主要遵循银行的监管思路和宗旨，对财务公司定位是以加强企业集团资金集中管理和提高企业集团资金使用效率为目的，为企业集团成员单位提供财务管理服务的非银行金融机构，定位于为集团企业技术改造、新产品开发及产品销售提供金融服务，实现集团整体价值最大化。由于银行是通过为外部个人和企业提供存款、贷款、汇兑、储蓄等业务实现其自身价值最大化，两者的业务范围和服务对象有明显不同。财务公司作为集团内部非银行金融机构，具有区别于银行等完全市场属性金融机构的显著行业特性，其个体差异较大，很大程度受体制因素影响，一方面强烈依靠企业集团；另一方面可能会受到集团的不当行政干预，影响其自主经营。具体来看，与银行相比，财务公司行业存在时间相对较短，资产规模较低，各项业务起步较晚，财务公司历史包袱小，资产质量好，业务灵活度高，风险水平普遍低于金融行业内其他机构。[①] 同时，由于财务公司独特的行业属性、经营特点等多方面的互相作用，导致其公司治理具有明显不同于商业银行的特征。

4.1.3 财务公司治理评估的特殊性

公司治理本质上是公司内部权力划分和权力制衡的机制或安排，是在

---

① 袁琳，余欣怡，仝旭. 巴塞尔协议Ⅲ与财务公司风险管理[J]. 北京工商大学学报（社会科学版），2013，28（3）：81—86.

法律搭建的制度条件下，主要依靠公司治理主体间的互动和权责划分保障公司行为的适当。尽管外部治理对公司治理质效的推动和制衡起到不可忽视的作用，但对于一般公司而言，公司治理机制效果仍然依靠公司内部各治理主体权责分配和有效制衡。金融机构作为特殊类型的公司，经营管理活动具有极强的外部性，其公司治理受到法律和外部监管的广泛约束。财务公司经营活动高度复杂，公司治理较一般企业有更强的规范性要求，外部监管成为推动公司治理的重要力量。外部监管从对财务公司业务的监管向银行公司治理的延伸，本质上是公权对金融市场主体内部管理活动的干预。财务公司治理监管评估是治理监管的一种重要方式，监管机构通过制订衡量治理水平的评估指标体系，对过往年度财务公司治理状况进行评估，治理监管评估是一种事后监管，具有滞后性特征。

财务公司治理评估符合企业公司治理的一般规律，但更为重要的是，财务公司行业的治理评估具有鲜明的行业特殊性。财务公司行业和治理的特殊性是财务公司治理评估特殊性的原因和基础。事实上，不存在能够适用于评估一切公司治理状况的公司治理评估体系。不同行业、不同规模，上市公司与非上市公司的明显差异需要公司治理评估体系具有差异化和针对性。财务公司自身的特殊性要求构建的治理评估体系符合其行业特点和治理特点。评估体系的特殊性是评估科学性、有效性的前提，如果评估体系本身存在严重的适用性缺陷，则评估结果的可信度和反映客观实际的作用就被大大削弱了。在评估结果与被评估主体利益紧密联系时，评估结果将受到更严重的质疑。财务公司行业具有极其特殊的治理现状，不适用对一般公司治理的治理评估体系，不适用对商业银行的公司治理评估体系，财务公司治理评估体系具有符合其行业发展规律和治理规律的内在属性，具有特殊性的基本要求。财务公司治理评估主体的单一性和评估结果对财务公司利益高度影响性是财务公司监管评估特殊性的内在动因。财务公司治理评估特殊性要求设计符合财务公司治理实践的评估体系，克服简单参照商业银行、上市公司治理评估的缺陷，提高评估准确性、针对性、有效性、科学性，为适用评估的治理监管提供准确依据。例如，财务公司股权结构较为单一、股东数量少、股东间制衡较弱，在治理评估中既应充分尊重财务公司股权特点，又应对适当鼓励财务公司股权适当多元化，引入外部股东加强股权制衡。财务公司股权评估不能参照商业银行股权评估。财务公司董事会规模远小于商业银行且董事提名主体相对单一，董事独立性较弱，独立董事人数较少，外部董事数量较少，在治理评估中不宜过度强调董事会规模。监管治理评估应当在充分尊重财务公司治理特殊性的基础上构建符合财务公司行业特点的公司治理评估体系。

将党的领导融入国有及国有控股公司治理环节，毫不动摇坚持和完善党对国有企业的领导，是新时代金融业改革发展必须坚持的方向，也是有中国特色的金融机构公司治理的重要内涵。在《中华人民共和国商业银行法》（以下简称《商业银行法》）中确认党组织的公司治理主体地位，明确权限和治理程序是落实党对金融机构领导的重要法律保障。发挥党组织在国企中的领导核心和政治核心作用是建立中国特色现代企业制度的重要内容。财务公司治理评估中，应当加强党建指标比重，强化党的组织在财务公司治理的作用。

党组织在我国金融企业公司治理中发挥核心治理功能，党委会通过"双向进入、交叉任职"协调"三会一层"的运作，创造出我国金融企业独具特色的治理架构。无论是从理论、经验证据或是实证研究的角度观察，党组织嵌入国有企业公司治理，不仅可以有效抑制内部人控制问题，还可以使国有企业在经济效益和社会、政治目标的追求上协调融合。对于国有及国有控股财务公司，公司的章程应明确党组织在公司法人治理结构中的地位，为党组织发挥领导作用提供制度保障。实际控制人是中央政府、地方政府、中央企业或其他国有企事业单位的财务公司，党组织事先决策是国有机构提名的董事、兼任党委书记的董事长将该议案提交董事会审议的法定前提条件。党组织审议决定后，由董事会、股东会审议决议。非国有单位提名的董事、监事提出的议案不受此限，但董事会审议该议案前，党委应事先审议，国有单位提名的董事应按照党委决议在董事会会议上发表意见行使相关权利。

4.2 财务公司治理评估体系的设计

4.2.1 财务公司治理评估体系的设计原则

对于财务公司来说，由于其存在一定的特殊性，因此，在设计相关指标时，应该坚持特殊性原则，同时，也应该与其他指标体系构建原则类似，应该遵循科学性、可操作性、系统性、灵活性、前瞻性等原则。

（1）特殊性原则

开展财务公司治理评估体系设计首先要坚持特殊性原则。特殊性原则是指开展设计需要参考已有的具有先进性的公司治理评估体系，但重点是要根据财务公司的自身特点开展设计，要充分考虑财务公司的特殊性和发展实际，构建符合行业特点的治理评估体系。坚持特殊性原则是理论联系实际的需要，是理论和实践创新的需要，是解决现实问题的需要。

（2）科学性原则

科学性原则是指设计要符合财务公司治理的基本原理，充分借鉴既有评估体系中被实践证明的行之有效的方法。保持客观中立的科学立场，充分考虑国情特点、金融行业特点和制度环境特点，坚持理论联系实际。

（3）可操作性原则

可操作原则是指设计财务公司评估体系应立足目前监管的实际，指标的选取应具有可获得性、代表性，权重指标合理并便于分析统计，评估指标具有一定的指引性，财务公司能够根据评估体系自行进行衡量，为不断改善和提高公司治理质量提供标准。评估体系的设计不应过于烦琐复杂，指标选择应有所侧重和剔除，不必面面俱到，与商业银行治理评估体系应有所区别。

（4）系统性原则

系统性原则是指评估体系设计应统筹考虑，定性与定量评估相结合，保持评估体系内在的协调一致，不出现矛盾疏漏。系统性原则还体现在评估体系与监管政策保持必要的协调衔接，评估的过程、评估结果、评估的应用符合现行监管政策，与财务公司的监管能够形成完整的协调一致的体系。

（5）灵活性原则

灵活性原则是指财务公司治理评估体系的设计应具有一定的灵活度和前瞻性，保持必要的弹性。针对不同的财务公司，某些具体指标的选择和权重确定应具有一定的可调节性。财务公司不同于商业银行的一个重要特点是不同财务公司经营模式具有很强的差异性，在财务公司治理评估体系的设计过程中，应充分考虑到这种差异性，治理评估的设计应在尊重这种差异性的同时保持必要的灵活性。

（6）前瞻性原则

我国财务公司行业处于持续快速发展变革的过程中，财务公司的监管政策也随着行业的快速发展不断进行调整完善。在这种大的背景下，财务公司治理评估体系的设计需要具有一定的前瞻性，为未来财务公司发展演变留下充裕的调整空间。随着财务公司行业的发展壮大，财务公司功能定位也将随之不断调整，一些发展状况较好的企业集团的财务公司的业务范围和功能可能会发生变化，如走向产业银行。负债端资金来源的范围可能会扩大，这将对财务公司治理产生基础性和全局性的深刻影响，因此财务公司治理评估设计应具有一定的前瞻性。

4.2.2 财务公司治理评估体系的设计重点

在财务公司治理评估体系的设计中，在坚持系统性原则的前提下，深刻理解和认识财务公司治理的特殊性，开展符合财务公司特殊性的设计创新，对指标和权重的设计有所侧重，在满足评估作用的同时能够起到引导作用。评估体系的设计重点应该包括股权结构治理评估、董事及高级管理人员治理评估、利益相关者评估以及信息报告治理评估等四个维度。

(1) 股东及股权治理评估

财务公司的股权结构治理评估中应侧重股权集中度，引入集团外部股东情况，股东是否通过股东会行使权力，主要股东是否是上市公司，主要股东或实际控制人是否不适当干预财务公司的决策及是否依法开展生产经营活动，股东对财务公司考核和管理方式评估、对财务公司业务开展的支持情况等。

(2) 党的领导与董事会、董事治理评估

财务公司董事和高级管理人员治理评估应侧重董事及高级管理人员的实际级别，是否是由企业集团高级管理人员兼任，董事和高级管理人员是否享有行政级别，高级管理管理人员的市场化选聘程度，董事会成员中的集团外部股东代表比例，高级管理人员是否存在编制管理差异，董事与高级管理层兼任比例，执行董事与非执行董事情况，董事会管理和决策责任承担情况，董事与高级管理层薪酬体系是否独立设定，高级管理层的金融从业经验和专业能力，高级管理层的考核与问责等。

(3) 集团管控和内部控制体系治理评估

集团管控对财务公司治理具有直接影响。财务公司在集团中的管理层级、集团对财务公司经营和管理考核评估、集团对财务公司业务的作用影响、集团对财务公司的功能定位均对财务公司治理产生显著影响。有效并运行良好的内部控制机制对财务公司治理机制效用发挥具有显著影响。财务公司应当建立健全内部控制体系，明确内部控制职责，完善内部控制措施，强化内部控制保障，持续开展内部控制评估和监督。

(4) 信息披露治理评估

由于财务公司业务范围和服务对象具有内部性特征，现行监管制度尚未要求财务公司向社会公开披露信息。但财务公司仍须根据有关规定向行业协会、银保监会、人民银行报告公司治理、经营管理、财务数据等信息，报告信息的真实、准确、完整、合规将直接关系到监管机构对财务公司的监管，信息报告是财务公司治理水平的重要体现，因此信息报告应纳入治理评估的一个维度，对虚假提供信息的财务公司视情节直接给予负面评估。

4.2.3 财务公司治理评估体系的应用原则

在目前财务公司治理评估的主体较为单一的情况下，评估的主体和评估结果的应用主体具有重合性特征，因此治理评估的结果无论对监管机构还是被评估的财务公司具有重要的实践价值。具体来说，针对财务公司治理评估体系，在应用时，应坚持结果导向原则、实事求是的原则。

（1）结果导向原则

公司治理的根本在于服务公司的经营发展，但本质上公司治理的形式、能力、治理情况和实践属于私法自治的范畴。但鉴于金融机构的经营特征，监管机构代表政府依法对财务公司的公司治理过程和运行情况进行外部干预。这种干预的目的是通过提升公司治理水平来防控金融风险，提高公司经营效益。监管机构作为评估主体开展的治理评估，其评估结果的运用应从整体上统筹把握，合理设定公司治理占监管评估的权重，坚持将财务公司的违法违规作为更加重要的考评内容，结合公司治理评估对财务公司经营业绩、风险管理、违规情况做本质上的监管评估，在通过监督促进公司治理建设的同时，合理平衡因公司治理监管产生的监管成本，有效降低财务公司因外部监管产生的不必要成本。

（2）实事求是原则

财务公司在应用评估结果时，应注重结合自身实际，实事求是地应用评估结果，做好与监管机构的沟通。对确实不符合自身发展实际的评估指标积极向监管机构作出解释说明。在评估结果应用方面，财务公司应保持必要的判断，对照评估体系查找公司治理不足和问题，加强自身的公司治理建设。在接受评估的过程中，坚持客观面对，不弄虚作假，不敷衍应对。财务公司的主要股东应高度重视公司治理评估结果，对照评估指标和评估结果采取切实措施，不断推动财务公司治理水平的提升。

4.2.4 财务公司治理评估要素和指标体系（见图4-1）

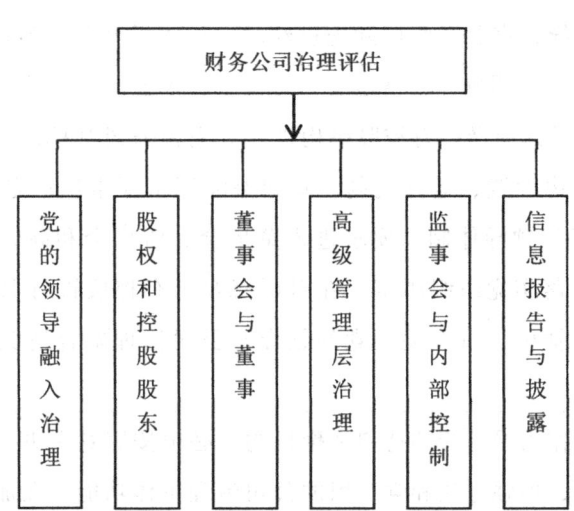

图4-1 财务公司治理评估要素组成

（1）党的领导融入公司治理评估要素

中国共产党领导是中国特色社会主义最本质的特征。建设有中国特色的现代金融企业制度，必须加强党的领导和党的建设。金融机构特别是国有金融机构加强和完善党的领导、发挥党组织政治领导核心作用、将党的领导嵌入公司治理环节构成有中国特色的公司治理理论内涵和实践特征。处理党组织与其他治理主体的关系、保证党组织功能实现是财务公司治理的特殊性使然。财务公司应将党的领导融入公司治理进一步制度化、规范化、程序化，要处理好党组织和其他治理主体的关系，明确权责边界，做到无缝衔接，形成各司其职、各负其责、协调运转、有效制衡的公司治理机制。2015年9月，中共中央办公厅印发了《关于在深化国有企业改革中坚持党的领导加强党的建设的若干意见》，明确提出必须毫不动摇坚持党对国有企业的领导，毫不动摇加强国有企业党的建设。要求把加强党的领导和完善公司治理统一起来，明确国有企业党组织在公司法人治理结构中的法定地位，强调党对国有企业的领导只能加强，不能削弱。2020年8

月,中国银保监会印发《健全银行业保险业公司治理三年行动方案(2020—2022年)》(以下简称《方案》),提出推动我国银行业保险业进一步加强党的领导,借鉴吸收国际先进经验,切实提升公司治理质效。《方案》提出要进一步明确并严格落实党的领导融入公司治理的具体要求。具体工作包括推动国有及国有控股机构进一步完善公司章程,写明党组织的职责权限、机构设置、运行机制、基础保障等重要事项;完善"双向进入、交叉任职"领导体制;要求进入董事会、监事会和高管层的党委班子成员要严格落实党组织决定。在对国有及国有控股银行保险机构的公司治理全面评估中,重点关注党的领导与公司治理融合情况,适度提高权重。

财务公司作为受监管的持牌金融机构,必须按照党中央要求和监管机构的相关规定,加强党建和党组织的公司治理主体功能。在加强党的领导和治理主体职能方面,财务公司与其他金融机构没有特殊不同,遵循同样原则和标准,因此具体评估指标包括,党组织治理主体的公司章程确认,双向进入与交叉任职的实施情况,党组织权责以及重大事项党组织前置讨论的落实情况。

①党组织的治理主体确认。财务公司是否根据《党章》规定建立党的组织?财务公司章程是否将党的组织在财务公司治理中的主体地位和职责权限在公司章程中进行确认?坚持党对国有企业的领导是重大政治原则,必须一以贯之;建立现代企业制度是国有企业改革的方向,也必须一以贯之。要将党的领导融入公司治理中,进一步制度化、规范化、程序化,要处理好党组织和其他治理主体的关系,明确权责边界,做到无缝衔接,形成各司其职、各负其责、协调运转、有效制衡的公司治理机制。中国特色的金融企业公司治理结构主要体现为党委在公司治理中的领导核心地位和董事会在战略决策中的核心作用。党的十九大对全面加强党的领导提出了新要求,强调党组织的领导作用应当贯穿于企业决策、监督、执行的全过程。在公司章程中确认党组织的治理地位和职责权限,是保证党对国有企业领导的重要方式,党的领导不是口号意义上的,而是具体的、有实质内

容的领导。公司章程是公司内部具有最高约束力的权（力）利义务规范，对公司、股东、董事、监事、高级管理人员具有约束力。在公司章程中是否明确规定党组织在公司治理中的地位职责，能够反映党的领导作用实现程度。从所有制结构上看，财务公司行业 80% 以上的公司都是国有或国有控股类型，最终实际控制人是中央和地方国有资产管理机构，因此加强党在财务公司治理中的作用，在公司章程中明确规定党组织地位职权是财务公司治理监管评估的重要因素。国有及国有控股财务公司党委（组）要切实发挥把方向、管大局、保落实的领导作用，重点管政治方向、领导班子、基本制度、重大决策和党的建设，切实承担好从严管党治党责任。重大经营管理事项必须经党委（组）研究讨论后，再由董事会或高级管理层作出决定。非国有或国有控股财务公司同样应当发挥党组织的政治领导核心作用，根据《中国共产党章程》规定，建立党的组织并在公司章程中明确党组织的治理主体地位，发挥党组织的政治引领职能，确保党和国家方针政策在财务公司贯彻执行。

②财务公司党组织成员与董事、监事、高级管理人员双向进入、交叉任职要求落实是否到位？党组织在我国金融企业公司治理中发挥核心治理功能，党委会通过"双向进入、交叉任职"协调"三会一层"的运作，创造出我国金融企业独具特色的治理架构。交叉任职是实现党对国有企业领导的必要方式，党员董事、监事和高级管理人员应当根据党的规定进入财务公司党委（组），行使党委（组）成员的权利、履行义务、执行党委（组）的决议、保守党的秘密。党的领导是政治领导、组织领导和行使重大事项的党内决策权，党的组织不代替其他公司治理机关履行法定和章程规定的职权，党员董事、监事和高级管理人员应当履行党员义务，执行公司党委（组）决议，并通过履行董事、监事和高级管理人员职责贯彻执行党委（组）决定。党组织班子成员与《公司法》上的公司治理主体实行双向进入、交叉任职，党组织班子成员通过法定程序分别进入董事会、经理层、监事会，董事会、经理层、监事会中的党员依照有关规定进入党组织班子，实现公司党组织与公司机关职能上的有机结合。国有银行保险机构

应当将党建工作要求写入公司章程，列明党组织的职责权限、机构设置、运行机制、基础保障等重要事项，落实党组织在公司治理结构中的法定地位。国有及国有控股财务公司应当坚持和完善"双向进入、交叉任职"领导体制，符合条件的党委（组）班子成员通过法定程序进入董事会、监事会、高级管理层，董事会、监事会、高级管理层中符合条件的党员可以依照有关规定和程序进入党委（组）。党委（组）书记、董事长一般由一人担任，党员总经理一般担任副书记。财务公司应当根据《中华人民共和国公司法》《中华人民共和国工会法》相关规定，建立以职工代表大会为基本形式的民主管理制度，重大决策应当听取职工意见，涉及职工切身利益的重大问题经过职工代表大会或者职工大会审议，保证职工代表依法有序参与公司治理。非国有财务公司按照党组织设置有关规定，建立党的组织机构，同样实施双向进入、交叉任职，积极发挥党组织的政治核心作用，加强政治引领，宣传贯彻党的路线方针政策，团结凝聚职工群众，维护各方合法权益，建设先进企业文化，促进公司持续健康发展。

③党组织的权责是否明确？重大事项党组织前置讨论制度的建立是否落实到位？财务公司将党的领导融入公司治理进一步制度化、规范化、程序化，推动国有及国有控股机构党组织切实发挥领导作用，把方向、管大局、保落实。落实党对金融机构的领导，发挥党组织的政治领导核心作用。需要通过具体的制度落实。最重要的是党组织权责是否明确，是否建立并实施重大事项党组织先行讨论与决策制度。财务公司结合公司实际制订和完善党委（组）前置研究讨论的重大经营管理事项清单情况，重大经营管理事项必须经党委（组）研究讨论后，再由董事会或高管层作出决定。将党的领导与公司治理有机融合情况，作为对属于相关机构党委班子成员的董事、监事和高管人员履职评价的重要内容。具体指标包括财务公司重大经营管理事项是否经党委研究讨论后，再由董事会或高管层做出决定情况；财务公司组织机构实际制订和党组织前置研究讨论的重大经营管理事项清单是否一致等情况，党组织决议事项在董事会和高管层的执行情况。

党的领导地位已写入《中华人民共和国宪法》正文。《宪法》第一条规定：社会主义制度是中华人民共和国的根本制度。中国共产党领导是中国特色社会主义最本质的特征。《公司法》《中华人民共和国工会法》《中华人民共和国公务员法》《中华人民共和国监察法》等法律都明文确认了中国共产党的领导地位、组织活动、党员在相应规范领域法律上的权力及权利义务。下一步《公司法》的修订应当明文规定党的组织的公司治理参与主体地位及权力和权利义务。金融法律应明确国有及国有控股金融机构党的组织的权力行使程序、党组织与董事会、监事会和高级管理层的关系，为巩固和加强党对金融机构的领导、完善中国特色银行公司治理提供法律保障。

（2）股权结构及股东行为治理评估要素

基于代理成本理论构建起来的以分权制衡为形式的公司治理机关设置与我国公司治理实践产生脱节，《公司法》构建的公司治理机关名实不符的普遍性问题在财务公司治理中同样存在。我国的公司或是国家控股，或是私人控股，包括上市公司在内也以绝对或相对控股为主流，股权结构的"一股独大"状态十分明显，这与美英等普通法系国家公司股权分散的情况差别很大。股权高度分散的公司治理矛盾多体现为股东与公司控制者（经理人）间的矛盾，公司治理重在解决该矛盾。而股权高度集中产生的后果就是控股股东（受实际控制人支配股权的全体股东）对公司的控制作用明显，分权制衡的基因先天不足，脱离大股东控制的公司机构独立治理的难度极大。这种模式下，公司的主要利益冲突不再是股东和代理人之间的冲突，而转向股东相互之间，主要是大股东与中小股东或者控股股东与从属股东之间的冲突。对于金融机构和上市公司还表现为大股东和公司本身及公司债权人的利益冲突，如实践中大量出现的控股股东掏空公司现象。但我国现行《公司法》对控股股东的规制处于抽象概念层面，对这一事实上主导公司治理的控股股东行为的规制薄弱。[①]

---

① 赵旭东. 公司法修订中的公司治理制度革新[J]. 中国法律评论，2020（3）：1-20.

财务公司是独立法人，财产独立于股东，享有独立的法人财产权，股东违法损害公司独立地位造成损害的应当承担赔偿责任。《公司法》第三条规定："公司是企业法人，有独立的法人财产，享有法人财产权。公司以其全部财产对公司的债务承担责任。有限责任公司的股东以其认缴的出资额为限对公司承担责任；股份有限公司的股东以其认购的股份为限对公司承担责任。"财务公司股东以合法资金出资后，财务公司即取得出资财产的所有权，股东以获得财务公司股权作为对价丧失了出资财产的所有权。股东应当遵守法律、行政法规和公司章程，依法依规依章程行使股东权利承担股东义务，任何股东不得滥用股东权利损害公司或者其他股东的利益；股东滥用股东权利给公司或者其他股东造成损失的，应当承担赔偿责任。财务公司控股股东应当确保财务公司的机构、财产、人事、业务保持独立。股东行使股东权利的途径是通过股东会并根据章程确定的程序行使，尊重公司人员、财产的独立性，不得违法违规侵占挪用公司资金，损害公司利益。财务公司控股股东、实际控制人、董事、监事、高级管理人员不得利用其关联关系损害公司利益，给公司造成损失的，应当承担赔偿责任。《公司法》第二十一条原则上规定了公司控股股东不得利用关联关系进行利益输送，损害公司利益。实践中出现银行保险机构控股股东虚假出资、循环出资、越权干预银行董事会、高级管理人员履职并通过不当关联交易为其输送利益等问题，这与《公司法》对控股股东行为规制不足有关。《公司法》应当正视并充分肯定控股股东在公司治理中的主体地位并对其予以全面、系统的法律规制，设计和建构以控股股东为核心角色的公司治理结构和治理规则，应留有空间对特殊类型公司的公司独立性提供更加完善充分的法律保障。实践中要求控股股东承诺承担剩余风险，是财务公司股东加重责任的体现。加重财务公司股东加重责任，是克服固有道德风险、实现自我救助的内在要求，也是维护国家金融安全的一项制度保障。

股东资格和行为治理是财务公司治理的基础、核心和起点，也是法律规范规制的重要领域。与一般公司股东相比，金融机构股东权利受到更多限制，承担更多的法定义务。股权关系不清晰、股东行为不规范，直接导致公司治理的基础失衡。设立财务公司的股东应当具有良好的社会声誉、诚信记录、纳税记录和财务状况，主要股东、控股股东、实际控制人应当具备履行相应义务的能力和条件，控股股东、实际控制人应当核心主业突出、资本实力雄厚、公司治理规范、股权结构清晰、管理能力达标、资产负债和杠杆水平适度、出资资金为自有资金。股东应当使用自有资金入股财务公司，且确保资金来源合法，不得以委托资金、债务资金等非自有资金入股财务公司，财务公司股东不得委托他人或接受他人委托持有股权。境外机构成为财务公司主要股东、控股股东、实际控制人的，该境外机构及其控股股东、实际控制人应当符合我国法律、行政法规、监管规定的要求。负有数额较大的债务到期未清偿、存在重大违法违规行为、严重经济类犯罪以及股权结构复杂关联交易频繁的法人及其实际控制人不得成为财务公司股东。财务公司主要股东、控股股东应当具有稳定收入来源。民营企业集团设立财务公司的，主要股东、实际控制人及相关关联方应当具有核心主业和稳定的行业地位，股权结构清晰、出资资金来源合法合规，未因重大违法违规受到行政刑事处罚。因不符合股东资格骗取设立财务公司审批的，法律应当规定监管机构有权责令违法股东清退股权、限制股东权利并实施行政处罚。

企业经营是动态连续的发展过程，经营绩效与宏观经济、所处行业状况和自身经营管理密切相关。设立财务公司时符合法定条件的股东可能因自身经营情况的变化不再持续满足股东资格，法律应当规定财务公司股东在存续期的条件和股东行为规范。存续期财务公司主要股东资格应当持续满足设立时主要股东的资格要求。如果经营状况明显恶化不再满足资格条件，法律应当规定强制股东转让股权，明确规定监管机构应强制不再满足股东资格的股东转让股权。财务公司设立过程中不仅要对主要股东的资质把好关，在持续经营过程中还应当为持续引入有利于机构长远发展、资本实力雄厚、管理经验丰富、符合企业治理文化的战略性股东创造法制条件，在保持国有股东重要影响的基础上，鼓励管理层和员工持股，以公司治理的改善来提升经营管理的专业化水平。

金融机构股东行为的法律规制是金融业发展改革的一个重点环节，是提高金融法治化水平的重要内容。实践中金融机构治理出现的突出问题，根源多出在股东治理。存续期财务公司主要股东、控股股东履行的主要法定义务应当包括：以合法自有资金投资财务公司；向财务公司逐层说明其股权结构直至实际控制人，并及时报告控股股东、实际控制人及其他关联方的变化情况；依法履行信息披露义务，确保披露信息真实、准确、完整；依法行使股东权利，尽职选举董事、监事；遵守关联交易有关法律法规、监管规定和管理制度，严禁通过不正当关联交易损害公司和其他股东利益。财务公司主要股东应当严格按照法律法规、监管规定和公司章程行使出资人权利，履行出资人义务，不得滥用股东权利干预或利用其影响力干预董事会、高级管理层根据公司章程享有的决策权和管理权，不得越过董事会和高级管理层直接干预或利用影响力干预公司经营管理，进行利益输送，或以其他方式损害存款人、财务公司以及其他股东的合法权益。财务公司的实际控制人不得滥用控制权，损害公司、股东、债权人以及其他利益相关人的合法权益，造成公司、债权人和其他股东损失的，应当承担赔偿责任。财务公司股东质押其持有的财务公司股权的，应当遵守法律法规和监管规定，不得损害其他股东和公司的利益。监管机构对财务公司的监管可延伸至主要股东及其关联方。财务公司主要股东及实际控制人、关联方应当依法依规向监管机构如实报告信息。财务公司主要股东、控股股东、实际控制人不得滥用股东权利或者利用关联关系或通过关联交易等不法方式损害公司、其他股东及利益相关者的合法权益，不得干预董事会、高级管理层根据公司章程享有的决策权和管理权，削弱董事会独立性，不得越过董事会、干预高级管理层履行职责或直接干预银行经营管理。

财务公司大股东应当充分了解财务公司的行业属性、风险特征、审慎经营规则，以及大股东的权利和义务，积极维护财务公司稳健经营及金融市场稳定，支持财务公司更好地服务实体经济、防控金融风险。财务公司大股东应当依照法律法规、监管规定和公司章程履职尽责，合法、有效参与公司治理，不得滥用股东权利和权力。财务公司大股东应当维护财务公司的独立运作，尊重公司董事会和管理层的经营决策，依法依规正当行使股东权利，不得对财务公司进行不正当干预或限制。大股东应当审慎行使对董事的提名权，确保提名人选符合银保监会规定的条件。鼓励大股东通过市场化方式选聘拟提名董事的候选人，不断提高股权董事的专业水平，大股东有义务监督其提名的董事公平对待所有股东。大股东及其所在企业集团的工作人员，原则上不得兼任财务公司的高级管理人员。财务公司大股东应当依法加强对其提名的董事和监事的履职监督，对不能有效履职的人员应当按照法律法规、公司章程规定和监管要求及时进行调整。

根据财务公司治理特殊性理论、行业实践和监管规范，在财务公司股权结构和股东行为评估要素中，相关指标应主要涵盖股东资格是否持续满足监管规定要求、主要股东是否越过董事会和高管层直接干预公司经营管理或滥用股东权力损害利益相关者的合法权益以及股权多元化程度、股权独立性和股权层级三个部分。

①股东资格是否持续满足监管规定要求，集团经营是否出现明显恶化或重大危机？主要股东或企业集团是否满足监管要求？股东是否存在虚假出资、出资不实、循环注资、抽逃出资或变相抽逃出资的情况？《财务公司监督管理办法》对设立财务公司的企业集团资格规定具体条件，在治理评估中，应当持续关注企业集团经营是否持续满足相关资格条件，并将其作为评估指标。企业集团及财务公司主要股东应当向监管机构如实报送经营管理信息。

②主要股东是否越过董事会和高管层直接干预公司经营管理，主要股东是否强令财务公司违规监管规定开展业务？集团应弱化指令性的行政手段，支持财务公司进行独立的业务经营。财务公司在风险管理方面要与集团保持一致，对风险管理要体现重大、精细、和专业的特点，适时建立风险管理工具体系。企业集团不得强令财务公司违反监管规定开展业务。企

业集团或集团职能部门是否越过董事会直接指挥财务公司经营？企业集团或集团职能部门是否越过高级管理层直接干预公司经营？主要股东是否存在滥用股东权力损害财务公司或利益相关者合法权益的情形？股东提名或推荐的董事监事应当从财务公司长远利益出发，积极维护公司整体利益和全体股东合法权益，公平对待全体股东。

③股权的集中程度。所有权集中程度主要体现在以下三个方面。首先，公司股东数量应保持一定规模，股东数量过少不利于股东会治理；其次，一般认为引入战略投资者有助于改善股东会结构，改善公司治理。大股东持股比例过高对公司治理也构成影响。相关指标设定如下：

一是公司股东数量。

我国《公司法》规定：有限责任公司股东数量不超过50人，股东数量应与公司规模相适应，合理的股东数量有助于提高股东间的监督机制，有助于加强股东间制衡机制作用的发挥，财务公司股东应保持一定的数量，股东数量在一定程度上反映了财务公司股东会运营的规范性程度。在监管指标的设定应鼓励财务公司改变只有一名股东的股权结构。《公司法》规定：只有一个法人股东的有限责任公司为一人有限责任公司，一人有限责任公司的股东不能证明公司财产独立于股东自己的财产的，应当对公司债务承担连带责任。财务公司若只有一个股东，则股东的责任将大大增加，财务公司法人的财产独立性将受到削弱。因此，在治理评估中，应鼓励财务公司适当提高股东数量，特别是改变财务公司为一人有限公司的情况。

二是第一大股东的股权比例，是否由集团完全控股，大股东是否按照规定向财务公司通报信息、向监管机构报告信息。

第一大股东的控股比例超过一定比例，对公司的治理效果可能会产生消极影响。在财务公司股权高度集中已经比较普遍的情况下，单一股东持股比例的适当控制将有助于改善财务公司治理，提高股东间的制衡水平。如财务公司由集团百分之百持股，对公司治理会产生消极影响。企业集团绝对控股或相对控股财务公司是财务公司行业的普遍情况，在治理监管评估，应引导财务公司股权的适度分散，发挥股东间的制衡机制作用。

三是公司是否引入持股比例在5%上的战略投资者股东，战略投资者所占股权比例，战略投资者是否委派董事。

引入战略投资者股东能够提升股东间制衡水平，提升公司股东会决策科学化的能力，提高股东会会议决策能力，是公司治理水平良好的积极表现。监管政策要求财务公司的出资人主要应为企业集团成员单位，也可以包括成员单位以外的具有丰富行业管理经验的战略投资者，新设财务公司应有丰富银行业管理经验的战略投资者作为出资人。因此引入战略投资者，改善股权结构有助于提升公司治理能力。代表战略投资者的董事参与董事会有利于改善财务公司董事会结构，加强董事会内部监督机制作用，对防范和抵消大股东对机构的过度支配产生积极作用。

④股权独立性。

其一，控股股东是否控制其他金融机构，其业务与公司业务是否构成竞争，集团除财务公司外是否有其他资金管理平台？当财务公司与控股股东控制的其他金融机构主营业务存在同业竞争时，将有可能损害财务公司运营的独立性，甚至有可能损害财务公司债权人，这使公司治理不再独立，这是公司治理的负面表现。如企业集团除财务公司外还存在其他资金管理平台，将对财务公司治理和职能发挥造成负面影响。大型企业集团在设立财务公司后，集团的财务资金管理部门应将资金归集和集中管理的职责交由财务公司行使，自身不应再继续行使相关职能，否则将与财务公司财政内部竞争，对财产治理产生消极影响。集团控制的其他金融机构同样不应与财务公司业务存在竞争，存在同业竞争的，将对财务公司治理产生消极作用。

其二，控股股东的下属机构或职能部门与财务公司是否完全独立？财务公司的董事会运作应该保持一定程度的独立。然而如果控股股东的下属机构或职能部门与财务公司存在上下属关系或重合关系，那么财务公司的运营将会受到控股股东的影响，对财务公司独立性产生不利影响，对财务公司治理产生负面影响。

其三，集团人员与财务公司人员是否完全独立？财务公司的员工应该完全独立于控股股东,尤其是财务公司的财务负责人、董事会秘书、经理层等。除控股股东的高级管理层兼任财务公司董事长或总经理外,财务公司其他员工与控股股东完全独立对财务公司公司治理具有积极影响。人员混同不利于财务公司治理能力提升。财务公司是独立法人,财务公司人员不得在股东或关联方兼任职务,更不得领取薪酬。财务公司人员不得与企业集团人员互相兼任。

⑤股权和管理层级。财务公司在集团中的股权层级和管理层级,财务公司法定代表人是否由集团直接任免,是否由集团高级管理人员兼任?财务公司在集团中的股权层级和管理层级直接影响财务公司的独立性和金融服务能力。财务公司在集团的股权层级一般与管理层级相对应,股权层级越高受到的干预越小,财务公司独立开展业务的能力越强,规范程度越好。财务公司股权层级和管理层级通常具有一致性,若股权层级与管理层级不一致,应以实际管理层级为评估重点,兼顾股权层级。股权层级主要根据财务公司工商登记股东为确认依据,管理层级根据集团内部实际管理关系、财务公司董监高身份级别确认。

(3) 董事会结构及董事治理评估要素

高效率的董事会是中国特色金融机构治理的中心要素。20世纪初以来,世界各国公司治理模式普遍由股东大会中心主义向董事会中心主义转变,董事会在公司战略决策中的核心地位不断得到确立和巩固。董事会依据法律法规和公司章程,独立行使在重大决策、选人用人、风险管理、薪酬激励、外部审计等方面的职责并承担相应责任,成为受到广泛认可的公司治理良好实践。《二十国集团/经合组织公司治理原则》对董事会职责特别重视,明确要求确保董事会对公司的战略指导、对高管层的有效监督,以及董事会对公司和股东的责任。该原则还强调,董事会应当重视并公平对待员工、债权人、客户、供应商和地方社区等利益相关者。巴塞尔银行监管委员会2015年修订的《银行公司治理原则》,也强调了银行机构董事会的专业性要求以及董事会在战略和风险管理、监督高管层、薪酬激励等方面重要职责。

董事会处于公司治理的核心地位，现行《公司法》中的董事会角色和定位，受制于股东本位的倾向，在法律规范的表述中呈现出定位不明、角色不清，股东会、董事会和经理之间在许多公司事务的权力分工和界定是无法操作的。董事会职能被股东会和经理侵蚀，但是在对董事责任的追究上却与之相矛盾，在具体运作上也呈现出与应有的合议方式不相符的行为模式。金融机构董事会公司治理面临董事会权责不对等，法定的集体行权模式和董事长实际主导的相背离，董事会受控股股东过度控制，独立性不足、董事不能公平对待所有股东等治理难题。由于《公司法》中董事会职权责任存在制度性缺陷，对金融机构董事会有效运行形成制度层面的障碍。金融监管规范要求董事会对公司经营管理要承担最终责任，要求董事对公司经营管理信息有全面掌握了解、董事具有较强的专业能力和履职能力，但非执行董事获取的信息依赖于执行董事、高级管理层真实完整及时提供，实践中受工作时间的限制，非执行董事往往面临信息的严重不对称，过度依赖董事长的主导和判断。

财务公司董事和董事会规范有效运行是财务公司治理法律规制的核心。董事应当公平对待全体股东，应为公司整体利益而非提名其担任董事的股东利益服务。股东利益与公司自身利益并非完全一致，董事应当对承担信义义务，不得损害公司和非控股股东合法权益。由于《公司法》规定董事会以集体方式履行职权，未明确规定董事个人的权责义务，董事个人权利义务责任应当由监管规范和公司章程予以明确。财务公司董事应当履行忠实、勤勉和审慎义务，具备履职所必需的专业知识、工作经验和职业道德，掌握财务公司经营管理情况及相关监管要求。董事由股东大会选举产生并经监管机构批准后生效。当出现董事、董事会严重违法违规无法正常履职职责的情况，监管机构有权通过发布行政命令的方式直接任免董事、甚至重组董事会。董事应当能够对公司决策作出独立、专业的判断，执行董事、高级管理人员和其他管理人员，应当向董事、董事会全面完整及时报送与董事决议和履行职责相关的经营管理信息。董事因履行职责需要，有权要求高级管理人员其他相关人员全面、及时、准确地提供反映公司经营管理情况的相关资料或就有关问题作出说明，高级管理人员和相关人员必须如实提供、如实说明。董事应对董事会决议承担责任，董事明知相关决议严重违反监管规定、损害公司合法权益仍签字同意的，应承担相应赔偿责任。董事应如实向董事会、监事会以及监管机构报告兼职、关联关系情况，不得在与所任职公司存在利益冲突的机构兼职。董事履职过程中发现违法违规行为的，应当及时向董事会报告，由董事会按职责采取纠正措施；董事会未采取有效纠正措施的，董事应当及时向主要股东、控股股东和国务院银行业监督管理机构报告。董事应承担与一般公司相同的私法上信义责任和《公司法》《证券法》《银行法》上的信息披露、风险和管制等管制责任。从财务公司治理的特殊性出发，加强财务公司的公司治理必须强化董事的责任。董事应关注利益相关者利益包括公共利益，应具备更高的资格和担负更广泛、更严格的责任。与一般公司董事责任相比，财务公司董事除了对更多利益相关者承担信义责任，还要承担信息披露、风险管理、合规经营和管理等管制责任。

财务公司董事长除行使《公司法》规定的基本职权外，应当根据公司章程及董事会议事规则履行相应职责。董事会承担股权事务管理的最终责任，董事长是处理股权事务的第一责任人。董事长应当对其签字的财务会计报告和其他信息披露资料的真实性、准确性、完整性承担责任。董事长应当对提交董事会决议事项的相关背景材料真实性完整性进行监督。董事长因重大违法行为或犯罪给公司成造成损失的，应当依法赔偿。设置董事会秘书的财务公司，董事会秘书的主要任务是协助董事处理董事会的日常工作，持续向董事提供、提醒并确保其了解境内外监管机构有关本行运作的法规、政策及要求，协助董事及董事长在行使职权时切实履行境内外法律、法规、公司章程及其他有关规定；负责董事会、股东会文件的有关组织和准备工作，作好会议记录，保证会议决策符合法定程序，并掌握董事会决议执行情况；负责组织协调信息披露，协调与投资者关系，增强本行透明度；参与组织资本市场融资；处理与中介机构、监管部门、媒体的关系，搞好公共关系。

独立董事是指在所任职的财务公司不担任除董事以外的其他职务，并与财务公司及其股东、实际控制人不存在可能影响其对公司事务进行独立、客观判断关系的董事。财务公司应参照商业银行和上市公司设置独立董事。独立董事是非执行董事，除在商业银行任董事职务外，不兼任其他职务。独立董事应当兼顾存款人、中小股东的合法权益和公共利益，对董事会讨论事项发表客观、公正的独立意见。独立董事承担监督和决策责任。独立董事的产生方式，应包括符合条件的股东提名股东大会选举和监管机构直接任免两种方式。独立董事在履行职责过程中发现公司经营管理存在违法违规事项应向监管机构报告。独立董事应具备履行独立董事职务应具备的专业能力和相关职业经验。独立董事应当诚信、独立、勤勉履行职责，切实维护公司、中小股东和金融消费者的合法权益，不受股东、实际控制人、高级管理层或者其他与公司存在重大利害关系的单位或个人的影响。财务公司出现公司治理机制重大缺陷或公司治理机制失灵的，独立董事应当及时将有关情况向监管机构报告，独立董事除按照规定向监管机构报告有关情况外，应当保守任职财务公司的商业秘密。董事会和高级管理人员应当为独立董事履职提供必要保障。为了保证独立董事有效行使职权，财务公司应当为独立董事提供必要的工作条件，包括但不限于保证独立董事享有与其他董事同等的知情权；财务公司应当建立独立董事工作制度，及时向独立董事提供相关材料和信息，定期通报公司运营情况；独立董事行使职权时，公司有关人员应当积极配合，不得拒绝、阻碍或隐瞒，不得干预其独立行使职权；独立董事聘请中介机构的费用及其他行使职权时所需的费用由公司承担。

财务公司董事会对公司经营和管理承担最终责任。在决策、执行与监督职能的划分方面，应强调董事会的决策职能，即董事会的主要功能是对公司经营管理中的重大事项进行决策。董事会承担决策职能的主要定位与承担公司经营和管理最终责任相适应。在一股独大的股权结构模式下，确保董事会独立性，为公司整体利益服务而不受控股股东不当干预是金融监管对董事会治理规制的关键。董事会集体行使权力应承担的集体责任与董事履行职务应承担的个人责任法律应予以界定。

财务公司董事会由执行董事、非执行董事（含独立董事）组成。执行董事是指除担任董事外，还承担高级管理人员职责的董事。非执行董事是指在机构不担任除董事外的其他职务，且不承担高级管理人员职责的董事。董事会独立董事人数应保持一定比例，控股股东提名董事人数不得超过一定比例。具体比例由监管机构根据不同机构规模、重要性、业务范围等确定。董事会职权由董事会集体行使。董事会对股东大会负责，董事会职权由公司章程根据法律法规、监管规定和公司具体情况明确规定。《公司法》规定的董事会职权不得授予董事长、董事、其他机构或个人行使。某些具体决策事项确有必要授权的，应当通过董事会决议的方式依法进行，不得将董事会职权笼统或永久授予其他治理主体或个人行使。董事会的职权是特别法规定的强制性规范，不允许将董事会职权转移给个人或高级管理层，同时股东会也不得将董事会的职权转移到股东会，除非有法律法规、监管规范上的明确依据。金融机构自身的法律特性与公司利益相关者共同治理的模式使董事的信义义务呈现出扩张的趋势。

财务公司董事会除具有《公司法》确定的权责外，董事会负责银行信息披露，并对会计和财务报告的真实性、准确性、完整性和及时性承担最终责任。董事会承担资本管理和杠杆率管理的首要责任，设定风险偏好和资本充足目标，审批并监督资本规划的实施，审批资本计量高级方法实施事项，履行金融监管机构规定的资本管理职责。董事会对管理层制定的贷款损失准备管理制度及其重大变更进行审批。董事会决定高级管理人员薪酬，但该决定须符合国家有关规定。董事会承担股权事务管理的最终责任。董事长是处理股权事务的第一责任人。董事会应当就注册会计师对财务报告出具的有保留意见的审计报告向股东会作出说明。董事会根据工作需要设置专门委员会。董事会制订董事会议事规则，内容包括会议通知、召开方式、文件准备、表决形式、提案机制、会议记录及其签署、董事会授权规则等，以确保董事会落实股东会决议，提高工作效率，保证科学决策。董事会议事规则由董事会拟定，股东会批准。

评估董事会结构及董事治理的具体指标具体包括董事会结构、董事会的独立性、董事会运作三个方面。

①董事会结构。通常合理的董事会评估应该满足以下三个要求。首先董事会的规模应该适中,能够有效、快速地做出相关决策;其次是董事会的独立性;最后董事会各成员有着良好的素质,有能力履行职责及了解董事会的运行和责任承担情况。相关评估指标设定如下:

其一,董事会组成人数是否符合法律和监管规定的要求,董事会议事规则是否建立并有效实施,董事会职权是否由董事会集体行使?是否存在违规授权?

董事会规模首先应该符合法律法规要求。如果规模过小,部分股东的利益有可能受损,而如果规模过大,很难有效地达成一致的决策,甚至也可能出现相互推诿的现象。有限责任公司董事会法定人数不超过13人,而对于不同行业、不同资产规模的公司,董事会人数也有一定的差异。有效并运行良好的董事会议事规则有助于提升董事会治理水平。董事会制定的议事规制应符合公司章程和监管规范,授权体系是不存在明显缺陷。由于财务公司董事会规模通常较小,董事会专门委员会成员又必须是董事,因此按照商业银行董事会要求设置董事会专门委员并不适合财务公司,因此,在评估董事会治理时,不应设置专门委员会评估事项。

其二,董事长是否由企业集团高级管理人员兼任,董事长是否具有国家工作人员身份?

财务公司董事长由集团高级管理人员兼任有助于提高财务公司资金集中管控能力,但不利于监事会监督作用的发挥。国有企业集团财务公司董事长如具有行政级别或具有国家工作人员身份,这将弱化财务公司的市场化程度,不利于财务公司治理水平的提高。董事长的兼职与身份是极具财务公司治理特殊性的一个方面。财务公司董事长在集团的级别和身份对财务公司治理具有影响。董事长若具有国家工作人员身份,对财务公司董事会稳健性具有正面影响,但不利于财务公司市场化业务中对风险的管理。在评估财务公司董事长在集团内部级别时,应鼓励企业集团提高财务公司董事长在集团内的等级。

其三，财务公司董事会与党的组织是否存在交叉任职，董事是否具有国家工作人员身份，董事具有金融机构工作经历的情况和占比情况？

建立健全与公司法人治理结构相适应的党建工作体制机制是国有企业改革的方向。董事会的运作，与党的领导核心作用的协调关乎公司治理的成效。董事会与党委会交叉任职，有利于协调矛盾，提高决策效率，保持权力责任相统一，对财务公司特别是在数量上占据绝对优势的国有背景财务公司治理产生很大影响。董事是否具有国家工作人员身份对于其履行职务产生重要影响，一般认为体制内身份在一定程度上会弱化激励与约束，对履行职务造成一定程度负面影响。财务公司是法定金融机构，其董事任职应经监管机构批准，由于很多财务公司是由集团资金部专设，具有金融行业从业经历高级管理人员比例小，对金融行业经营特点了解不足，影响和限制了公司治理机制作用的发挥。在治理评估中，应当加强董事从业经历的考察，赋予一定权重。担任党委成员的董事监事，应当在决策和监督过程中严格落实党组织决定，促进党委会与董事会、监事会之间的信息沟通，确保党组织的领导核心作用得到发挥。

②董事会的独立性。董事会的独立性通常要求各董事在履行自身的职责时能公平有效地兼顾所有股东及公司利益相关者的利益，对于财务公司来说，关注和强调董事会的独立性具有更加重要的意义，一般认为设置独立董事有助于提高董事会的独立性和监督职责。因此对独立董事的设置进行评估具有价值。同时也要求董事会设有独立董事制度，且要求独立董事达到一定的比例，以此保证董事会的独立性。相关评估指标设置如下：

其一，董事会是否设有独立董事制度，独立董事人数，出现违规情形时，董事是否积极及时履行报告义务？尽管独立董事实际作用存在争议，财务公司设置独立董事在一定程度上体现出董事会的独立性，并成为发展趋势。独立董事人数是衡量董事会独立性的一个重要方面。独立董事在公司内部并不担任除董事会成员之外的其他职务，其与公司的各股东、管理层都不存在关系,从这个角度看,设立独立董事制度有利于董事会决策的公平性。当财务公司经管出现违规情形,知悉情况的董事应当有义务阻止违规情形发生,有义务向相关监管机构报告违规情况。董事会有权按照《公司法》的规定,行使高级管理人员的聘任、考核和薪酬制定权力。

其二,是否存在集团外部的战略投资者派驻的董事?来自集团控制企业以外的股东委派董事将有助于提升董事会制衡与监督机制,对提升公司治理水平具有正面影响。由于财务公司股东会的封闭性特点,战略投资者派出董事参与,对财务公司公司治理的具有十分重要的特殊意义,是衡量财务公司董事会独立性和运行质量的重要指标。

③董事会的运作。在董事会的运作中,董事会成员应该对公司的运营高度负责,并且也应该制订严格的责任追究制度,以此进一步提高财务公司的价值。相关指标具体设定如下:

其一,财务公司是否每季度都会召开董事会,董事会年度会议次数,董事会决议是否及时完整地向监管机构报送,外部董事是否能全面及时准确充分获取财务经营和管理信息?董事会召开的频次是董事会职责发挥的外部表现。董事会应该定期召开董事会议,同时也可以根据实际情况召开临时会议。事实上,如果董事会议过少,那么各董事的义务则难以真正履行,也无法推进公司治理的健康发展。通常财务公司的董事会议应该每季度至少召开一次。财务公司董事长、高级管理层应当向外部董事全面及时提供与董事履行相关的经营信息,不得误导董事决定,或隐瞒业务经营和违法违规情况。

其二,董事会对监管通报、监管意见、现场检查意见书等监管文书提出的问题,是否督促整改并及时审议整改进展,监管部门的监管意见及整改情况是否在董事会上予以通报,董事会信息披露与信息报告责任是否履行到位?董事应当充分了解自身的权利、义务和责任,严格按照法律法规、监管规定及公司章程要求,忠实、勤勉地履行其诚信受托义务及作出的承诺,服务于财务公司和全体股东的最佳利益,维护利益相关者的合法权益。董事会对财务公司经营管理负最终责任。董事会有义务落实监管机构的整改要求，并承担责任。

(4) 高级管理层治理评估要素

财务公司高级管理层负责执行董事会决策，在其职权范围内依法独立开展经营管理活动。高级管理人员应当定期向董事会、监事会报告经营业绩、重要合同、财务状况、风险状况和经营前景等。高级管理层对董事会负责，同时接受监事会监督，应当按照董事会、监事会要求，及时、准确、完整地报告公司经营管理情况，提供有关资料。财务公司应当建立由董事会、监事会、高级管理层、业务部门、内部控制管理部门、内部审计部门组成的分工合理、职责明确、报告关系清晰的内部控制组织架构，贯穿决策、执行和监督全过程，覆盖各项业务流程和全体岗位人员。内部审计职能与合规管理职能应当相互独立。董事会、高级管理层分工负责内部控制制度的制订和执行，并对内部控制失效造成的损失承担管理责任。高级管理人员应当遵守法律法规、监管规定和公司章程，具备良好的职业操守，遵守高标准的职业道德准则，对公司负有忠实、勤勉义务，善意、尽职、审慎履行职责，并保证有足够的时间和精力履职，不得怠于履行职责或越权履职。银行应当建立绩效薪酬延期支付和追索扣回制度。高级管理人员和关键岗位人员绩效薪酬应当实行延期支付和事后追缴，防范相关人员掩饰或拖延暴露经营风险。

《公司法》规定经理由董事会聘任和解聘。财务公司总经理和其他高级管理人员的法定聘任权由董事会行使。实践中，国有及国有控股财务公司及其他全部或部分高级管理人员同时是各级党的组织部门负责管理的干部，享受相应的政治待遇，这使财务公司高级管理人员的任免变得复杂起来。党管干部原则必须在国有及国有控股财务公司得到贯彻落实，并与公司治理机制有效融合。党的组织部门考察提名的高级管理人员，董事会应当根据党组织的意见履行法定聘任程序。董事会发现高级管理人员不能胜任或存在违法违规问题，应当及时向有关党组织报告，建议党组织提议调整相关人员职务或解聘。对于非由党的组织部门管理的高级管理人员，董事会应按照市场化原则考察、提名、聘任、解聘及确定其薪酬标准和薪酬支付方式,董事会切实承担起对银行高级管理人员的监督职能。

财务公司高级管理人员应当与公司签订劳动合同,全职在聘任其工作的公司任职,不得在控股股东、实际控制人单位担任除董事之外的其他职务。总经理、副总经理和其他高级管理人员由董事会聘任或解聘,董事长与总经理应当分设。总经理列席董事会会议,未兼任董事的总经理在董事会没有表决权。总经理应当遵守法律、行政法规和公司章程的规定,履行诚信和勤勉的义务。高级管理人员因违反法律、法规、营私舞弊和其他严重失职行为给公司造成经济损失的,应承担赔偿等法律责任。财务公司应当建立科学合理的薪酬、绩效考核等激励约束机制,确保薪酬水平和结构与公司长期经营业绩相匹配,并建立与公司风险水平相适应的薪酬延期支付和追索扣回机制。

财务公司应当建立独立的内部审计管理体系和报告制度。内部审计部门应当在董事会的领导下开展工作,定期向董事会及其审计委员会、监事会报告审计工作情况,及时报送内部审计报告。财务公司应当建立健全信息披露管理制度,按照有关法律法规、会计制度和监管规定,及时披露信息,确保披露材料真实、准确、完整,不得存在虚假记载、误导性陈述或者重大遗漏等。财务公司董事长应当对公司财务报告签字确认,对财务报告及其他披露材料的真实性、准确性和完整性承担主要责任。

高级管理层作为财务公司经营及公司治理中的关键。高级管理层的表现以及相关的激励与约束措施,将直接影响公司的治理效果。结合相关研究和监管规定,高级管理层级治理具体指标主要包括高级管理层的执行力、高级管理层的激励约束、高级管理层的任免制度三个方面。

①高级管理层的执行力。经理层负责财务公司的日常运营,若公司治理未设置良好的执行保障措施,那么有可能使经理层丧失对公司的信心,因此,在财务公司的公司治理中,应该重视经理层的权责分配。相关的指标设置如下:

其一,财务公司的经理层是否会定期向董事会报告公司,报告的次数？根据公司治理的相关要求，公司经理层有定期向董事会、公司股东报告公司运营情况的义务，使董事会和所有股东能够及时知晓公司的相关信息。尤其是在发生重大事项，或者发生影响董事会、股东相关决策的事件时，经理层及时披露和报告是公司治理机制运行良好的表现。

其二，财务公司的各副总经理的职责分工是否足够清晰，高级管理层被监管处罚的情况？在财务公司中，为了确保每一项业务的顺利开展，通常会设置两个或者两个以上的副总经理，他们分别对公司的部分部门进行管理，副总经理向总经理负责并报告工作。如副总经理分工不明确，可能削弱制衡作用和内部控制机制，最终将影响公司的运营效率，也将可能影响公司的治理效果。财务公司高级管理人员因执业过程发生违法违规受到监管处罚的，表明财务公司治理存在不足，将高级管理人员监管处罚情况作为高级管理层治理监管评估指标具有较强规制作用，有利于提高财务公司高级管理层治理质效。

其三，公司经理层担任董事的人数占比？通常，部分公司经理层也会担任董事，以此实现与其他董事的相互制约。公司经理层担任董事的人数占比通常不超过二分之一，若比例过大，则经理层则会过多地影响董事会的决议。反之若比例过小，那么公司的实际运营情况可能无法被董事会了解，从而对公司运营产生不良影响。因此，公司治理要求公司经理层担任董事的人数占比应该满足一定的要求。

②高级管理层的激励约束。高级管理层的激励通常应该满足以下方面的要求。首先，高级管理层的薪酬结构应该设置合理，以此激励高级管理人员层为了公司的发展而努力。其次，经理层的薪酬应该与其贡献和责任成正比。对高级管理层的约束，不仅需要健全的约束机制，要求经理层对自身的行为负责，同时也需要对其日常行为进行有效监督。高级管理层的业绩评估制度应具有透明性。财务公司是否设置延迟支付和薪酬和扣回机制？具体地，相关评估指标设置如下：

财务公司高级管理层薪酬体系是否独立于集团及其他非金融单位？财务公司作为企业集团内部的非银行金融机构，其薪酬体系应与集团非金融企业下属公司相区别。为了激励高级管理层为财务公司的发展、股东的利益而努力工作，财务公司应该结合公司的实际情况和行业情况制订一套完整的薪酬方案，以此提升公司治理效果。鉴于财务公司的双重属性，企业集团对财务公司高级管理层在用人机制、绩效考评、薪酬等方面应实施差异化管理，与集团其他子企业和控制的金融机构相区别。

③高级管理层任免：

其一，财务公司经理层的选聘机制是否足够市场化，是否由董事会聘任和监督，高级管理层是否稳定或动荡？现阶段，国有大型企业集团的职业经理人市场化选聘机制仍不完善，尚未形成一套完整的针对经理人才的选拔、淘汰机制，因此，很多经理人员并不是通过市场竞争的形式聘任的，甚至部分经理人员并不具备相关的专业素质，影响了公司治理能力的提升。事实上，如果经理层是公开选聘，选聘机制足够市场化，那么经理层的专业能力、管理素养都将比较高，将有助于满足公司发展的需要。金融机构高级管理层的基本稳定是公司治理良好的表现，出现大规模集体离职或短期内频繁调整高级管理层是公司战略不稳定或管理不稳定的表现。因此，高级管理层的适度稳定也是衡量财务公司治理状况的具体指标。治理评估应鼓励财务公司采用市场化选聘机制，以公开、透明的方式选聘高级管理人员，持续提升高级管理人员的专业素养和业务水平。

其二，高级管理层是否具有足够的金融行业从业经历？高级管理层人员具有足够的金融行业从业经历将直接影响财务公司风险管理能力、经营管理能力，对公司治理能力也有直接影响。鉴于中国财务公司高级管理人员实际状况，高级管理层的金融行业从业经历对公司治理水平提升具有重要影响。高级管理中应当有一定比例的人员具有金融行业从业经历，鼓励通过市场化选聘机制产生高级管理层的一定人选，高级管理层应同工同酬，不设置编制差异。

（5）监事会与内部控制治理评估要素

根据《公司法》的相关规定，经营规模比较大的公司应该设立监事会，而监事会是由公司职工与股东代表共同组成，公司的董事、经理、财务负责人不得担任监事。对于财务公司来说，监事及监事会治理评估与其他一般公司具有相似性。监事与监事会的指标可以分为两部分：监事会结构、监事会的运行。

①监事会结构。通常来讲，监事主要对公司的高管、财务情况以及公司章程落实等进行监督，监事会监督职能的发挥是影响公司治理的重要因素，与监事会治理状况相关的指标设定如下：

其一，监事会组成人数，是否设置外部监事？监事会人数能够反映监事会机构的健全程度和运行基础，人数过少对监事会职责作用发挥构成负面影响，监事会规模在一定程度上反映了监督力量和监督效果。设置外部监事，对于提高监督效能提高监督效果具有正面促进作用。

其二，监事会成员是否与党的纪检机构交叉任职？监事会成员是否与党的纪检机构交叉任职能够在一定程度上发挥党的政治领导核心作用，对监事会履行监督职责具有促进推动。双重职责有助于监事有更大的动力去监察监督职责，有助于推动监事职责的发挥，有助提升公司治理水平。治理监管评估指标应将鼓励监事会与党的纪检监察机构双向进入交叉任职，以此促进和提高监事会地位和监督权威。

②监事会运行。作为公司内部监督机构，公司监事会应该履行起自身的职责，定期召开会议，对公司董事会、经理层的相关决策进行讨论，分析是否合规，是否侵害了股东和利益相关者实际利益等。相关指标设定如下：

其一，财务公司监事会议年度会议次数？根据《公司法》的有关规定，有限责任公司的监事会议应该每年至少召开一次，而股份有限公司的监事会议则应该每半年召开一次。监事会会议次数在一定程度上反映了监事会运行情况。监事会应当按照规定向金融监管机构报告监督和公司运营情况。

其二，监事会成员列席董事会会议次数，监事会成员列席高级管理层会议次数？由于监事会需要监察董事会的相关决策，因此，监事会成员有必要列席参加董事会会议和高级管理层级会议，了解公司董事会和高管层的相关决议和工作情况,并对此进行监管,这是公司治理的积极表现。

其三,监事会向股东会提交监督报告的次数,监事会履行评价是否真实客观并符合监管要求?除了对董事会、经理层进行监察外,监事会还应该承担起对公司财务报告真实性的监察责任,确保外部看到的财务数据的真实,这也维护了债权人、股东的利益。监事会向股东会提交监督报告的次数反映了监事会监督的运行情况。是否出现与监管会对董事履职评价相悖情况发生。

其四,财务公司内控体系是否存在缺陷,财务公司是否建立覆盖所有业务和全部流程的信息系统,及时、准确记录经营管理信息,确保信息的完整、连续、准确和可追溯?财务公司应当建立健全内部控制体系,明确内部控制职责,完善内部控制措施,强化内部控制保障,持续开展内部控制评价和监督。财务公司董事会应当持续关注本公司内部控制状况,建立良好的内部控制文化,对公司内部控制的健全性、合理性和有效性进行定期研究和评价。财务公司应当建立健全内部控制制度体系,对各项业务活动和管理活动制订全面、系统、规范的制度,并定期进行评估。

(6) 信息披露与信息报告治理评估要素

在公司治理中,信息披露成为越来越重要的治理评估要素。尽管监管机构目前尚未强制要求财务公司进行公开披露治理及经营信息,但财务公司须按照规定向监管机构、行业协会等全面准确报告数据、财务公司也可在网站上进行自愿性信息披露。财务公司应当按照法律法规和监管规定,披露公司重要信息,包括财务状况、重大风险信息和公司治理信息;按照监管和行业自律规范,向监管机构和行业协会报送相关信息。财务公司披露和报送的信息应当真实、准确、完整、及时,简明清晰,通俗易懂,不得有虚假记载、误导性陈述或重大遗漏。财务公司信息披露和信息报送治理指标要素包括信息报告要素。监管治理评估应鼓励和引导财务公司建立公司网站,通过披露相关信息。董事会负责财务公司信息披露和信息报送承担责任,鼓励财务公司设置专职人员组织和协调公司信息报送和信息披露事务。

①信息报告行为。对于财务公司来说，信息报告包括向监管机构报告和向行业协会报告，相关的指标设定如下：

其一，财务公司是否按规定向监管机构报告信息，是否因报送信息不实接受监管处罚？根据监管规定，财务公司是否按时向监管机构报告信息，能否积极配合监管机构的各种要求，是衡量财务公司治理情况的一个因素。财务公司根据相关规定，应向银保监会、人民银行系统、其他政府机构报告经营和管理的相关信息。

其二，财务公司是否按规定向行业协会报送信息，是否因报送信息不实接受行业处分？根据目前财务公司实行的行业评级制度，行业协会实际上承担了部分监管职能。财务公司向行业协会按时准确完整报告信息，对财务公司自身和行业发展均具有重要意义，是财务公司治理情况良好的重要表现。财务公司向行业协会报告信息的质量以及是否存在违规行为，是财务公司治理良好的表现和反映。

②自愿性信息披露。

其一，财务公司是否建立有官方网站，财务公司是否通过官方网站主动披露治理信息？在信息网络技术高度发达的当下，对一家公司的了解和认识常常通过其官方网站，财务公司作为重要的一类金融机构，尽管目前其客户范围和利益相关者范围受限，但是财务公司建立的独立网站，是外部主体了解其经营管理，督促其治理能力有效提升的重要手段，也是其治理能力良好的一个重要表现。

其二，财务公司是否公开年度报告？目前，绝大多数金融机构均须在其网站或通过其他媒体公布其年度报告，尽管目前财务公司行业未有明确的强制性规范，但无疑主动公开年度报告是公司治理和治理能力良好的体现。

其三，财务公司是否公开其资产状况、经营情况？财务公司向社会公开其资产及经营状况，是其治理和经营能力良好的体现（见表4-1）。

表4-1 财务公司治理评估指标

评估要素	评估指标	评估指标内容
党的领导融入治理	党组织治理主体的确认	财务公司是否根据《党章》规定建立党的组织
		财务公司公司章程是否将党建工作纳入其中
		党的组织在财务公司治理中的主体地位是否在公司章程中进行确认
	双向进入与交叉任职实施情况	是否实现公司党组织与公司机关职能上的有机结合
	党组织权责以及重大事项党组织前置讨论落实情况	党组织权责是否明确,是否建立并实施重大事项党组织先行讨论与决策制度
		财务公司重大经营管理事项是否经党委研究讨论后,再由董事会或高管层做出决定
		财务公司组织机构实际制定和党组织前置研究讨论的重大经营管理事项清单是否一致
		党组织决议事项在董事会和高管层的执行率如何
股权和控股股东治理	主要股东能否按照规定向商业银行提供信息和出具书面承诺	主要股东或企业集团是否按照监管规定和公司章程向财务公司提供信息
		主要股东是否按照《财务公司管理办法》等相关监管要求出具书面承诺
		股东是否存在虚假出资、出资不实、循环注资、抽逃出资或变相抽逃出资的情况
	主要股东是否越过董事会和高管层直接干预公司经营管理或滥用股东权利损害财务公司或利益相关者的合法权益	企业集团或集团职能部门是否越过董事会直接指挥财务公司经营
		企业集团或集团职能部门是否越过高级管理层直接干预公司经营
		主要股东是否存在滥用股东权力损害财务公司或利益相关者合法权益的情形

续表

评估要素	评估指标	评估指标内容
股权和控股股东治理	股权的集中程度	公司股东数量
		第一大股东的股权比例,是否由集团完全控股
		公司是否引入持股比例在5%以上的战略投资者股东,战略投资者所占股权比例
	股权独立性	控股股东是否控制其他金融机构,其业务与公司业务是否构成竞争,集团除财务公司外是否由其他资金管理平台
		控股股东的下属机构或职能部门与财务公司是否完全独立
		集团人员与财务公司人员是否完全独立
	股权和管理层级	财务公司在集团中的股权层级和管理层级
董事会与董事治理	董事会结构	董事会组成人数是否符合法律和监管要求的规定,董事会议事规则是否建立并有效实施
		董事长是否由企业集团高级管理人员兼任,董事长是否具有国家工作人员身份,法定代表人是否由集团高级管理人员兼任
		财务公司董事会与党的组织是否存在交叉任职,董事是否具有国家工作人员身份
	董事会的独立性	董事会是否设有独立董事制度以及独立董事人数
		是否存在集团外部的战略投资者派驻的董事
	董事会运作	财务公司是否每季度都召开董事会,董事会年度会议次数,董事会决议是否及时完整地向监管机构报送
		董事会对监管通报、监管意见、现场检查意见书等监管文书提出的问题,是否督促整改并及时审议整改进展,监管部门的监管意见及整改情况是否在董事会上予以通报
高级管理层治理	经理层的执行力	财务公司的经理层是否会定期向董事会报告公司以及报告次数
		财务公司的各副总经理的职责分工是否足够清晰
		公司经理层担任董事的人数占比
	经理层的激励约束	财务公司高级管理层薪酬体系是否独立于集团及其他非金融单位
	经理层任免	财务公司经理层的选聘机制是否足够市场化,是否由董事会聘任和监督
		高级管理层是否具有足够的金融行业从业经历

续表

评估要素	评估指标	评估指标内容
内部控制与监事会	内部控制	内控体系是否存在缺陷
		内控记录是否完整和可追溯
	监事会	财务公司监事会议年度会议次数、列席董事会会议次数
		监事会成员是否与党的纪检机关交叉任职
		监事会履职评价是否客观真实
信息报告与信息披露	信息报告行为	财务公司是否按规定向监管机构报送信息
		财务公司是否按规定向行业协会报送信息
	自愿性信息披露	财务公司是否建立有官方网站
		财务公司是否公开年度报告
		财务公司是否公开其资产状况、经营状况

第5章　财务公司治理状况及对资金归集能力影响的实证研究

　　研究财务公司公司治理，基于独特的评估指标开展治理评估的目的是服务于财务公司治理能力的提升，服务于财务公司监管，服务财务公司行业的发展。公司治理研究的最终目的是提升公司竞争力，促进公司经营发展。基于治理评估体系检验公司治理有效性是财务公司治理问题的核心。财务公司治理能力评估和治理有效性的检验既是治理评估体系的应用，同时也为治理能力提升、完善治理监管提供依据。本章基于第4章财务公司治理评估体系构建，开展财务公司治理有效性研究，应用评估指标测算的财务公司治理指数，并对财务公司治理情况进行统计描述，通过治理指数对资金归集能力影响的实证研究检验财务公司治理的有效性。

　　企业集团财务公司作为中国经济体系中非常重要的组成部分，近年来得到快速发展。无论是在公司数量上，还是在治理体系建设上都取得了巨大进步。相应地，针对财务公司的研究日渐丰富。然而，这些研究多以案例分析为主，缺乏对财务公司治理水平的实证检验。实际上，在中国深化企业改革，不断完善市场经济建设的过程中，合资、独资、集体所有制、股份制、有限责任等各类企业相继出现。那么股东导向型的董事会结构是否在企业发展中起到促进作用？股份制企业是否相较传统企业取得实质性的转变？公司多元化治理体系的建设是否取得了成功？诸如此类的问题引导着越来越多的研究者开始深入研究公司治理问题，并取得了丰富成果。在这些研究当中，探讨最多的问题之一就是公司治理与企业绩效、风险管理的关系。对此，学者们从不同行业、不同企业类型等多个角度对公司治理效果进行了实证分析。南开大学公司治理评估课题组（2010）采用大样本上市公司数据，构建了符合中国上市公司治理特征的中国公司治理指数，对上市公司治理水平进行了全面的定量测算。研究得出多数公司满足了强制性治理的要求，但是治理水平等级高的企业仍较少，自愿性治理的企业数量也不多。杨典（2013）以上市公司作为研究对象，通过访谈研究方法，得出并不存在"最佳"的公司治理结构。公司治理能否起到良好效果取决于公司治理体系示范是否与特定的社会、政治、文化等制度环境相契合。韩少真、潘颖、张晓明（2015）以中国 A 股上市公司作为研究对象，分析了公司治理水平对经营绩效的影响。研究发现公司治理水平越高，经营绩效越好，并且民营企业治理对经营绩效的影响比国有企业更大。进一步的研究发现管理层治理和股东治理是影响经营业绩的重要因素。郑志刚、殷慧峰、胡波（2013）对中国非上市公司的治理有效性进行了检验。研究得出不同于上市公司主要依靠董事会等内部治理机制和信息披露等外部监管来提高治理水平，中国非上市公司的控股股东在公司治理中扮演着重要角色。李慧聪、李维安、郝臣（2015）使用保险业的数据，实证研究了监管环境下合规对公司治理有效性的影响。研究得出治理合规对公司治理有效性的提升作用不明显，强制性合规对风险控制和经营的有效性具有显著作用，而自主性治理合规的作用主要体现在提升经营绩效上。杨红英、童露（2015）讨论了混合所有制改革下的国有企业公司治理体系建设。研究认为完善激励约束机制、职业经理人选聘机制、绩效评估机制、信息披露机制和监督机制是提高企业治理效率的关键。近期，公司治理研究的问题逐渐多元化，出现将公司治理与企业绩效（姚伟峰，2013）、企业创新（王超恩，2016）相联系的研究，并且也逐渐关注到公司治理与企业投资效率（李云鹤、李湛，2012）、公司风险管理（袁琳、张伟华，2015）的关系。

上述学者的研究表明，公司治理的有效性不但与企业绩效有关，还可能进一步影响企业效率、投资、创新等方面。财务公司作为企业集团内部的金融机构，必须要加强自身治理体系建设，提高对集团的服务能力。然而少有研究涉及财务公司的治理问题。对此，本章在构建财务公司治理能力评估体系基础上，测算财务公司治理能力指数，再通过实证研究方法来分析公司治理能力指数对资金归集能力的影响进而判断财务公司治理的有效性。

5.1 计量模型设定与治理指标说明

5.1.1 计量模型设定

为了研究中国企业集团财务公司治理水平对资金归集能力的影响，本书构建如下回归模型进行分析。

$$lncco_{it} = c + \beta_1 gov_{it} + \beta_2 age_{it} + \beta_3 lnemployee_{it} + \varepsilon_{it} \tag{5-1}$$

模型（5-1）中，自变量为根据选择的指标测算的财务公司治理总指数，表示为 gov_{it}，控制变量分别为企业年龄 age_{it} 和企业规模 $lnemployee_{it}$。其中企业年龄为财务公司成立年份到研究观测年份的差值，企业规模由财务公司员工数量取对数来衡量。模型中的应变量资金集中度 cco_{it}，资金集中度代表了财务公司发挥其归集资金的关键职能，是评估财务公司经营能力和关键职能发挥的核心指标。这些变量在引入模型时均取对数，以消除量纲不统一所带来的影响。研究时期为2011—2016年。

为检验财务公司治理分类指标指数对资金集中度的影响，构建如下回归模型进行分析。

$$lncco_{it} = c + \alpha_1 gov_{1it} + \alpha_2 gov_{2it} + \alpha_3 gov_{3it} + \alpha_4 gov_{4it} + \alpha_5 age_{it} + \alpha_6 lnemployee_{it} + v_{it} \tag{5-2}$$

模型（5-2）将财务公司治理总指数分解开来，分别检验公司治理分类指标指数对资金集中度的影响。其中 gov_{1it}、gov_{2it}、gov_{3it}、gov_{4it} 分别表示董事会结构指数、监事会结构指数、信息披露指数和股权结构指数。采用面板回归分析方法来估计以上各个模型。

5.1.2 资金归集是财务公司功能的集中体现

资金归集是财务公司功能的集中体现，是财务公司金融功能的基础，是财务公司服务实体经济能力的体现。资金集中度是财务公司行业的特有指标，集中体现了财务公司经营能力，深刻体现了财务公司的金融属性和行业特点。同时资金集中度指标也是监管机构和行业协会对财务公司开展监管中的最重要的指标，是财务公司作为金融机构独有的一类评估和考核指标，是财务公司金融机构职能中最为基础和核心的衡量指标。财务公司存在的根本目的是提高企业集团的资金集中管理和资金统筹运营能力与资金运营效率。企业集团通过设立财务公司进行资金集中管理，实现集团整体上降低财务成本，扩大融资规模，降低资金风险，提高支付结算效率，提高资金收益等目的。但是集团的整体利益与集团投资的数量众多的下级法人企业的各自利益并不完全一致，尤其在下级企业存在外部投资者的情况下表现更为明显，如果财务公司不能有效归集成员单位资金，那么财务公司绝大部分功能作用都将无法实现，则企业集团设立财务公司的初衷和根本目的将无法实现，财务公司的集中归集成员单位资金的能力是财务公司职能发挥的基础和关键。财务公司资金归集能力成为财务公司作为集团内部资本市场和银行金融机构属性的关键核心，资金归集能力同时成为监管机构和行业协会开展监管评级和行业评级中占有最大权重的指标。由于资金集中管理具有很多优点，绝大多数企业集团的决策层有着强烈的加强资金集中管理的意愿。实施资金集中管理要求集团总部对下属公司具有较强的控制力，合理确定资金集中管理的实施力度和幅度，保持意愿和能力平衡。财务公司的资金集中管理功能的发挥程度，在一定层面上反映了财务公司核心职能的作用，因此开展财务公司治理指数对资金归集能力的影响研究具有十分重要的现实意义，同时对优化和改进监管具有重要的参考价值，在理论上也具有十分重要的研究意义。

资金集中度是反映企业集团通过财务公司实现资金集中管理的程度和能力的一项重要指标，直接体现和代表财务公司的金融服务能力，是监管机构对财务公司风险评估，对财务公司进行非现场监管，审批财务公司新业务时统计参考的重要指标。监管机构和行业协会把资金集中度作为衡量财务公司整体实力的重要指标。目前监管机构要求财务公司按季度报告资金集中度。

资金集中度公式为：

资金集中度＝成员单位在财务公司的存款／（集团合并报表中的货币资金＋成员单位在财务公司的存款－财务公司存放同业款项－财务公司存放央行款项）

5.1.3 财务公司治理水平与资金归集能力的关系

有研究表明，企业集团的公司治理水平与集团的资金管理和运营能力具有密切关系，但财务公司的治理是否影响其资金归集能力，目前学术界对此尚未开展研究。中国的企业集团多数是多层级治理结构的法人联合体，如果集团总部治理结构不健全，下属企业的治理结构比较健全，将导致集团总部或母公司对成员企业的控制力较差，子公司或其他成员企业对资金集中管理施加阻力的理由和能量更加充足，资金集中管理的难度相对加大。多层级的法人治理结构同时延长了信息和资金的流转过程，给资金集中管理增加了成本和风险。全球500强企业中有90%的公司实行了财务和资金的集中管理，全球500强企业中有2/3以上拥有自己的金融服务公司或财务公司，大型企业集团通过财务公司实现产业资本与金融资本的有机结合。

如果财务公司治理情况较好，财务公司能够通过执行集团的资金归集政策并结合自身的金融机构优势为成员单位提供服务，通过自身服务引导成员单位主动将资金归集到财务公司，这可能对财务公司的资金归集能力产生正向影响。另一方面财务公司治理能力在一定程度上反映了财务公司规范化运营水平和合规管理水平，而资金集中度是财务公司监管机构考核财务公司经营水平的重要指标。治理水平较高的财务公司出于适应监管和集团考核目的，有动力通过各种方式推动提高资金集中度。财务公司治理

第 5 章　财务公司治理状况及对资金归集能力影响的实证研究 | 123

的有效性不仅与风险抵御能力有关，还可能进一步影响财务公司核心功能资金归集能力。对此，本章在构建财务公司治理能力评估体系的基础上，通过实证研究方法来分析公司治理能力对财务公司资金归集能力的影响，进一步检验财务公司治理的有效性。

5.2　研究设计

5.2.1　样本和数据来源

本部分研究数据来自 2011—2016 年的《中国企业集团财务公司年鉴》。该年鉴由中国财务公司协会组织编纂，收录了行业监管工作情况、各财务公司的经营管理状况、重要的法律法规、行业和机构的业务经营统计数据以及调研报告等。年鉴全面收录了关于中国企业集团财务公司发展状况的详细数据资料，其他的数据资料来源于《中国企业集团财务公司行业发展报告》、监管评级自评估列表、财务公司治理和发展情况表等多种公开资料和内部资料。此外，还通过"国家企业信用信息公示系统""天眼查"等网站收集相关数据。在本书设计的指标体系中，"董事会召开会议次数""战略投资者董事""资金平台"的统计数据来自财务公司治理和发展情况表。"资金集中度"数据来自《中国企业集团财务公司年鉴》。其余的各个指标数据通过"天眼查"企业信用信息查询网站逐个手工收集得到。该网站能够按照企业名称查询到包括企业工商登记信息、主要人员、股东信息、企业年报等在内的多方面企业数据。在本书的指标体系中，"公司的董事会人数"和"公司的监事人数"数据来自网站查询到的公司主要人员数量。

5.2.2　治理指标选择说明

在第 4 章中，本书针对财务公司治理特殊性构建财务公司治理评估体系，6 个维度 43 个指标的设计体现了公司治理评估指标的一般共性和财务公司治理评估的特殊性，指标体现出财务公司作为中国金融体系中非常独特的金融机构的治理特点。在治理评估指标设计过程中，很多指标是本书针对财务公司首次提出的治理评估指标，如财务公司在股权和管理层级指标、财务公司管理层薪酬体系的独立性指标、董事会与党的组织是否存在交叉任职指标，董事是否具有国家工作人员身份等具有财务公司治理特殊性的治理指标。这些指标的设计深刻体现了财务公司治理的特点。此外，对于公司治理研究领域普遍认可和接受的能够体现公司治理能力的重要指标，在财务公司治理评估体系也有体现，如董事会人数指标，股权集中度指标，监事会人数指标，公开年度报告指标等。

通常，在构建公司治理治理指标体系后，应通过应用构建的治理评估指标进一步测算治理指数，进而开展治理评估实证研究。鉴于本书首次构建针对财务公司治理特殊性的评估体系，部分治理指标数据在客观上存在获取障碍。数据获取产生障碍的原因，一是中国的财务公司全部为非上市的有限责任公司，财务公司治理数据无法通过公开披露的方式搜集；二是本书设计的部分具有特殊性的治理评估指标，处于理论和政策研究阶段，还未成为监管部门实际采用的治理评估指标，治理指标涉及的数据各财务公司尚未报告，数据在客观上难以获取。尽管设计财务公司治理评估体系和应用评估体系，测算治理指数以及开展治理能力影响的研究符合一般思路，但鉴于设计指标的特殊性和数据搜集的客观障碍，如完全按照设计的指标评估体系开展实证研究，将造成数据失真、数据缺失等问题。为保证治理数据的真实、准确和客观，根据重要性、数据的可获取性、指标特殊性的基本原则，在研究治理指数的影响过程中，选择的财务公司治理指数的构成指标并未与第4章构建的指标体系完全一致。实际上治理评估体系指标服务于治理监管的机能与治理指数构建指标服务于治理有效性检验的机能并不完全一致。治理评估指标体系应更多体现行业的特殊性，并在实践中不断修正和检验。治理指数构建指标更多服务于理论检验，强调在研究时点数据的客观性和可观测性，关注治理有效性以及其对公司和整个行业发展的影响和意义。因此在开展公司治理能力影响研究设计的指数指标

第5章 财务公司治理状况及对资金归集能力影响的实证研究

测算时,如果数据具有客观性、准确性、代表性和独特性且观测量时间足够长,样本量足够多,治理指数的测算就能够保证客观性和代表性,能够为表明治理影响的相关性发现提供充分依据,即具有研究信服力和价值意义。尽管如此,本书治理指数测算根据的治理指标在最大限度上体现了设计的指标要素,在数据可获取性的基础上,最大限度保留了部分反映财务公司治理的特殊性指标,以此保证治理指数的构建指标在形式和实质上体现治理状况,为对财务公司治理进一步的深入研究提供有价值参考。

基于上述说明,本章以考察公司治理的核心及公司独立性和服务水平为出发点,并为下一章实证研究提供基础,本章选择的财务公司治理评估指标体系如表5-1所示。该体系包括董事会结构、监事会结构、信息披露、股权结构4个分类,涉及董事会会议、网站建设、公司股权情况等12个具体指标,上述指标能够反映本书构建的财务公司治理评估的特殊性,保证数据真实性和可获得性,在衡量财务公司治理能力方面具有代表性,保证了根据指标测算的指数与指数影响研究的客观性和准确程度。

表5-1　　　　企业集团财务公司治理评估指标体系

分类	指标	定义
董事会结构	董事会会议	公司每年召开董事会次数
	董事会人员规模	公司的董事会人数
	战略投资者董事	战略投资者股东派出的董事人数
监事会结构	监事会人员规模	公司的监事人数
	监事会运行有效性	公司董事长是否在企业集团中交叉任职
信息披露	网站建设	公司是否有建立网站
	年度报告	公司是否公布年度报告
	资产状况信息	公司是否公布资产状况信息
股权结构	资金平台	集团除财务公司外是否还存在其他资金平台
	公司股东持股	公司是否有超过5%持股比例的外部大股东
	公司股东数量	公司股东数量
	股权集中度	第一大股东出资比例

为了反映财务公司在治理上的独立性，选择的指标体系中包括监事会结构、股权结构等指标。财务公司在坚持立足企业集团、服务企业集团和与外部金融机构密切合作的基础上，通过提供内部化的金融服务，提高企业集团资金运营效率。财务公司的经营发展在很大程度上依附于集团公司及其成员单位，接受集团公司指导和监督，也接受银保监会和人民银行的监管。但是，从公司治理层面来看，财务公司应当保持一定独立性，在为企业集团提供财务管理服务的同时，也应当确认好公司的边界，保障企业产权不受外部侵害和内部人员控制的困扰。因此，本书在评估指数指标选择上，采用公司控股情况、公司股东持股情况、监事会运行有效性等指标来考察财务公司治理的独立性。

虽然目前银保监会对财务公司的信息披露以自愿性披露为主，但是信息披露是让监管部门和投资者了解公司内部控制、经营状况的重要窗口。现有研究表明，中国多数企业的信息披露流于形式，没有实质性的内容，企业自愿披露信息的动机不强（李明辉等，2003）。实际上，信息披露具有明显的效率信号传递效应，加强信息披露是提高监管效率、企业治理水平的有效手段（陈丽蓉、周曙光，2010）。因此，在本章的指标设计中也突出了信息披露的重要性。

在财务公司治理评估体系中的各个指标，有些通过具体数值表示，例如公司的董事会人数、监事会人数等；有些通过虚拟变量表示，例如公司是否建立网站，公司是否公布年度报告等；还有些通过比率来表示，例如第一大股东出资比例。通过这些设定，实现对财务公司治理能力的定量测算和评估分析。

5.3 财务公司治理指数测算与描述统计

5.3.1 权重的确定及指数计算方法

在整体评估中，确定指数权重是非常重要的一步。常见的权重确定方法有变异系数法、层次分析法、主成分分析法、综合评分法、模糊评估法等。这些评估方法可分为主观评估法和客观评估法两大类。其中主观评估法主要采用定性的方法由专家根据经验进行主观判断,进而得出权数;客观评估法根据指标之间的相关关系或者各项指标的变异系数来确定权数,进行定量评估。相较主观评估法,客观评估法通过定量计算权重,能够做到相对客观科学,适合用于财务公司治理能力评估。

在方法选取上,本书采用变异系数法。财务公司治理指数根据设计的财务公司治理评估指标体系,利用所收集到的指标数据,采用变异系数法测算财务公司治理指数。该方法直接利用各项指标所包含的信息,通过计算得到指标权重。当由于评估指标对于评估目标而言比较模糊时,变异系数法通过计算变异系数,进而计算权重,消除了评估指标量纲不同所带来的影响,是很多实证研究都采用的一种方法。

使用变异系数法测算财务公司治理能力指数的计算公式如下:

$$CV_{ki} = \frac{SD_{ki}}{MN_{ki}} \qquad (5-3)$$

$$W_k = \frac{CV_{ki}}{\sum_{i=1}^{n} CV_{ki}} \qquad (5-4)$$

$$Y_i = \sum_{k=1}^{m} W_k \times x_{ki} \qquad (5-5)$$

其中,$k = 1,2,3,\cdots,m$,$i = 1,2,3,\cdots,n$,CV_{ki} 是第 k 项指标对应的变异系数;W_k 是第 k 项指标对应的权重;Y_i 是第 i 个公司所对应的指数;x_{ki} 是第 k 项指标对应的指标取值;SD_{ki} 是第 k 项指标对应的观测值的标准差;MN_{ki} 是第 k 项指标对应的观测值的平均数。基于公式(5-3)、公式(5-4)和公式(5-5),收集各个指标具体数值,测算财务公司治理能力指数。

在本书的指标体系中,"公司的董事会人数"和"公司的监事人数"数据来自网站查询到的公司主要人员数量。"公司董事长是否在企业集团中交叉任职"设计为虚拟变量,如果查询到财务公司的董事长在企业集团当中也担任主要的管理者角色,那么该指标赋值为"1",其他情况为

"0"。"年度报告""网站建设"和"资产状况信息"均设置为虚拟变量,如果查询结果显示公司公布企业年报,建设有公司网站,在年报中公布资产状况信息,那么各个指标取值为"1",其他情况为"0"。"股权结构"所需数据来自网站查询到的公司"股东信息"。该信息列举出了公司的股东名称、出资比例和认缴出资情况。如果企业集团只有财务公司一个资金平台,该指标赋值为"1",否则为"0"。如果公司不是由企业集团完全控股,有来自外部的大股东,且大股东的持股比例超过5%,那么"公司股东持股"指标赋值为"1"。同时记录下第一大股东出资比例和公司股东总数量。

5.3.2 指标数据描述统计

公司治理评估指标体系的各个指标的描述统计如表5-2所示。在2011—2016年共获得观测点1083个,其中,6个指标为数值型变量,6个指标为虚拟变量。这些数据构成本书测算财务公司治理能力指数的基础。

表5-2 企业集团财务公司指标数据的描述统计

变量表示	指标	数量	均值	最小值	最大值
BS1	董事会会议	1083	1.54	1	3
BS2	董事会人员规模	1083	6.28	1	13
BS3	战略投资者董事	1083	0.112	0	2
SBS1	监事会人员规模	1083	3.052	0	9
SBS2	监事会运行有效性	1083	0.311	0	1
DC1	网站建设	1083	0.412	0	1
DC2	年度报告	1083	0.989	0	1
DC3	资产状况信息	1083	0.135	0	1
OS1	资金平台	1083	0.855	0	1
OS2	公司股东持股	1083	0.407	0	1
OS3	公司股东数量	1083	4.581	1	45
OS4	股权集中度	1083	0.687	0.137	1

5.3.3 财务公司治理能力指数测算结果

根据本章所设计的财务公司治理评估指标体系,利用所收集到的指标数据,采用变异系数法分两步测算财务公司治理指数。第一步计算各分类指标的指数,即董事会指数、监事会指数、信息披露指数和股权指数,第二步再计算财务公司治理总指数(见表5-3、表5-4)。

表5-3　　　　企业集团财务公司治理总指数的描述统计

年份	指数表示	观测量	均值	标准差	最小值	最大值
2011	GOV2011	117	1.116	0.638	0.525	5.045
2012	GOV2012	146	1.045	0.603	0.410	5.114
2013	GOV2013	172	1.020	0.586	0.410	5.202
2014	GOV2014	194	1.009	0.575	0.416	5.300
2015	GOV2015	219	0.970	0.552	0.381	5.227
2016	GOV2016	235	0.946	0.535	0.381	5.270

表5-4　　　　　　　资金集中度描述性统计

年份	均值	最小值	中值	最大值	标准差
2011	44.929	0	46.49	100	27.314
2012	31.323	0	24.95	99.89	27.341
2013	40.567	0	38.155	91.17	21.326
2014	45.693	0	44	100	22.362
2015	45.968	0	45	96	22.010
2016	49.683	0	50.07	93.52	20.616
总计	43.780	0	43	100	23.721

5.4　回归分析

表5-5是财务公司治理总指数影响资金集中度的回归分析结果。其中模型都进行了混合回归和面板回归。在面板回归时,对应该采用固定效应

还是随机效应进行了霍斯曼检验。检验结果表明，模型均适合采用固定效应模型，因此表 5-5 中报告的面板回归结果均为固定效应估计结果。

表 5-5　　　　　　总治理指数与资金集中度的回归结果

变量	变量名	模型（5-1）	模型（5-1）
被解释变量	Y	资金集中度	资金集中度
		混合回归	面板回归
常数项	C	0.155	-12.160***
		(0.307)	(3.048)
公司年龄	age	0.003	-1.111***
		(0.007)	(0.032)
公司规模	Size	0.328***	0.843**
		(0.08)	(0.334)
治理能力总指数	GOV	0.289**	21.694***
		(0.105)	(2.795)
观测量		1076	1076
R^2		0.191	0.120

注：括号当中的是标准误，*** 表示 $p<0.01$，** 表示 $p<0.05$。

回归分析结果表明公司治理总指数与资金集中度显著正相关，公司年龄与资金集中度负相关，而公司规模与资金集中度正相关。回归结果表明提升财务公司治理能力对财务公司核心金融功能作用的发挥具有重要意义。

表 5-6 报告了公司治理分类指数对资金集中度的影响。其中各个模型面板的回归结果也进行了霍斯曼检验，结果均表明固定效应模型优于随机效应，因此表中报告的是固定效应模型的估计结果。

表 5-6　　　　　　分类治理指数与资金集中度的回归结果

变量	变量名	模型（5-2）	模型（5-2）
被解释变量	Y	资金集中度	资金集中度
		混合回归	面板回归

续表

变量	变量名	模型 (5-2)	模型 (5-2)
常数项	C	0.272 (0.354)	-0.069 (0.987)
公司年龄	Age	0.004 (0.007)	-0.126*** (0.020)
公司规模	Size	0.301*** (0.092)	0.389 (0.257)
董事会结构指数	GOV1	0.053 (0.059)	0.322** (0.159)
监事会结构指数	GOV2	-0.106 (0.125)	-0.622* (0.345)
信息披露指数	GOV3	0.409* (0.212)	1.452** (0.569)
股权结构指数	GOV4	0.050 (0.042)	0.154 (0.157)
观测量		1079	1079
R^2		0.183	0.181

注：括号当中的是标准误，*** 表示 $p<0.01$，** 表示 $p<0.05$，* 表示 $p<0.1$。

分析结果表明董事会结构指数和信息披露指数会显著正向影响资金集中度，而监事会结构指数却负向影响资金集中度。公司规模与资金集中度正相关，而公司年龄与资金集中度负相关。这说明财务公司从董事会结构、信息披露两方面来完善公司治理，并且扩大公司规模有助于提高公司资金集中度。公司年龄的回归结果与描述性统计相悖，可能是由于描述性统计未考虑其他控制因素的原因。

5.5 实证研究结论的解释

1. 财务公司治理总指数显著正向影响资金集中度的现实解释

本章通过实证研究发现财务公司治理总指数显著正向影响资金集中

度，验证了理论假设。实证研究发现可以从以下几个方面得到解释：

第一，公司治理指数在一定程度上反映了财务公司规范运营的水平，资金集中度是监管机构考核评估财务公司经营能力的重要指标，占有最高的权重。治理水平良好的公司更倾向于争取更高等级的监管评级，因此在资金集中度指标上愿意付出更大的努力。

第二，财务公司身后的企业集团既是推动财务公司治理能力提升的重要力量，同时也是推动集团资金集中管理的重要力量。企业集团在这两方面的行动在动机上具有一致性。企业集团作为财务公司的投资人和实际控制人，在财务公司公司治理中发挥了重要的作用，财务公司治理指数较高在一定程度上反映了集团对财务公司管控的规范性，而企业集团一般具有资金集中管控的强烈意愿，因此企业集团的推动表现为财务公司治理能力与资金集中能力间具有的正向影响关系。

第三，行业评级的推动是治理能力显著影响资金集中的重要外部因素。财务公司行业协会每年对财务公司开展的行业评级中，资金集中度指标所占权重最高，达到40%的权重，行业评级结果对财务公司业务开展具有十分重要的影响，也是监管评级的重要参考因素。财务公司治理指数反映了公司运行在形式上具有规范性和指标符合性，治理总指数显著正向影响资金集中度的情况符合财务公司运营的客观实际。

2. 公司年龄与资金集中度呈负相关的解释

实证研究发现财务公司成立时间与资金集中度呈现负相关关系。财务公司成立时间越长意味其依托的企业集团成立时间越长，而大型企业集团伴随着中国经济的快速发展其规模、涉足的行业和领域通常也逐年扩展，投资的下属企业数量越来越多，规模也越来越大，很多大型企业集团拥有超过多家上市公司，这实际上意味着财务公司对越来越多的成员单位的资金归集难度也随之增加。如果企业集团主要资产上市后，根据上市公司的监管要求，企业集团的财务公司归集上市公司资金存在一定程度的政策限制和障碍。企业集团成立时间越长，财务公司归集资金的难度随之增加，这与实证分析结果相符合。公司规模与资金集中度正相关的实证结论从直观就能看出分析结果的可信度，财务公司规模一定程度上代表了资产规模，而财务公司的资产绝大部分通过资金归集而形成，资产规模与资金集中度具有显著正相关的情况符合客观实际。

3. 董事会结构指数和信息披露指数会显著正向影响资金集中度，而监事会结构指数却负向影响资金集中度的解释

从分类指数上得到董事会指数显著正向影响资金集中度，董事会指数反映财务公司的治理能力，财务公司的董事会指数较高，说明治理的规范性和公司治理的有效性较高，公司治理总指数显著正向影响财务公司资金集中度，董事会指数正向影响资金集中度也就存在一定程度的合理性。实际上根据本书构建的董事会指数指标，董事会指数越高代表董事会运营质量相对较高，董事会实际发挥的作用就越明显，这意味着财务公司在履行期最重要的资金归集职能在遇到障碍时，可能会在董事会得到关注，董事会协调企业集团总部和各成员单位的能力通常强于管理层，从董事会层面推动解决资金归集障碍，从而推动财务资金集中度的提高，这样就合理地解释了实证分析结论，董事会指数显著正向影响资金集中度也就得到了合理的解释，董事会治理指数正向影响资金集中度符合逻辑和实际。关于监事会指数与资金集中度负相关的结论是由于监事会指数指标构建因素的反映和体现。董事长交叉任职有助于提高资金集中度，却不利于财务公司监事会监督职能的发挥。因此在监事会指数构建中，监事会指数与资金集中度负相关符合客观实际。实证结论支持不断提升财务公司治理水平有助于促进财务公司核心金融服务能力的提升，加强董事会治理能力，不断健全信息披露制度有助于提升财务公司金融服务能力的判断。

实证研究发现表明，提高财务公司治理能力，以提高财务公司董事治理为重点，持续加强和改进财务公司治理监管对于提高财务公司资金集中度和提升财务公司核心职能的发挥具有十分重要的意义。

第 6 章 基于调查的财务公司治理与监管成效分析

公司治理评估结果以及公司治理评估对公司绩效的实证结果表明财务公司提升和加强自身的公司治理水平符合追求经济利益效益最大化的目标。在财务公司加强治理能力建设的过程中,外部监管起到的作用不可替代,公司治理监管对于提升公司治理能力具有十分重要的作用。本章基于实践和评估对我国财务公司治理监管现状、存在的问题进行分析,进而对我国财务公司治理监管成效进行阐述。2019 年,中国财务公司协会开展了财务公司治理行业调查。本章数据如未作特别注明,数据来源于财务公司协会公开发布的《财务公司行业公司治理调查报告》。①

6.1 基于调查的财务公司治理成效与存在问题

财务公司产生的经济和制度背景及国家对财务公司本身的功能定位和现阶段的存在价值,是财务公司治理的基础条件。我国财务公司是企业集团的组成部分,是企业集团财务资金业务的延伸和扩展,在行政隶属上,财务公司隶属于企业集团本身,是股权集中较高的一类金融机构,因此财务公司治理存在的问题或缺陷根源于财务公司本身的股东结构、功能业务和实际上的行政隶属关系。同时财务公司的治理缺陷也有发展阶段的问

---

① 中国财务公司协会. 财务公司行业公司治理调查报告 [A]. 中国企业集团财务公司行业发展报告 (2020) [R]. 2020:283 – 300.

题，财务公司自诞生不过短短30多年的时间，学术界、实务工作者和政策制定者对财务公司的认识也处于不断地深化过程中，对财务公司功能定位和未来发展方向仍存在不同看法，这也是财务公司治理问题产生的大的外部环境。随着我国经济发展水平的大幅提升，各种性质的企业集团的规模和国际地位与影响力持续扩大，财务公司服务集团的方式不断扩展，业务方式处于不断发展演变过程中，对财务公司治理能力也提出新的要求。总的来说，从评估和实践层面的观察结果上分析，现阶段我国企业集团财务公司治理主要存在以下一些方面的问题。

6.1.1 财务公司股东会和董事会

大部分财务公司均设立股东会，部分财务公司引入战略投资者。截至2018年年末，股东为单一法人主体的财务公司占比12.80%；2个股东的财务公司数量最多，占比34.8%；3~4个股东的财务公司占比28.4%。187家财务公司设立了股东会，占比为86.98%。非成员单位股东46家，其中16家为战略投资者。共有13家财务公司引入战略投资者。战略投资者数量为1~3家，多数为1家，类型包括信托公司、银行和其他财务公司，持股比例为2.5%~19.5%。多数战略投资者会派遣1~2名董事进入董事会。根据调查，集团董事长或总经理兼任财务公司法定代表人的占比为13.49%；由集团公司财务高管兼任财务公司法定代表人的占比为41.86%；由集团公司其他高管兼任财务公司法定代表人的占比为11.63%；财务公司专职董事长担任的占比为20.47%；由财务公司高管担任的占比为6.51%；由金融控股平台单位高管担任的占比为1.40%；其他情况占比为4.64%。大多数财务公司股东会均能每年至少召开一次。2018年财务公司行业共召开股东会695次，其中现场会议401次。25家公司未召开股东会，主要因其是单一股东财务公司。

财务公司董事任期多为3年，董事会会议召开频率多数达到《商业银行公司治理指引》的要求。73.60%的财务公司召开了4次及以上董事会会议。2018年财务公司行业共召开董事会会议超过1300次，较2015年增加了 60.84%。2018 年共召开现场会议超过 700 次，占总召开次数的 55.59%，占比较 2015 年下降 2.78 个百分点。董事基本稳定，平均任职时间有所提升。213 家反馈信息的财务公司共有董事 1197 人，平均每家公司有董事 5.62 人。从董事类别来看，集团内部派出董事 1007 人，占比 84.13%；集团外部派出董事 26 人，占比 2.17%；独立董事 33 人，占比 2.76%；职工董事 108 人，占比 9.23%。从董事产生方式上看，股东单位推荐 574 人，占比 47.95%；集团推荐 489 人，占比 40.85%；财务公司推荐 121 人，占比 10.11%。从任职时间来看，财务公司董事平均任职时间为 3.38 年。从年龄结构看，31～40 岁董事 97 人，占比 8.10%；41～50 岁董事 552 人，占比 46.12%；51～60 岁董事 499 人，占比 41.69%。从学历构成上看，博士研究生 64 人，占比 5.35%；硕士研究生 531 人，占比 44.36%；大学本科 512 人，占比 42.77%；专科及以下学历 53 人，占比 4.43%。

从财务董事长在集团任职情况看，由集团经营管理层领导兼任财务公司董事长的情况占比最高。集团董事长或总经理担任财务公司董事长的占比始终超过 10%，集团副总经理担任财务公司董事长的占比始终超过 50%，可见集团对财务公司的重视程度较高。另外，专职董事长的比例增长较快，从 2015 年的 6.42% 增至 2018 年的 14.86%。截至 2018 年年末，全行业共有 32 家财务公司设有独立董事，独立董事的来源主要是高校教授、公司退休人员、律师或会计师事务所合伙人。大多数财务公司根据公司情况和监管要求设立了董事会专门委员会，专门委员会设立增多，其中风险管理委员会和审计委员会最受重视。设立董事会风险管理委员会占比 100%，设有审计委员会的财务公司也显著增多，占比为 92.56%。589 个董事会专门委员会中，具有决策职能的有 285 个，占比 48.39%。

6.1.2 财务公司监事会和高级管理层

根据调查，大部分财务公司均设立了监事会或监事岗位，以监督董事会和管理层的工作情况。截至 2018 年年末，有 190 家财务公司设立了监事会，占全行业的比例为88.37%；99.20%的财务公司设置了监事岗位。监事的产生方式主要是股东推荐，占比65.82%，职工推选产生的监事占比为31.34%。监事会开会次数明显增加，但多数公司仍无法满足《商业银行公司治理指引》要求。2018年监事会会议召开次数增长明显，全行业共召开监事会会议584次，较2015年增长72.27%，平均每家召开2.34次，其中，共召开现场会480次，平均每家召开1.92次，现场会占比逐年下降。截至2018年末，监事会开会低于2次的有90家。满足《商业银行公司治理指引》要求开会4次及以上的由23家增至62家。监事会以多种方式开展监督，大部分履职情况良好。监事会向股东会提交监督报告次数逐年增加。2018年，有188家财务公司提交了监事会监督报告，占比为87.44%。82.79%的财务公司监事会对经营管理层建立了日常监督机制，具有方式主要有出席、列席有关会议，听取有关报告。

大多数财务公司管理层人数可以满足经管需要，建立了较为完善的经营管理组织机构、议事规则和决策流程，集团对财务公司高管人员直接和间接管控能力较强，高管人员大部分由集团推荐。大部分财务公司经营管理层人员配备充足，多数公司设立了经营管理层专门委员会。212家反馈调查问卷的公司高管人数共778人，平均每家3.67人。大部分财务公司经营管理层人员配备符合监管要求，90%以上公司经营管理层由3人及以上组成。其中，153家财务公司经营管理层由3~4人组成，占比72.17%。有198家财务公司设置了经营管理层专门委员会，占比93.40%，较2014年提升了15%。专门委员会设置数量为1~9个不等，其中85.35%的财务公司设立1~3个。财务公司高级管理人员多为集团推荐，总经理多数具有集团工作经历。高管人员产生方式仍然以集团推荐为主，同时结合内部选拔和外部聘任等方式。其中，59.13%采用集团推荐的方式，21.47%采用公司内部选拔的方式，12.60%采用外部聘任的方式。部分高管人员同时兼任公司董事，34.20%的高管人员为董事会成员。97.77%的高管具有本科学历。其中，博士学位占比3.27%、硕士学位占比36.52%。考察财务公司总经理职业经历，74.02%的财务公司总经理长期在集团系统财务、资金、审计等相关领域工作；21.57%的财务公司总经理前期在集团系统外的商业银行、证券公司、其他财务公司等金融机构工作；4.41%的总经理前期在高校、政府机关、非金融企业等机构工作。19家财务公司经营管理层存在在集团成员企业或集团外企事业单位兼职的情况，主要集中在集体内部。经营决策过程中，绝大多数公司总经理起到决定作用。213家财务公司中，有103家采用"会议讨论，总经理最终决策"的决策方式，占比48.36%。有36家采用"投票制，总经理具有一票否决权"的决策方式，占比16.90%；在经营管理层决策中采用集体决策方式的公司不断增多，26家采用"投票制，过半数通过，总经理无一票否决权"的决策方式，占比12.21%。在经营管理授权体系建设方面，多数财务公司形成内部授权体系，90%的财务公司建立了内部授权相关流程。81.34%的财务公司建立了法人授权体系；78.54%的财务公司建立了内部分级授权体系。在建立了法人授权体系的170家财务公司中，总经理是最普通的被授权对象，135家公司对总经理进行了授权，占比79.41%。

6.1.3　财务公司党的建设与集团关系

财务公司大多数设立了党组织，党员人数不断增加。195家财务公司设立了党组织，占比91.55%，其中设立党委45家、党总支20家、党支部114个、联合党支部13家、党小组3家。截至2018年年底，全行业共有党员6525人，较上年增加513人，增幅为8.53%，占财务公司行业员工总数的49.42%。财务公司党组织参与重大决策占比大幅提升，主要通过党组织会议进行决策。在195家设立了党组织的公司中，公司党组织负责干部选拔、考核的有171家，占比87.69%；负责企业的经营方针和重大改革重组问题的有172家，占比88.21%；贯彻落实党和国家方针政策的有187家，占比95.90%；负责关系到职工群众重大切身利益措施的有185家，占比94.87%。195家设立了党组织的公司中，参与"三重一大"事项合计占比为93.33%。采用"党委会、党总支会、支委会制度"进行决策的财务公司有184家，绝大多数财务公司采用上述方式发挥党组织作用;采用"专题工作研究会议制度"的有 53 家;未参与决策或以其他形式参与的有 15 家;71 家公司党组织采用多种形式参与公司决策。从双向进入交叉任职情况看,财务公司董事长或总经理担任党组织书记的有 673 人,占比 93.34%;不兼任行政职务的有 48 人,不兼任行政职务的人员主要包括专职党组织书记、纪委书记。在落实公司章程中明确党组织研究讨论是董事会、高级管理层决策重大问题的前置程序,公司重大经营管理事项必须经党组织研究讨论后再由董事会或高级管理层做出决定。177 家财务公司将党建写入公司章程,部分公司还制定和实施了由党组织研究讨论为前置程序的议事规则。从党内领导干部产生方式看,上级党组织任命 232 人,本级党组织选举产生 495 人,党内领导干部主要通过本级党组织选举产生。

财务公司在企业集团一般作为二级企业管理,集团对财务公司的定位集中于资金集中平台,要求财务承担内部银行职能,同时需要兼顾利润、风险和服务。财务公司在集团的管理层级基本保持稳定,2015—2018 年,作为集团本部直接管理的二级单位的情况占比始终在 90% 以上。集团主要依靠委派管理人员实施管控,日常管理方式以沟通协调为主。根据调查问卷,210 家财务公司,集团直接委派人员在财务公司经营管理层任职并履行管理职责的公司最多,有 180 家;集团委托其他子公司(资本公司或其他金融子公司)代集团管理的有 6 家;仅由集团财务、投资、审计及风险管理等部门对财务公司进行事前、事中、事后管理(或集团委派外部审计机构独立审计)的有 25 家。集团从公司治理角度对财务公司的管控方式主要是设置专门股权管理部门与财务公司开展股权、三会、章程等内容对接,或与财务部、资金管理部等职能部门实行一体管理,占比分别为 40% 和 48%。集团对财务公司日常事务管理的主要方式以沟通协调为主,占比 68%,以行政命令为主的占 32%。集团对财务公司的运营以内部银行模式为主,集团利润考核比重较高但不断下降。集团对财务公司考核,主要包括经济效益指标、服务水平指标、资金管理指标、风险控制指标等。但考核权重来看,经济效益指标远超其他各项指标,有 46.15% 的公司经济效益指标占比最大；26.44%的公司风险控制指标在考核中占比最大；服务水平指标和资金管理指标占比最大的分别占 18.40% 和 7.08%。2015—2018 年，利润考核权重不断下降。截至 2018 年年末，利润考核权重在 30% 以下的财务公司占比由 2015 年的 50.24% 上升至 59.43%，接近 90% 的公司利润考核权重占比低于 50%。

6.1.4　财务公司与集团其他金融机构关系[①]

根据中国财务公司协会于 2020 年 8 月下发的《财务公司与集团内金融机构及类金融机构关系研究调查问卷》，在 154 家财务公司所属集团涉及 37 类金融机构，其中仅设立财务公司的集团有 28 家，占比 18.18%；154 家集团控股 32 类、参股 32 类金融机构（控股与参股的共同种类为 27 类），每个集团平均约控股 5 类，参股 3 类金融机构。除财务公司外，集团控股的十大金融机构类型有融资租赁公司、商业保理公司、私募基金管理公司、金融控股公司、小贷公司、境外财资中心、投资公司、保险经纪公司、期货公司、信托公司。企业集团控股金融机构类型丰富，基本覆盖所有类型。从控股机构数量来看，占比前三位的财务公司、融资租赁公司及商业保理公司等资产规模相对较小的机构。这些机构注册资本要求较低，设立相对比较容易。企业集团控股商业银行、保险公司、公募基金公司和证券公司等资产规模较大的金融机构的情况较少。企业集团参股的其他十大金融机构有商业银行、证券公司、财产保险公司、私募基金管理公司、人身保险公司、财务公司、信托公司、公募基金公司、融资租赁公司、担保公司。从调查问卷反馈情况来看，154 家财务公司所属集团的金融产业发展战略主要聚焦于产融结合、以融助产。财务公司与集团其他金融企业平台关系大致分为三种类型。第一种财务公司承担企业集团产业发展的核心职能，负责发起设立或孵化其他金融机构，财务公司和其他金融

[①] 本节数据参见中国财务公司协会主编《中国企业集团财务公司行业发展报告（2021）》，第 313 页。

机构关系密切。第二种是资金管理平台即财务公司和金融产业管理平台为股权平行关系，相互独立，各自履行不同职能。作为资金管理平台的财务公司由集团直接管理，金融产业管理平台不涵盖资金管理职能。截至2019年年末，共有50家企业集团成立了除财务公司以外的金控公司，占比约为19.38%。其中明确两个平台之间关系为平行关系的有27家，占金控公司总数的54%。第三种是金融产业管理平台参股、控股财务公司。截至2019年年末，共有11家企业集团金控公司参股集团内财务公司，占金控公司总数的22%。根据调查问卷，在管理层级上，财务公司仍然由集团直接管理，金控公司对财务公司无实质控制权。

财务公司投资其他金融机构以立足定位、延伸产业链的辐射程度和服务能力、获取收益为目的。在金融分业监管的体制下，财务公司投资控股金融企业，持有商业银行、证券、汽车金融和其他金融资产的股权。截至2019年年末，共有41家财务公司开展了金融机构股权投，累计投资额为219亿元，包括19家财务公司投资商业银行；财务公司投资集团内汽车金融公司、人寿保险公司、信托公司和保险经纪公司等。其他金融机构投资财务公司情况极少，未产生深度关系。财务公司与集团内其他金融机构的关系，更多表现为共同为成员单位提供金融服务及履行辅助集团管理职能时形成的竞争、合作、协同关系，呈现比较优势和劣势、机会与挑战的现状[①]。

6.2 财务公司治理存在的主要问题

6.2.1 部分财务公司与集团职能部门混同

财务公司与企业集团财务部等职能部门重合运行，企业法人独立地位明显缺失。我国财务公司是经济体制改革的产物，是借鉴发达国家大型企业集团经验并结合我国特殊国情设计出的一类新型金融机构，服务于国家

---

① 中国财务公司协会主编：《中国企业集团财务公司行业发展报告（2021）》，第316页。

扶持大型国有企业筹融资活动与战略安排。财务公司与结算中心的最大区别在于公司属性与部门属性、金融机构属性与非金融机构属性；当闲置资金规模较小时，公司属性的机制运行成本影响较大，金融机构属性优势不明显，企业集团适合采用结算中心模式；当闲置资金规模变大时，金融机构属性优势逐渐体现，企业集团适合采用财务公司模式；财务公司是否存在最优规模取决于财务公司运行成本的变化情况。[1] 根据财务公司协会统计，我国财务公司中具有国有背景财务公司占比超过 80%。中央企业和地方国有企业集团设立的财务公司大多以其财务部或结算中心为基础，财务公司成立后加挂一个法人机构牌子。财务公司在人员、机构、财务、资产、业务方面的独立性不足，财务公司从董事会到基层员工全部由集团财务部人员重合兼任，甚至很多员工具有双重身份，与企业集团和财务公司均签订劳动合同。这个翻牌式的财务公司治理存在明显治理缺陷，财务公司成立后"三会一层"只是履行法律程序，财务公司运行仍然按照企业集团财务部管理和运行方式，这实际上是对财务公司独立企业法人和金融机构属性的侵蚀，也是财务公司金融职能和创新发展能力的一个重要制约因素。财务公司作为独立运行的法人金融机构，应与控股股东保持必要的区隔，企业集团作为财务公司的控股股东不应越过财务公司的治理机构而直接领导财务公司的业务开展，应通过财务公司治理机构实行股东权利。将财务公司按集团职能部门实施管理，是现阶段大型企业，特别是国有企业的普遍做法，这种管理方式直接导致财务公司治理机制的丧失，使监管机构对财务公司开展的治理监管形式化，财务公司内部的权力制衡和内部控制虚化，从而对风险管理、业务创新、激励约束都造成负面影响，从长远看不利于财务公司治理质量的提升，不利于打造财务公司服务集团产融结合的平台，不利于财务公司行业的长期可持续发展。部分企业集团对财务公司功能定位存在偏差，经营策略偏重利润导向，对服务功能体系不足，

---

[1] 周骏，黄嵩，张俊超. 财务公司还是结算中心？——企业集团资金集中管理模式的角度[J]. 上海金融，2020（2）.

财务公司"四个平台"作用发挥不充分。部分治理环节流于形式，停留在设置上满足监管要求的阶段，治理主体并未实际上发挥相互补充和有效制衡的作用。

6.2.2 股东间的制衡机制缺失

目前我国财务公司，很多都存在着一股独大的现象，这使股东间的制衡机制缺失。财务公司独立性不足，董事、监事和高管多由集团推荐，财务公司生存、发展和经营管理决策高度依赖所在集团，集团主导地位突出，财务公司法人独立性不足。财务公司独立性不足是现阶段我国企业集团财务公司治理中最突出的一个治理缺陷。目前我国的财务公司股权结构一般是下面三种模式：一是企业集团控股，企业集团控制的其他成员单位参股；二是企业集团所属的企业控股，企业集团或企业集团的其他所属企业参股，企业集团间接控制；三是企业集团或企业集团所属的成员企业控股，外部战略投资者参股。但无论采用哪种股权结构，都形成了企业集团一股独大的控制局面，财务公司的这种股权结构本质上是财务公司功能定位的体现，也是财务公司治理与其他金融机构治理最重大的区别。财务公司股权的高度集中会产生诸多治理问题，关于金融机构股权集中度对公司的影响在学界有大量实证研究，财务公司的股权高度集中容易造成财务公司治理机构作用虚化，股东会和公司机关履行职责完全为了应付外部监管，集团越过公司机关直接对财务公司经营开展管理，集团其他职能部门也能够通过各种方式对财务公司业务进行影响，这种状况对财务公司的风险管理和独立运行造成诸多负面影响。同时由于集团意志直接作用于财务公司，造成财务公司董事和高级管理层责任权力的不对等，对董事和高级管理层审慎履职造成影响，同时不利于激发财务公司金融机构职能的作用，使公司监督机制失效，责任追究机制失效，董事会、监事会作用不适当弱化。

6.2.3 公司治理主体职责混淆

目前，我国的部分财务公司高级管理人员多由企业集团领导兼任，集团领导往往从集团整体利益出发，对财务公司利益考虑不够，对财务公司投入精力不足。财务公司董事会与高级管理层职责边界不清晰，董事会虚置与越界管理公司情况的同时存在。监事会和独立董事职能虚化，董事会专门委员会作用虚化，工作边界不清晰，专业性和独立性不强，没有起到应有的作用。部分财务公司董事会仅通过书面会议方式承担职责，公司权力下移管理层，管理层兼职董事会成员，董事会对管理层的考核作用实际丧失。部分财务公司董事会对公司经营干预过深，企业集团或其他集团控制企业委派的非执行董事利益董事地位不适当干预公司业务，为其所在的股东企业争取利益，影响财务公司按照市场原则开展业务的独立性。监事会监督职能不明显，仅为完成法定程序履行必要形式，监事会作用虚化。部分设置独立董事的财务公司，独立董事未能对公司决策构成影响，独立董事在保护小股东和债权人利益方面的职责不明显，独立董事作用虚化。部分财务公司管理层权力过大，事实上行使了董事会的职权，并能左右董事会判断。董事会成员对财务公司信息掌握不充分，无法正确承担董事责任，董事会仅为完成公司章程规定的会议而存在，每年以书面会议方式履行职责，非执行董事投入的时间和精力明显不足，多以签字方式履职，成为"签字董事"。根据财务公司监管评级有关要求，财务公司高级管理人员不得在财务公司外兼职。董事会人员较少，董事会与下设的专门委员会人员高度重合，造成重复决策，降低效率。

6.2.4 管理层的专业化程度不高

针对管理层，我国的财务公司并没有制定合理的薪酬制度、激励约束机制。同时，财务公司的管理层市场化、专业化程度较低。我国财务公司作为一类特殊的金融机构，大多由企业集团财务部或结算中心演变设立，财务公司董事会和各级管理人员多从企业集团转任，各级职业管理人员市场化聘任程度较低，管理人员的金融专业经验欠缺。国有背景财务公司的经理人市场化选聘机制尚未完全建立。尽管《企业集团财务公司管理办法》对财务公司高级管理人员要求具有一定的金融行业从业经历，但财务公司行业人员从整体上来看金融专业化程度较低。很多国有背景财务公司未将财务公司人员作为金融机构给予区别对待，而参照企业集团一般性的二级企业的薪酬体系，薪酬制度无法与财务公司金融机构属性和业务专业性相匹配，薪酬制度的不合理导致激励约束机制不能发挥应有作用，无法引入金融行业的高端人才，造成财务公司的金融创新能力较弱，市场化程度不高，活力不足。由于激励约束机制的不完善，导致公司治理水平提升缓慢，在一定程度上制约了财务公司的金融服务能力和企业集团产业的扩张速度。此外，财务公司行业内对公司治理较为熟悉和了解的人才比较少。

6.2.5 问责及履职评估制度流于形式

目前，尽管很多财务公司已经制定了问责及履职评估制度，但是很多都只是形式上的简历。财务公司根据监管机构的要求大都建立了问责制度和履职评估制度，但制度的形式意义多于实际意义。财务公司在执行问责和履职评估制度方面缺乏动力，更多是根据所在企业集团的相关惯例和人事评估制度完成对高级管理层的考核和问责。财务公司对董事及高级管理人员的违规责任追究不到位，对董事和高级管理人员评估不全面、不准确，评估结果对相关人员任职及奖惩不构成实质影响，存在评估虚、问责难的问题。企业集团对董事、监事和高级管理人员的考核往往流于形式。财务公司作为企业集团的内部银行，目前除向监管机构报送信息外，尚未建立公开的信息披露制度。目前，我国的主要金融机构包括商业银行、保险公司、证券公司、信托公司等，无论是否上市成为公众公司，监管机构均要求其通过特定媒介向社会公众披露公司信息。随着财务公司业务范围的不断拓展，其服务的对象将向企业集团的上下游延伸，财务公司的金融属性将不断增强，对金融系统的影响将不断扩大，财务公司向社会履行信息披露的义务势在必行。信息披露机制的建立将极大改善财务公司的治理质量，提升整个行业的社会形象和影响力，这对财务公司行业未来的可持续发展具有十分重要的意义。此外，高管层薪酬延期支付执行难度较大。

根据监管要求，财务公司高管薪酬应延期支付，但一方面财务公司高管人员考核与薪酬体系一般由集团公司制定并实施，单独向集团协调调整薪酬支付方式较为困难；另一方面，大部分财务公司薪酬激励总体水平与商业银行的激励程度差距较大，导致财务公司高管人员不愿执行高管延期支付制度。公司治理合规性水平存在薄弱环节，各治理主体职责边界存在不清晰的现象，存在职责相互交叉及职责缺位的情况，存在治理不合规情况。

6.2.6 未建立科学有效的利益相关者评估机制

财务公司的运营往往有着较强的外部性特征。金融机构公司治理的一个重要目标是合理保护和平衡利益相关者的利益，利益相关者对金融治理评估和监督是促进治理能力提升的重要外部力量。监管机构在治理评估和治理监管过程中十分关注利益相关者的外部推动力量。财务公司虽然主要服务企业集团及成员单位，但财务公司在业务开展中同样涉及债权人、政府机构，金融同业机构等利益相关者。其中商业银行是财务公司最重要的同业合作机构，商业银行与财务公司开展的合作紧密多样，对财务公司及其所在的企业集团整体情况的掌握程度较为深入，而且商业银行的信息分析能力也相对较高，作为利益相关者或重要的债权人，对财务公司治理状况了解相对充分，商业银行等同业机构对财务公司治理情况的分析应该作为衡量财务公司治理的重要外部参考，也应该是推动财务公司提升治理水平的重要外部力量。但是由于目前利益相关者评估机制的不健全，外部机构的评估信息交流不够通畅，未能成为治理监管的衡量评估体系，对财务公司治理水平的提升作用没有得到充分运用，是目前财务公司治理水平提升的一个缺陷。

6.2.7 外部监督评估体系不健全

财务公司内部人事管理关系未完全按照市场化原则理顺。企业集团采用传统方式对财务公司人事行政采用全方位领导方式的现象普遍存在，有些国有企业背景的财务公司管理人员同时具有公务员行政等级，高级管理人员评估采用组织考核等非市场化评估方式。市场中介机构对财务公司行业的治理评估尚未形成，利益相关者获取财务公司治理信息的成本较高，市场评估对财务公司治理评估体系缺失，外部治理由监管机构单一力量推动，治理监管手段比较单一，治理监管科学化程度有待提升。多数集团对财务公司考核中经济效益指标考核占比较大，而监管机构监管评级则剔除了营利能力部分指标，侧重点在风险和服务两个指标上。集团和监管机构对财务公司考核评价导向存在冲突，公司治理要求存在不一致情况。财务公司治理监管指标体系设置不合理。《商业银行公司治理指引》对商业银行董事会、监事会开会最低次数有明确规定，但由于财务公司规模和业务体量所限，董事会和监事会召开会议频次难以商业银行要求，存在大量为开会而开会的现象，表明财务公司治理监管指标设置的不科学不合理。

6.2.8 与集团其他金融平台产业同业竞争

财务公司与企业集团其他金融及类金融平台定位分工不清，在一定程度上产生同业竞争问题。财务公司的支付清算与结算功能、资金融通功能分别与商业银行、融资租赁公司、金融租赁公司、商业保理公司存在一定竞争。在扩展金融功能方面，财务公司的风险管理功能与保险代理公司存在一定竞争。财务公司在发挥集团辅助管理职能时，其资源配置功能和信息提供功能会面临金融控股公司的挑战。境外财资中心定位于离岸财务公司，若财务公司与境外财资中心的客户边界不清晰、协同机制不健全，将对财务公司经营形成挑战。

6.3 财务公司治理监管的成效

对财务公司进行监管是法律对监管当局的要求，监管行为具有法定性的特点。《中华人民共和国银行业监督管理法》明文规定："对在中华人民共和国境内设立的金融资产管理公司、信托投资公司、财务公司、金融租赁公司以及经国务院银行业监督管理机构批准设立的其他金融机构的监督管理，适用本法对银行业金融机构监督管理的规定。"银保监会依法对财务公司进行监管，具有法律的明确授权。《中华人民共和国中国人民银行法》规定：人民银行在其职责范围内履行对金融机构的监督管理，财务公司是开展金融业务的金融机构，人民银行依法对财务公司进行监督管理具有法定性。财务公司在接受人民银行监督管理同时，如开展保险代理业务，则相关业务开展需要接受银保监会的监管。财务开展债券承销业务，在交易所市场发行财务公司债券，作为财务顾问协助企业集团成员单位发行债券的业务需要接受证监会监管。

由于金融机构牌照的稀缺性，财务公司接受金融监管当局的监管在某种意义上来说是对财务公司行业的一种整体保护。财务公司能够显著提高集团型企业资金使用效率，显著降低集团债务融资成本。财务公司规模越大，对提高集团资金使用效率以及降低债务融资成本的影响就越明显。将财务公司纳入监管范围事实上增加了财务公司的信用价值，极大地提高了财务公司股权价值，是财务公司金融职能发挥的基础制度条件。财务公司同其他金融机构相比，经营活动的外部性相对小一些，但其金融机构的本质属性没有改变，其参与金融市场的能力和业务的延伸还在持续发展，对财务公司的监管方式也在实践的发展中持续演进和优化。目前除银保监会对财务公司开展业务监管外，人民银行、证监会、行业协会、国资委系统、各级人民政府均在其职责范围对财务公司进行监管。此外，财务公司所在的企业集团也通过各种形式对财务公司进行监管。监管就会产生监管成本，监管成本最终是由被监管的对象承担，因此建立科学有效的和持续优化的监管对财务公司行业的可持续发展具有十分重要的意义。

我国企业集团财务公司的治理监管始于财务公司诞生之日。中国人民银行作为财务公司监管机构时期出台的规范性文件中对财务公司公司治理均有具体规范，为探索财务公司公司治理监管进行了早期探索和实践，积累了相关经验。2003 年中国银监会成立后于次年颁布了修订后的《企业集团财务公司管理办法》，这标志着中国银监会对财务公司治理监管规范化正式进入了发展阶段。从 2003—2016 年，中国银监会对财务公司治理监管起到了极为重要的基础性作用，基本构建了全面的规范监管体系和评估制度，监管框架已经建立，监管制度日益完善，监管的针对性、有效性逐步提高，监管成效显著。

中国银保监会参照对商业银行的治理监管要求对财务公司治理进行监管和评估，根据监管评估情况对财务公司治理进行打分考核，并作为财务公司监管评级体系的组成部分，公司治理部分占有相当部分的权重，通过监管评级促进财务公司和其所在的企业集团重视公司治理建设，不断提高治理能力和治理水平。可以说，目前我国设立的全部的财务公司在形式上公司治理机构均完备健全，公司治理制度不断完善。2013年《治理指引》实施后，财务公司治理监管的目标和措施更加科学和规范，治理标准更加具体明确，治理监管进入新的发展阶段。2016年银监会对《企业集团财务公司监管评级和分类监管办法》的印发征求意见，该办法的附件《监管评级操作评分表》对财务公司治理具体要求均对应了相应分值，明确列出了治理监管的制度依据，财务公司对照评分表即可自行评估，建立和完善治理制度，落实制度要求，不断增加提升公司治理质量的内在动力。中国银保监会对财务公司治理监管成效明显，通过监管干预从外部引导财务公司不断提升公司治理水平，对财务公司治理建设发挥了重要的基础性作用。目前，财务公司行业公司治理机制建设不断加强、不断规范。在党建工作不断加强的形势下，财务公司将党的领导融入公司治理各个环节，党的领导作用不断加强。在看到治理监管成绩的同时，也应看到目前监管机构对财务公司的治理监管在监管评级体系的科学性方面有待提升，财务公司区别于其他银行业金融机构的公司治理特点在治理监管行为中还没有科学体现，治理监管的形式化和纸面监管问题仍然存在，公司治理监管过度和监管漏洞同时存在。财务公司治理评估和治理监管仍然存在很多需要研究解决的问题，需要学术界、监管机构和财务公司从业者投入更大的力量加以研究解决，在理论和实践方面取得新的发展和突破。2021年6月2日银保监会印发《银行保险机构公司治理准则》（以下简称《治理准则》）。《治理准则》是银行业保险业共同遵循的公司治理纲领性监管制度。《治理准则》的制定发布是银保监会贯彻落实中央经济工作会议精神的重要举措，有利于健全银行保险机构公司治理机制，进一步提升公司治理的科学性和有效性，推动银行业保险业实现更高质量发展，促进金融更好地服务构建新发展格局。公司组织形式为有限责任公司的银行保险机构及中国银保监会负责监管的其他金融机构参照适用。财务公司作为银保监会负责监管的机构应当参照适用《治理准则》。《治理准则》共 11 章 117 条，包括总则、党的领导、股东与股东大会、董事与董事会、监事与监事会、高级管理层、利益相关者与社会责任、激励约束机制、信息披露、风险管理与内部控制、附则。《治理准则》明确了各治理主体的职责，强化了治理机制运行的规范性，重点包括：明确股东的权利义务、股东大会的职权、股东大会会议及表决等相关规则；强调董事特别是独立董事的选任、职责及履职保障，明确董事会及其专门委员会的组成、职权及会议表决等要求；规范监事选任履职及监事会、高管层的设置和运行；要求银行保险机构完善激励约束机制，健全信息披露制度与机制，加强风险管理与内部控制及内外部审计。《治理准则》吸收借鉴了《二十国集团/经合组织公司治理原则》的一些良好做法，主要有以下五个方面：一是银行保险机构应当在公司与股东之间建立畅通有效的沟通机制，保障股东特别是中小股东对公司重大事项的知情、参与决策和监督等权利；二是要求董事公平对待所有股东，重点强化提升董事履职独立性、客观性的要求；三是明确董事会应当建立并执行高标准的职业道德准则；四是注意保护利益相关者合法权益，当利益相关者权益受到损害时，应有可行的救济机制；五是鼓励支持员工参与公司治理。《治理准则》在为银行业保险业提供共同遵循的公司治理基础制度的同时，充分考虑了不同类型银行保险机构的差异性，为实施差异化监管预留了空间。《治理准则》设置了专门章节规范独立董事履职及保障机制，并突出强调了独立董事的独立性、专业性要求。例如，已经提名非独立董事的股东及其关联人不得再提名独立董事；为保障独立董事有足够时间和精力有效履行职责，明确一名自然人最多同时在五家境内外企业担任独立董事；独立董事因故不能亲自出席董事会的，不能委托非独立董事代为出席；对独立董事在一家银行保险机构累计任职时间进行了限定，以避免因任职时间过长影响其独立性。《治理准则》借鉴国际公司治理良好实践，创新了独立董事会议机制，银行保险机构独立董事可以推选一名独立董事，负责召集由独立董事参加的专门会议，研究履职相关问题。在外部监事相关规则上，《治理准则》明确了外部监事的定义，并明确银行保险机构监事会成员中，外部监事的比例不得低于三分之一，以更好地发挥外部监事的作用。

6.4　财务公司治理监管效能不断提升

中国人民银行作为财务公司监管机构时期出台的规范性文件中对财务公司公司治理均有具体规范，为探索财务公司公司治理监管进行早期了探索和实践，积累了相关经验。

6.4.1　监管方式多元化

除了传统的监管方式，我国监管机构在对财务公司治理进行监管过程中，还采用了其他多元化的方式，例如，中国银保监会通过构建公司治理监管评级体系来对财务公司治理监管进行评估，这种做法主要是参照对商业银行的治理监管要求对财务公司治理进行监管和评估，并作为财务公司监管评级的体系的组成部分。在公司治理评估监管体系中，公司治理部分占有相当部分的权重，通过监管评级促进财务公司和其所在企业集团重视公司治理建设，不断提高治理能力和治理水平。可以说，目前我国设立的全部的财务公司在形式上公司治理机构均完备健全，公司治理制度不断完善。2020 年，《治理准则》的出台，为财务公司治理提升提供了新的行为指南。

6.4.2　监管评级体系不断提升

在看到治理监管成绩的同时，也应看到目前监管机构对财务公司治理监管在监管评级体系的科学性方面正在不断地提升。财务公司区别于其他银行业金融机构的公司治理特点在治理监管行为中还没有科学体现，治理监管的形式化和纸面监管问题仍然存在，财务公司治理评估和治理监管仍在存在很多需要研究解决的问题，需要学术界、监管机构和财务公司从业者投入更大的力量加以研究解决，在理论和实践方面取得新的发展和突破，不断完善公司治理监管评级体系。财务公司治理特殊性不断受到监管重视，监管评级体系不断向企业集团延伸，并充分考虑集团对财务公司治理的影响。

6.4.3 监管促进财务公司准确功能定位

财务公司资金来源有限，信贷规模受限，因此可集中力量专注服务于集团发展战略，促进实体产业的发展，创造产融协同效应。财务公司所属企业集团均处于行业的领军位置，具备较为长远的战略发展意识，业务呈现出国际化、多元化的发展趋势，对资金数量和质量方面的要求通常也较高，监管政策应推动财务公司着眼于构建企业集团内部金融服务体系和完善企业集团金融功能，向综合性金融服务提供商方向发展。财务公司通过发挥金融服务功能，引导外部资金进入集团，如采取银团贷款、信贷资产出售、发行金融债券等形式筹集更多资金，为企业集团战略实施提供全方位、专业化、综合性的金融服务，成为企业集团实施发展战略的重要引擎和支撑。打造资金集中管理的平台，降低财务风险，发挥资金的规模优势，同时要做好票据的集中，通过电子票据业务解决票据流转、验票、保管方面的困难。①

---

① 王辉，臧日宏. 财务公司金融功能的国际比较及启示[J]. 上海金融，2015（6）：106-108.

第7章 基于评估的财务公司治理监管框架研究

本章在分析财务公司治理评估和国际相关经验的基础上,在较为宏观的层面上来系统分析并提出财务公司治理监管的监管框架。本章中,在监管框架方面重点就财务公司治理监管性质、目标、原则和方式进行分析和阐述,对治理监管框架和框架路线进行梳理。在设计财务公司治理监管框架的过程中,本章分别从财务公司治理监管性质、治理监管目标、治理监管原则、治理监管方式等四部分进行阐述。监管原则和监管方式是财务公司治理监管的主要内容,监管方式和监管行为是实现监管目标的手段,服务于监管目标的实现。从治理监管的性质上总体把握金融监管的本质,财务公司治理监管目标是监管性质总揽下的具体行业的监管的基本意图和希望达到的效果;监管原则指导监管方式和监管行为,构成治理监管的重要内容。此外治理监管目标的层次性、关联性决定了治理监管内容的多样性与复杂性。具体地,财务公司治理监管过程中应该认清财务公司治理监管的性质,明确治理监管目标,坚持治理监管原则和多元化监管方式。

7.1 识别财务公司治理监管性质

金融监管的本质是监管主体为了实现法定目标,根据法律授权依法对金融活动开展合理干预。金融机构行业的特殊性决定了其公司治理和治理监管既遵循公司治理的一般规律,又要求公司治理相关主体对其特殊性给予充足关注。金融机构具有外部性强、高杠杆经营、信息不对称严重的特征。完善有效的公司治理财务公司等金融机构持续稳定健康发展的基石。

7.1.1 财务公司治理监管是一项外部监督和干预

治理监管的性质是金融监管主体对金融机构公司治理开展的外部监督和干预。作为具有我国特色的金融机构,企业集团财务公司的治理监管同样体现出这一本质。中国银保监会对财务公司开展的治理监管本质上是政府机构依法实施的经济管理活动。

财务公司在公司治理方面主要接受中国银保监会的监管,此外中国人民银行、中国证监会、财务公司行业协会、地方人民政府和财务公司所隶属的上级集团都在各自职责范围内都对财务公司治理的开展进行外部监管。治理监管从分类上看属于外部监管,监管机构对财务公司开展治理监管的一个重要特点是监管行为的法定性和强制性,不同于其他外部治理监管,监管当局开展的治理监管结果对财务公司具有重大的利益影响。

7.1.2 财务公司治理监管具有法定性特点

我国金融监管机构对金融机构的监管具有法定性的特点,包括治理监管在内的一切监管行为都是法律的要求,同时监管行为和措施必须符合法律规定,即必须坚持依法监管的基本原则。我国《民商法》《行政法》《刑法》和《行政程序法》对金融监管都有大量的规定。《公司法》第五条:"公司从事经营活动,必须遵守法律、行政法规,遵守社会公德、商业道德,诚实守信,接受政府和社会公众的监督,承担社会责任。"我国的财务公司是依照《公司法》设立的公司法人,有依法接受政府监督的法定义务。中国银保监会对财务公司开展治理监管的最重要的法律依据是《中华人民共和国银行业监督管理法》,该法明确授权"国务院银行业监督管理机构",即"中国银监会"对全国银行业金融机构及其业务活动监督管理的工作,其中明确规定"企业集团财务有限公司"作为非银行金融机构适用对银行业金融机构监督管理的规定。该法对监管机构、监管措施和法律责任均做出了明确的规定,是原中国银监会对财务公司开展监管的最重要的法律依据。

7.2 明确财务公司治理监管目标

财务公司作为一类特殊的金融机构，在我国经济发展，特别是落实金融服务实体经济的国家战略中扮演重要角色，财务公司与一般公司相比，具有诸多特殊性，并且与商业银行也存在重要区别。由此决定了财务公司公司治理与商业银行存在很多差异性。但财务公司治理监管的目标与商业银行具有相同性。与商业银行一样，财务公司治理监管的目标不仅在于保护股东、债权人和利益相关者的利益，还包括防范系统性金融风险，维护一国金融体系的稳定和安全。财务公司治理监管在保护存款人、债权人利益、维护金融市场安全稳定运行方面发挥着重要作用。

7.2.1 重视利益相关者的利益

财务公司治理监管的目标方面与商业银行具有相同性。与商业银行一样，财务公司治理监管的目标主要为维护利益相关者的利益，而这些利益相关者具体包括股东、债权人和客户等。事实上，财务公司对利益相关者利益的维护，不仅有助于自身业务的开展，同时也提高了自身的名誉，从长期来看，这种治理监管目标有助于财务公司的长期发展。

刘明康（2004）提出：良好银行公司治理机制的判断标准包括五个维度：内部组织机构之间清晰的职责边界；独立有效的内部控制体系；与股东价值相挂钩的考核机制；科学的激励约束机制；先进的管理信息系统。在具体的监管目标上，《治理指引》第二条的规定体现了财务公司治理监管的目标：确保财务公司依法合规经营；确保财务公司培育审慎的风险文化；确保财务公司履行良好的社会责任；确保财务公司保护金融消费者的合法权益。监管机构监督财务公司通过健全组织架构，建立清晰的职责边界，制订科学的发展战略、价值准则，履行社会责任及构建有效的风险管理与内部控制机制以及合理的激励约束机制并建立信息披露制度等方式实现上述目标。

7.2.2 防范系统性的金融风险

从微观层面看,财务公司治理监管的目标包括降低财务公司经营风险,提高财务公司和其所在的企业集团整体上的风险管控水平,实现企业集团价值的最大化。良好的公司治理,能提高财务公司的运作效率,吸引并激励优秀人才,创造良好的效益,降低代理成本,促进企业集团利益最大化目标的实现。[①] 治理监管的目标同时包括通过有效提升公司治理质量和服务能力及价值,提高核心竞争力,并努力实现利益相关者利益的平衡。通过外部行政力量的治理干预,促进财务公司治理能力的不断提升,从而不断提高财务公司的风险管理能力和运营效益。

财务公司治理监管的根本目标是通过监管促进财务公司通过提升公司治理水平来控制风险,提高效益,努力实现公司自身经济价值和社会综合价值的最大化。从行业发展的角度看,治理监管的目标还包括保持和不断提升整个行业对国家社会的贡献度,不断扩大的财务公司行业在国民经济发展中的作用,促进财务公司行业的可持续发展。

7.3 坚持财务公司治理监管原则

财务公司作为非银行金融机构,具有金融机构的外部性、脆弱性、风险性、系统性和传递性等金融机构的一般特征。世界各国普遍对包括银行业在内的金融产业实施比一般行业更为严格的监管,对金融机构的公司治理标准和要求比较高。根据财务公司的特点和监管机构对财务公司的功能定位,本书提出企业集团财务公司治理监管应遵循的四项原则。

7.3.1 坚持依法监管原则

财务公司治理监管本质上是金融监管的一个方面,为了有效控制政府

---

① 韩留卿.企业集团财务公司法人治理有效性思考[J].青海金融,2014(2):43-45.

对市场的管理是否处于合理且必要的最低限度,治理监管应遵循依法监管的基本原则。依法监管是政府依法行政的组成部分,金融监督机构根据法律和国务院的授权履行金融监管职能,任何监管行为必须于法有据。根据现行法律法规,财务公司的公司治理主要职责由中国银保监会承担,中国人民银行、证监会等机构在各自法定职责范围内承担监管责任。"一行两会"对财务公司开展的监管行为,包括监管措施和奖惩处罚,在实体和程序上都必须符合法律、行政法规和其他规范性文件的规定。监管机构在治理监管方面存在监管瑕疵,被监管人有权依法提出行政复议和行政诉讼。法律是公司治理活动的基石,一方面保障了参与主体意思自治的自由;另一方面也授权监管机构促进公司治理体系的良好运行。[①]

7.3.2 坚持监管引导原则

根据一般的法律上的理解,公司治理属于公司自治的私法范畴,国家不应过多干预私法自治的领域。但由于金融机构的特殊公司属性,政府出于维护公共利益的需要对金融机构公司治理在一定程度上应进行必要的干预。财务公司治理监管不同于对财务公司金融业务进行的刚性监管,治理监管的方式更加柔性,主要通过监管评估和监管引导的方式引导财务公司开展公司治理建设,提高治理水平,而非通过行政强制的方式进行监管。这是治理监管过程中坚持的一个重要基本原则。中国银监会 2013 年发布《治理指引》,之所以称《治理指引》而不是《治理规范》即是这一原则的体现。从根本上看,公司治理和治理监管均不是目的,监管机构以监管引导的方式开展治理监管,并根据不同金融行业的特点运用不同的监管策略和评估体系,通过外部监管促进金融机构公司治理的良好运行。

7.3.3 坚持整体监管原则

整体监管原则是指在财务公司的治理监中将财务公司与所在集团统筹

[①] 黄立新. 监管转型背景下公司治理监管路径的现状、问题与对策[J]. 证券法苑,2015 (14):283-295.

考虑，对财务公司及其所在的企业集团包括集团实际控制的企业整体进行考察，从集团整体层面开展治理评估和治理监管。整体监管原则是财务公司治理监管区别于其他金融机构治理监管的一个重要特点。整体监管原则根植于财务公司的独特属性。财务公司一方面作为金融机构接受监管部门的监管，另一方面财务公司隶属于企业集团，是企业集团的组成部分，集团对财务公司进行领导，这是财务公司与商业银行的本质区别。商业银行可能由于股权分散，没有实际控制人，但所有财务公司都具有唯一的实际控制人，实际控制人就是其所在的企业集团。因此对财务公司的治理监管不能孤立地从财务公司本身出发，现有研究表明，企业集团的治理情况对财务公司治理也具有一定影响，必须将财务公司置于其所在的企业集团一并统筹考察，将企业集团和成员单位情况一并纳入监管视野，坚持整体监管原则。

7.3.4 坚持结果导向原则

财务公司治理根据法学原理属于民事自治领域，治理监管作为外部力量引导治理质量的提升的根本目标在于控制金融机构治理的负外部性。因此，这类外部干预需要保持一定程度的谦抑性。在财务公司未出现因存在重大治理缺陷而导致的风险事件前，监管机构不宜根据治理监管指标的评测而采用严厉的监管措施。另外，如果财务公司实际发生重大违规而产生严重风险事件，而违规和风险事件的发生与治理缺陷存在直接的因果联系，当出现这种结果时，监管机构应果断采取严厉监管措施，对财务公司治理进行强制干预，以矫正其公司治理的严重偏差，用外部强制手段对财务公司治理进行规范和干预。监管机构在开展财务公司治理监管过程中应坚持结果导向原则。

7.4 不断完善财务公司治理监管方式

财务公司治理监管在法律上属于行政行为，治理监管应符合一般行政行为的特点和要求。行政行为分为具体行政行为和抽象行政行为，治理监管的方式也包含具体行政行为方式和抽象行政行为方式。《中华人民共和国银行业监督管理法》对监管机构的监管方式和监管措施在法律层面给予了规定。

7.4.1 不断完善治理监管规范

中国银保监会作为国务院直属机构，根据法律和国务院授权，通过制定规范性法律文件等方式对其监管对象履行监管职责。《中华人民共和国银行业监督管理法》第十五条规定："国务院银行业监督管理机构依照法律、行政法规制定并发布对银行业金融机构及其业务活动监督管理的规章、规则。"根据《中华人民共和国立法法》的规定："国务院各部、委员会、中国人民银行、审计署和具有行政管理职能的直属机构，可以根据法律和国务院的行政法规、决定、命令，在本部门的权限范围内，制定规章。"中国银保监会作为国务院具有行政管理职能的直属机构，可以在其职责权限内制定部门规章。部门规章的法律效力低于宪法、法律和行政法规，部门规章的内容不得同上位法相抵触。

中国银保监会通过制定和发布规章、规则等规范性文件的方式对财务公司治理进行监管。中国银监会发布的《企业集团财务公司管理办法》是财务公司行业定位和监管的最为基础和重要的部门规章。在对财务公司治理监管方面最重要的规范性文件是2013年银监会下发的《商业银行公司治理指引》（以下简称《治理指引》），《治理指引》是监管机构对财务公司进行治理监管的基本依据。此外《银行业董事和高级管理人员任职资格管理办法》《商业银行董事履职评估管理办法（试行）》（银监会令2010年第7号）、《商业银行监事会工作指引》等规范性文件都是财务公司公司治理监管的制度依据。银监会通过发布制度的方式对财务公司治理进行监管。

在其他规范性文件中涉及大量公司治理评估和治理监管的内容。如《商业银行资本管理办法（试行）》《银行业金融机构全面风险管理指引》

《商业银行流动性管理办法》《商业银行与内部人和股东关联交易管理办法》《中国银监会关于印发商业银行内部控制指引的通知》《中国银监会关于印发商业银行内部审计指引的通知》《商业银行合规风险管理指引》《商业银行稳健薪酬监管指引》《中国银监会现场检查暂行办法》等规范性制度文件。监管机构应根据财务公司行业特点和治理特殊性，为财务公司单独制定《财务公司公司治理准则》等制度文件，以根据符合财务经营管理实际，支持财务公司更好发挥职能作用。监管机构通过实施行政许可、现场检查、非现场监管、评估等方式，对财务公司治理实施持续监管。监管机构可以根据财务公司特殊性，对其公司治理开展差异化监管。监管机构可以派员列席公司股东会、董事会、监事会等会议。财务公司召开上述会议应提前向监管机构报告。会议记录和决议等文件及时报送监管机构。监管机构定期对财务公司治理情况开展现场或非现场评估。监管机构反馈公司治理监管评估结果后，财务公司应当及时将有关情况通报给企业集团、董事会、监事会、负责高级管理层，并按监管要求及时进行整改。

7.4.2 加强重点业务许可监管，加强动态监管

中国银保监会根据《中华人民共和国行政许可法》《中国银行业监督管理委员会行政许可实施程序规定》等有关规定，对财务公司治理所涉及的重点环节实施强制性的审查许可制度，确保财务公司的整体运转处于可监控状态，以保护股东、公司、债权人和利益相关者利益和经济秩序。基于公司治理目的行政许可范围包括：股权层面，审查财务公司股东资质，股权转让和资本维持；重大议事决策流程层面，审查财务公司章程及其修改；人员资质方面，审查董事、监事和高管人员任职资格。财务公司业务范围的扩展和变更也需要监管机构的审查许可。上述事项的变化，财务公司应按有关监管规定提出许可申请，监管机构根据法律法规和其他规范性文件的规定在法定期限内做出许可或不许可的审查决定。

财务公司行业在服务国家重大战略，丰富金融组织体系，支持实体经济发展等方面发挥了举足轻重的作用。面对目前行业进入瓶颈制约期的现

状,财务公司唯有抓住科技信息进步、国家重大战略实施和企业集团深化改革等带来的发展机遇,有针对性地加快业务创新,才能回到持续快速发展的轨道。但是,财务公司业务创新是一个复杂的体系,既需要财务公司激发主观能动性和内生创新动力,主动加强业务创新,也需要在外部政策和监管层面营造宽松的外部环境,还需要企业集团的支持和资源倾斜,为财务公司备案加入银行间资金市场、外汇交易市场、票据市场开绿灯,支持财务公司更加灵活地进行相关业务创新。除此之外,借鉴国外财务公司业务范围,探索推动条件成熟的财务公司逐步突破"业务范围局限于企业集团内部"的限制,在更宽领域和市场范围内进行业务创新,进一步提升产融结合的实践成效。监管部门按照规范与创新并重的原则,为财务公司业务创新设置灵活的准入和退出机制。在强化行为监管、微观审慎监管的前提下,适当降低财务公司新业务申请或备案的准入门槛,让大多数财务公司都具备开办新业务的前置条件,适当降低"一头在外"产业链金融业务的准入条件。[①]

7.4.3 不定期地进行非现场监管

非现场监管方式是指监管机构要求财务公司通过电信等方法报送各类经营数据、经营管理材料、公司治理等相关情况的书面或数据电文。非现场监管是监管机构对财务公司开展治理监管的重要方式,财务公司应当如实向监管机构报送公司治理信息,监管机构通过接收的数据并结合其他监管方式对财务公司治理情况进行综合判断,并采用相应的监管措施。中国银保监会对财务公司治理监管坚持属地监管的原则,财务公司全部由其注册地的银保监会派出机构地方银保监局负责监管,银保监会履行再监管职责。地方银保监局通过业务系统要求其辖区内的财务公司报送治理材料,对地方财务公司公司治理情况开展监管。

---

① 王兴友. 企业集团财务公司业务创新发展研究——基于资金富余型财务公司视角[J]. 西南金融,2019 (12): 89 - 96.

7.4.4 定期地进行现场监管

根据《银行业监督管理法》的规定，监管机构根据履行职责的需要，可以与财务公司董事、高级管理人员进行监督管理谈话，要求财务公司董事、高级管理人员就机构的业务活动和风险管理的重大事项做出说明。现场监管包括会议观察和现场检查两项措施。会议观察是指监管人员可以列席财务公司股东会、董事会、监事会和总经理办公会等高级别会议。通过列席有关会议，及时掌握和了解公司治理结构情况，业务开展和风险管理情况，形成第一手监管资料。会议观察的目的在于促进公司重大决策依法合规，增强财务公司董事会和管理层报告信息的真实性、准确性和完整性，有利于直接发现财务公司经营管理中可能存在的风险和违规问题。现场检查分为综合性现场检查和专项现场检查两类。综合性现场检查是监管机构对财务公司整体经营情况进行的现场监管，专项现场检查是监管机构针对某一特定领域对财务公司开展的现场检查。专项检查包括就公司治理情况对财务公司开展的检查。

7.4.5 强化功能监管和监管创新

监管机构应不断强化对不同类型金融机构开展的相同或类似业务进行的标准统一或相对统一的监管，加强监管协调与协作，不断提升监管协调的水平，提升监管效能，缓和监管职能冲突，减少监管真空及监管重叠，减少监管套利。在财务公司具体业务创新过程中，监管机构应给予切实的政策支持，进一步激发财务公司创新发展的主观能动性。在司法管理创新方面，可考虑进一步扩大财务公司直接参与支付清算的试点范围，允许更多财务公司直接参与央行大小额支付系统，帮助财务公司从根本上提高支付结算的效率和安全性。在产业链金融创新方面，利用再贴现、再贷款、存款准备金率等货币政策工具，对财务公司让利于产业链上的小微企业的行为实行定向的政策支持；同时，监管部门将产业链金融服务对象从"一头在外"有序向产业链上下游延伸，推动更加有效解决小微企业融资难、融资贵的问题。

7.4.6 做好风险提示与处置工作

风险处置是指对出现治理风险的财务公司实施监管干预,进行风险提示或采取监管处置。风险提示是指监管机构通过信访举报、列席会议、报送材料、统计分析等途径掌握到的财务公司存在的一般风险问题,监管机构采取与公司管理层、董事会成员和财务公司实际控制人进行谈话的窗口性指导行为,目的在于提示风险,督促财务公司自己主动解决存在的问题。监管处置是指针对财务公司治理中出现的深层次问题和重大风险,监管机构依法采取多种监管措施进行行政性外力强制干预和处理。包括责令财务公司控股股东转让股权或者限制有关股东的权利;责令财务公司调整董事、高级管理人员或者限制其权利等行政强制方式。财务公司是对国务院金融管理部门及其分支机构依法进行监督管理的金融机构,其风险处置工作由国务院金融监管部门负责,省级人民政府应予以配合,履行属地责任。财务公司发生风险事件往往与其依托的企业集团发生风险事件紧密联系,财务公司处置是集团风险处置的组成部分,在市场化处置不能有效实施、或者大型企业集团风险可能严重危害区域社会经济稳定,地方政府主导集团风险处置时,国务院金融监管部门及其派出机构应当与地方政府密切配合,参与制定处置方案,明确职责,分工配合,联合开展风险处置。国务院金融稳定发展委员会办公室地方协调机制加强统筹协调,促进中央与地方在金融监督管理、风险处置、信息共享和金融消费者权益保护等方面的协作。省级人民政府建立地方政府金融工作议事协调机制,履行属地金融监督管理职责,负责地方金融风险防范处置。两个机制应当加强协调,形成合力。省级人民政府应当加强跨区域监督管理协作和信息共享,共同打击跨区域违法违规金融活动,金融委办公室对涉及跨区域监督管理协作的事项进行统筹协调,国务院金融管理部门及其派出机构给予支持配合。财务公司发生监管指标异常波动等风险情形的,银保监会应当提出风险警示,可以约谈董事、监事、高级管理人员、主要股东、实际控制人,责令限期整改；逾期未改正，或者监管指标恶化、危及自身或者金融市场稳健运行的，区别情形按照职责分工采取下列措施：限制高风险业务，停止批准开办新业务；限制分配红利，限制董事、监事、高级管理人员的薪酬和其他收入；限制资产转让、控制重大交易授信，责令出售部分资产、降低杠杆率；发生影响持续经营的事件、情形的，责令对资本等损失吸收工具实施减记或者转股；停止批准增设分支机构；责令按照恢复与处置计划等要求限期补充资本；责令调整负有责任的董事、监事、高级管理人员或者限制其权利；责令负有责任的股东转让股权或者限制其股东权利。为处置金融风险，处置部门可以依法对财务公司及其所属企业集团实施促成重组、接管、托管、撤销或者申请破产，实现被处置对象恢复正常经营或者平稳有序退出。被处置财务公司及其主要股东、实际控制人承担风险处置的主体责任，被处置金融机构应当穷尽手段自救、切实清收挽损，被处置金融机构的股东依法吸收损失；省级人民政府负责处置辖区内农村合作金融机构风险、非金融企业引发的金融风险以及按照国家金融稳定发展统筹协调机制要求牵头处置的其他金融风险。被处置财务公司、企业集团、实际控制人应当严格执行应急处置方案规定的各项措施，相关金融基础设施应当服从风险处置安排，维持稳健运营。国务院金融管理部门实施金融风险处置可以区别情形依法采取：行使被处置金融机构的经营管理权；向第三方机构转移被处置金融机构的部分或者全部业务、资产和负债；设立过桥银行、特殊目的载体承接被处置金融机构的业务、资产和负债；暂停合格金融交易的终止净额结算；责令更换对风险发生负有主要责任的董事、监事、高级管理人员及其他责任人员，追回绩效薪酬；被处置金融机构符合国务院金融管理部门规定条件的，实施股权、债权减记和债转股；中止被处置金融机构向境外汇出资金，要求被处置金融机构调回境外资产；处置系统重要性金融机构的，要求所属集团的境内外机构提供必要支持，维持关键金融服务和功能不中断；法律、行政法规规定或者国务院批准的其他处置措施。根据金融风险处置工作的需要，处置部门可以向人民法院申请对以被处置金融机构为当事人的民事诉讼案件进行集中管辖，以及向有关部门申请解除民事诉讼程序、执行程序以及商事仲裁程序中对被处置金融机构的财产和股权采取的查封、扣押、冻结等强制措施。处置部门依法实施处置的，可以向有关部门申请中止以被处置金融机构为被告、第三人或者被执行人的民事诉讼程序、执行程序，以及以该被处置金融机构为被申请人的商事仲裁程序。被处置金融机构的关联企业资产、人员、财务或者业务与被处置金融机构混同的，该关联企业适用前款关于被处置金融机构的规定。处置部门可以向有关部门申请中止以被处置金融机构股权为标的的民事诉讼程序、执行程序以及商事仲裁程序。

7.4.7 加强对财务公司高管的培训辅导

教育辅导是指监管机构定期对财务公司董事和高级管理人员进行系统政策培训和持续教育，并以考试考核的方式检验相关培训辅导的效果，目的是促进财务公司治理水平的不断提升。同时监管机构通过引导财务公司行业间的交流来促进整个行业治理水平的不断提升。可以通过行业协会，根据财务公司行业需要和实际，组织专业、系统的公司治理相关培训，帮助相关人员提高专业能力，促进财务公司提高公司治理水平。组织行业内交流，推广先进经验。宣传先进做法，促进财务公司行业公司治理的规范发展。

7.5 完善《公司法》加强法律规制

本部分探讨《公司法》对财务公司治理的规制及规制路径的选择。财务公司是依照《公司法》设立的公司，享有《公司法》规定的法人权利、承担义务。除行业特别法有不同规定外，财务公司的组织机构和公司治理遵循《公司法》的一般规定，《公司法》中的法律概念和治理规范对财务公司同等适用。

2021年12月全国人大常委会发布《公司法修订草案征求意见稿》（简称修订草案），总结我国公司制度创新实践经验，在组织机构设置方面赋予公司更大自主权。修订草案明确当对国有企业的领导，确认党组织公司治理地位。修订草案依据党章规定，明确党对国有企业的领导，保证党组织把方向、管大局、保落实的领导作用，规定："国家出资公司中中国共产党的组织，按照中国共产党章程的规定发挥领导作用，研究讨论公司重大经营管理事项，支持股东会、董事会、监事会、高级管理人员依法行使职权"（修订草案第一百四十五条）。修订草案继续坚持现行公司法关于在各类型公司中根据党章规定设立党的组织，开展党的活动，公司应当为党组织的活动提供必要条件等规定（修订草案第十七条）。突出董事会在公司治理中的地位，并根据民法典的有关规定，明确董事会是公司的执行机构（修订草案第六十二条、第一百二十四条）。根据国有独资公司、国有资本投资运营公司董事会建设实践，并为我国企业走出去及外商到我国投资提供便利，允许公司选择单层制治理模式（即只设董事会、不设监事会）。公司选择只设董事会的，应当在董事会中设置由董事组成的审计委员会负责监督；其中，股份有限公司审计委员会的成员应过半数为非执行董事（修订草案第六十四条、第一百二十五条）。进一步简化公司组织机构设置，对于规模较小的公司，可以不设董事会，股份有限公司设一至二名董事，有限责任公司设一名董事或者经理（修订草案第七十条、第一百三十条）；规模较小的公司还可以不设监事会，设一至二名监事（修订草案第八十四条、第一百三十七条）。

现行公司法在职工董事的设置方面，只对国有独资和国有全资的有限责任公司提出了要求。为更好地保障职工参与公司民主管理、民主监督，修订草案扩大设置职工董事的公司范围，并不再按公司所有制类型对职工董事的设置提出要求。修订草案规定规模较小的公司不设董事会，并规定：职工人数三百人以上的公司，董事会成员中应当有职工代表；其他公司董事会成员中可以有职工代表（修订草案第六十三条、第一百二十四条）。修订草案在现行公司法关于国有独资公司专节的基础上，设"国家出资公司的特别规定"专章：一是，将适用范围由国有独资有限责任公司，扩大到国有独资、国有控股的有限责任公司、股份有限公司（修订草案第一百四十三条）。二是，明确国家出资公司由国有资产监督管理机构等根据授权代表本级政府履行出资人职责（修订草案第一百四十四条）；履行出资人职责的机构就重要的国家出资公司的重大事项作出有关决定前，应当报本级政府批准（修订草案第一百五十二条）；国家出资公司应当依法建立健全内部监督管理和风险控制制度（修订草案第一百五十四条）。三是，落实党中央有关部署，加强国有独资公司董事会建设，要求国有独资公司董事会成员中外部董事应当超过半数；并在董事会中设置审计委员会等专门委员会，同时不再设监事会（修订草案第一百四十九条、第一百五十三条）。修订草案强化了控股股东和经营管理人员的责任。落实党中央关于产权平等保护等要求，总结吸收公司法司法实践经验，完善控股股东和经营管理人员责任制度。一是，完善董事、监事、高级管理人员忠实义务和勤勉义务的具体内容（修订草案第一百八十条）；加强对关联交易的规范，扩大关联人的范围，增加关联交易报告义务和回避表决规则（修订草案第一百八十三条）。二是，强化董事、监事、高级管理人员维护公司资本充实的责任，包括：股东欠缴出资和抽逃出资，违反本法规定分配利润和减少注册资本，以及违反本法规定为他人取得本公司股份提供财务资助时，上述人员的赔偿责任（修订草案第四十七条、第五十二条、第一百零九条、第一百七十四条、第二百零七条、第二百二十二条）。三是，增加规定：董事、高级管理人员执行职务，因故意或者重大过失，给他人造成损害的，应当与公司承担连带责任（修订草案第一百九十条）。四是，针对实践中控股股东、实际控制人滥用控制地位侵害公司及中小股东权益的突出问题，借鉴一些国家法律规定，明确：公司的控股股东、实际控制人利用其对公司的影响，指使董事、高级管理人员从事损害公司利益或者股东利益的行为，给公司或者股东造成损失的，与该董事、高级管理人员承担连带责任（修订草案第一百九十一条）。

修订草案对公司治理组织架构作出根本性调整变革，董事会、监事会、经理均不再是公司必须设置的治理机构，不同规模不同性质的公司可以根据具体实际依法自主决定公司治理机构设置。作为特殊类型公司的金融机构，同样可以根据业务特点规模大小和实际需要，在公司法允许的范围内满足在同时满足监管法条件下，优化调整内部治理设置提升治理能力。信托公司是经营金融信托业务的公司制法人，除三家上市信托公司外，绝大多数信托公司以有限公司或非上市股份有限公司形式存续。中央企业、中央金融企业、地方政府作为实际控制人的信托公司占比约80%，国有资本控股的信托公司数量上处于绝对多数，党组织公司治理主体地位法律确认，党组织与公司治理机构融合，公司法应当提供基本法律依据。

（1）财务公司财产独立于股东，享有独立的法人财产权，股东违法损害财务公司独立地位造成损害的应当承担赔偿责任

《公司法》第三条规定："公司是企业法人，有独立的法人财产，享有法人财产权。公司以其全部财产对公司的债务承担责任。有限责任公司的股东以其认缴的出资额为限对公司承担责任；股份有限公司的股东以其认购的股份为限对公司承担责任。"财务公司股东以合法资金对财务公司出资后，财务公司即取得出资财产的所有权，股东以获得财务公司股权作为对价丧失了出资财产的所有。财务公司的股东应当遵守法律、行政法规和公司章程，依法依规依章程行使股东权利承担股东义务，任何股东不得滥用股东权利损害财务公司或者其他股东的利益；股东滥用股东权利给财务公司或者其他股东造成损失的，应当承担赔偿责任。财务公司控股股东应当确保财务公司的机构、财产、人事、业务保持独立。财务公司股东行使股东权利的途径是通过股东大会根据章程确定的程序行使，尊重银行人员、财产的独立性，不得违法违规侵占挪用财务公司资金，损害机构利益。财务公司的控股股东、实际控制人、董事、监事、高级管理人员不得利用其关联关系损害财务公司利益，给财务公司造成损失的，应当承担赔偿责任。《公司法》第二十一条原则上规定了公司控股股东不得利用关联关系进行利益输送，损害公司利益。实践中出现财务公司控股股东虚假出资、循环出资、越权干预财务公司董事会、高级管理人员履职并通过不当关联交易为其输送利益等问题，这与《公司法》对控股股东行为规制不足有关。《公司法》应当正视并充分肯定控股股东在公司治理中的主体地位

并对其予以全面、系统的法律规制,设计和建构以控股股东为核心角色的公司治理结构和治理规则①,应留有空间对特殊类型公司的公司独立性提供更加完善充分的法律保障。金融实践中财务公司股东承诺承担剩余风险,是股东加重责任的体现。股东加重责任,是股东超越传统有限责任边界而承担的法律义务,但并不意味着无限责任,而是公司股东有限责任的特例,是对商行为主体加重义务的特定化。赋予股东加重责任,是公司克服固有道德风险、实现自我救助的内在要求,也是维护国家金融安全的一项制度保障。

(2) 财务公司公司治理主体及其行为规制、权力和权利义务配置需要《公司法》层面的制度保障

公司制度是现代市场经济体制的运行基础和核心要素,对市场经济的进步和完善起着关键性作用。公司制度最大的优势是突破了个人和家庭在资源调配和财富创造上的局限性,为社会经济发展提供了理想的组织架构和动力源泉。财务公司公司治理首先面对的问题是公司权力的分配,即公司治理主体和权力在各治理主体间的分配。现行《公司法》为股份有限公司治理主体设置了股东大会、董事会、监事会和经理四大公司治理主体(也称治理机关或治理机构)。但实践中,财务公司公司治理主体除上述四大主体外,还包括其他主体,具体为:中国共产党的组织、控股股东、主要股东、董事长、各类董事、董事会秘书、财务负责人、监管机构。但现行《公司法》对事实上发挥治理主体作用,行使权力的治理主体参与公司治理的法律地位未作规定。财务公司公司治理主体的法律地位需要有《公司法》上的基本根据明确财务公司公司治理主体的范围和法律地位,是特别法具体在各主体间分配权力的基础和前提。落实加强和完善党对国有企业的领导、将党的领导融入公司治理需要由法律提供保障。现行《公司法》虽然原则上规定了党组织在公司中可以开展活动,但并未明确其公司治理主体的地位,特别是对于国有及国有控股的公司(包括财务公司等金

---

① 赵旭东. 公司治理中的控股股东及其法律规制[J]. 法学研究, 2020, 42 (4): 92-108.

融机构），若要发挥党组织的政治领导作用，需要《公司法》在法律制度层面提出法律依据和法律保障。

《公司法》独任制法定代表人制度应当修订完善。现行《公司法》规定，公司法定代表人依照公司章程的规定，由董事长、执行董事或者经理担任，并依法登记，确立了单一法定代表人制度。现实中经理却是最常代表财务公司与其他业务伙伴进行交涉和磋商的主体，交易中的各项细节也通常由其来安排和确定。这体现出法律规定与社会现实某种程度的脱节。最了解交易内容的董事长可能并无代表权限，而有代表权的法定代表人却不一定充分了解交易细节，这无疑徒增了交易的成本，故而在公司治理制度设计中，理应打破现有的每个公司只有一位法定代表人的限制，而赋予经理以确定的对外代表权，使公司董事长以及经理均有权直接代表银行，即建立双法定代表人制度。法定代表人的真正含义在于其是设有法定公示系统的公司代理人。①

（3）财务公司公司章程与股东权利义务的公司法规制

公司章程是规范财务公司的组织与行为、公司与股东、股东与股东之间权利义务关系，具有法律约束力的文件。章程对财务公司及财务公司股东、董事、监事、经理和其他高级管理人员有约束力；上述人员可以依据章程提出权利主张。股东可以依据章程起诉公司；公司可以依据章程起诉股东、董事、监事、董事长（经理）和其他高级管理人员。现行《公司法》规定了公司章程对公司、股东、董事、监事、高级管理人员具有约束力。但未明确规定章程的性质、各方基于章程享有的权利，未来修法时应当予以完善。《公司法》应为财务公司股东权利义务规范提供法律基础。现行《公司法》对股东义务的规制不足，特别是对控股股东义务存在严重缺陷。由于财务公司经营的特殊性，财务公司的主要股东、控股股东对机构、其他股东负有特别的义务，股东权利受到更多的限制，特别是股东与公司间的关联交易应有更强的约束。存在控股股东的公司，《公司法》应

---

① 殷秋实. 法定代表人的内涵界定与制度定位[J]. 法学，2014（2）：14-27.

当确立控股股东对公司、其他股东负有信义义务。财务公司控股股东、实际控制人不得利用其关联关系损害公司利益，给公司造成损失的，应当承担赔偿责任。控股股东应严格依法行使出资人的权利，控股股东不得利用利润分配、资产重组、对外投资、资金占用、借款担保等方式损害公司和其他股东的合法权益，不得利用其控制地位损害公司和其他股东的利益。控股股东在行使其股东的权力时，不得因行使其表决权在下列问题上作出有损于全体或者部分股东的利益的决定：免除董事、监事应当真诚地为公司以最大利益为出发点行事的责任；批准董事、监事为自己或者他人利益以任何形式掠夺财物公司财产，包括但不限于任何对公司有利的机会。

（4）财务公司股东会运行的公司法规制与完善

《公司法》以列举方式规定了股份有限公司股东大会的职权。一个问题是股东会《公司法》上职权是否可以通过公司章程调整。《公司法》第三十七条："股东会行使下列职权：（十一）公司章程规定的其他职权。"表明除前十项职权外，公司章程可以确立哪些事项列入股东大会的职权，即董事会和经理的某些权力可以通过公司章程进入股东大会。但《公司法》明确列举的股东大会职权是否可以通过授权下放给董事会或经理？从公司法条文表述和前十项职权的内容上看，任免董事监事并决定其报酬，审议批准董事会和监事会报告，审议批准公司年度财务预算、决算、利润分配和弥补亏损方案，对公司增资、减资、合并、分立、解散、清算或变更公司形式作出决议，修改公司章程是股东作为所有者的权力，对这些职权法律应强制性规范，不允许公司章程约定排除或授权给其他治理主体；决定公司经营方针和投资计划、对发行公司债券作出决议两项职权，虽十分重大而被《公司法》规定为股东会的职权，但却并非所有者的固有权力，因此，应赋予其任意性。[①] 应当认为《公司法》对股份有限公司股东大会职权的规定总体上是强制性规范，不允许公司章程调整变通，不能授权给董事会或经理。由于财务公司股东大会权力及权利义务受到更广泛的

---

① 赵旭东. 公司法修订中的公司治理制度革新[J]. 中国法律评论，2020（3）：119–130.

约束，特别是股东大会决议涉及的事项需要监管机构的批准。《公司法》应当明确股东大会决议应当依法经过批准的，决议经批准后生效，但不影响审批前有关主体根据决议为申请批准而应当履行的义务。现行《公司法》对种类股股东行使股东权利未作规定，未来修法时应予以完善，为财务公司等发行类别股公司提供基本法律依据。

（5）财务公司董事会运行的公司法规制与完善

董事会处于公司治理的核心地位，现行《公司法》中的董事会角色和定位，受制于股东本位的倾向，在法律规范的表述中呈现出定位不明、角色不清，股东会、董事会和经理之间在许多公司事务的权力分工和界定是无法操作的。董事会职能被股东会和经理侵蚀，但是在对董事责任的追究上却与之相矛盾，在具体运作上也呈现出与应有的合议方式不相符的行为模式。[1] 财务公司董事会公司治理面临董事会权责不对等，法定的集体行权模式和董事长实际主导的相背离，董事会受控股股东过度控制，独立性不足、董事不能公平对待所有股东等治理难题。由于《公司法》董事会职权责任存在制度性缺陷，对财务公司董事会有效运行形成制度层面的障碍。财务公司董事会对公司经营管理要承担最终责任，要求董事对公司经营管理信息有全面掌握了解、董事具有较强的专业能力和履职能力，但非执行董事获取的信息依赖于执行董事、高级管理层真实完整及时提供，实践中受工作时间的限制，非执行董事往往面临信息的严重不对称，过度依赖董事长的主导和判断。同时，对特殊类型的公司董事会和管理层的权力采用法定模式。财务公司等以董事会承担经营管理主体责任的公司，法律应扩大董事会的整体权力和董事的工作性权力，将经营管理权更多赋予董事会；董事会向下授权或向上转移权力应当根据特别法和监管规范的规定。《公司法》在董事产生机制上，应当考虑到金融机构具有强外部监管的特殊性，应当赋予监管机构董事提名权；监管机构根据法律、行政法规

---

[1] 邓峰. 中国法上董事会的角色、职能及思想渊源：实证法的考察[J]. 中国法学，2013 (3)：98–108.

的规定可以直接撤换违反法律、行政法规的董事。《公司法》在董事产生的规定中，应当对此留有空间。《公司法》应当为财务公司董事及董事会治理提供更加完善的法律规制基础。

对于非上市不开展金融业务的普通类型公司，法律应当赋予公司根据自身实际选择是否设置董事会的权利。设置董事会的公司，董事会应提供不同的董事会权力配置类型由公司进行选择。将经营管理责任下放给经理层的公司，董事和董事会职责主要职责是为股东和公司利益监督公司运行，董事会的作用重在监督而非决策和执行，因此此类公司应强化董事的监督职能；设置董事会并将经营管理责任保留在董事会的公司，应赋予董事会公司决策经营管理的最终决策权，设置与之相匹配的责任和权力，改变董事会和董事权利责任不对称的制度性缺陷。

（6）财务公司监事会治理的公司法规制与革新

《公司法》效法德日设计的监事会制度，几十年运行实践已经证明该制度的彻底失败。无论大公司还是小公司、有限责任公司还是股份公司、上市公司还是非上市公司、普通类型公司还是金融机构，监事会几乎不起实质作用。实践中无论是有限公司内部的股东压制，还是上市公司的财务造假、虚假陈述等丑闻，抑或是董事、高管违法关联交易、侵占渎职等公司治理中的各种问题，极少见到监事会有效作为发挥法定的监督作用。在我国公司治理体系下，监事会的表现堪称失败。理论上均衡周到的安排实践中却饱受批评，被指形同虚设。① 监事会的设置徒增公司治理成本，挤占了公司监督机制的制度空间。学界已形成取消监事会的广泛呼声。《公司法》修改即便不彻底取消监事会制度，至少也应允许公司自主选择监事会的设置。作为财务公司公司治理的法定主体，监事会在实践同样作用十分有限。《公司法》的对监事会强制性设置增加了财务公司的治理成本，公司法的监事会规制存在制度性缺陷。特别法和监管规范又进一步加剧了

---

① 郭雳. 中国式监事会：安于何处，去向何方？——国际比较视野下的再审思[J]. 比较法研究, 2016（2）: 74-87.

监事会制度扭曲的成本，在《公司法》未对监事会制度作彻底改造和革新前，应在监管机制中尽量降低监事会制度成本，淡化对监事会作用和对监事履职的考评。

(7) 财务公司董事长、高级管理层、董事会秘书、财务负责人的公司法规制与革新

《公司法》确立了董事会以会议方式集体行使权力的基本立法模式，董事长的职权主要体现为召集和主持董事会，检查董事会决议的实施情况。在财务公司公司治理实践中，董事长个人事实上承担的公司治理责任远远超过《公司法》确立的责任。公司法在确立董事会集体行权的基本模式下，没有充分考虑董事长个人在董事会运行和公司治理中重大责任，也没有明确赋予董事长公司治理主体地位，是一个立法上的缺憾。在公司制度革新中，公司法应尊重董事长事实上的权力和作用，对董事长的权利义务、权力范围和法律责任进行公司法上的规范，确立董事长公司治理的主体地位。现行《公司法》对规定了上市公司应当设董事会秘书和独立董事，对其他类型的公司未作明确规定。金融机构作为一类特殊类型的公司，未上市的财务公司董事会秘书的职能与上市公司董事会秘书职能侧重虽有所不同，但其发挥重要作用，对此公司法对董事会秘书的规定不应仅限于上市公司，对金融机构设置董事秘书应留有空间。独立董事同样不限于上市公司，公司法应当为特殊类型公司设置包括独立董事在内的非执行董事提供基本制度依据。

财务负责人在公司治理实践中发挥十分重要的作用，财务负责人的公司治理主体地位，应当由《公司法》确立、其事实上的权力和责任应由法律予以保障和明确，特别是财务负责人与经理、董事长在财务信息报告或披露上的责任承担，《公司法》应规定基本划分原则。《公司法》上的公司高级管理人员通常指公司经理、副经理和财务负责人，《公司法》除在规定董事会和经理职权时提到高级管理层由董事会聘任、解聘、决定薪酬；经理向董事会提请聘任或者解聘公司副经理、财务负责人外，对高级管理层未再作其他规定，导致副经理、财务负责人对经理负责还是对董事会负

责十分模糊。与"总会计师制度在执行过程中存在称谓不统一、职能不明确、权限不清晰、职责不到位、地位不靠前"等诸多问题①类似，在财务公司治理实践中，副总经理与董事长、董事会、总经理的权责关系不清晰，不符合权责明晰的基本治理原则。副总经理的聘任提名权、解聘提案权并不由总经理行使，与《公司法》的规定相背离。在未来《公司法》修订中对高级管理层应当增加灵活性，根据公司是否设置董事会以及经理职权不同设置赋予公司自主设计高级管理层的产生、权责、与其他治理主体关系等。

  财务公司是特殊类型的公司，公司治理受《公司法》确立的公司治理基本制度的规制。现行《公司法》在治理主体设计和公司权力分配上存在制度层面的缺陷，与实践严重脱节，财务公司公司治理质效也因此受到影响。在革新公司法公司治理基本制度时，应为特殊类型的公司留有法律空间，提供更加科学合理、符合我国公司治理实践的制度框架。改革方向是：在《公司法》层面确立国有及国有控股公司党组织的公司治理主体地位；彻底改造监事会制度；重点规制控股股东权力滥用；增加董事会的法律拟制类型和设置选择权；确立董事长的公司治理主体地位；赋予公司自行配置经理和其他高级管理层权责；明晰并强化财务负责人和董事会秘书的法定责任。

---

  ① 丁友刚，文佑云. 我国总会计师制度建设若干问题研究——基于相关政策与法规之间冲突性与不完善性的思考[J]. 会计研究，2012（8）：72-77.

第 8 章 基于治理监管框架的治理监管政策研究

在对财务公司治理监管框架进行分析后，为确保财务公司治理监管框架的顺利开展，本章基于财务公司治理评估和监管框架所确定的基本原则和目标，重点就落实监管框架的治理监管政策进行阐述，对照 2021 年《治理准则》，分析财务公司治理监管政策。

研究财务公司治理监管政策，首先需要明确研究的维度和内在逻辑。从治理监管政策的制定和治理监管政策的实践上来看，可以分为机构监管与机制监管两个相互区别又内在统一的维度。公司治理在根本上来说是将治理主体和主体行为机制两个根本点作为研究和讨论的基础。对财务公司治理监管政策进行研究，首先有必要划分清晰的层次和选择准确的研究视角。任何监管政策的出台都必然绕不过执行主体（"三会一层"等公司治理机构）及政策执行的各种机制。机制本质上是主体间一系列运行的相互关系。因此将财务公司治理监管政策讨论分析划分为机构监管与机制监管两个维度，符合分析研究问题的一般规律。

为了清晰地观察探究企业财务公司治理监管的政策架构，本书将财务公司治理监管分为财务公司治理机构监管和机制监管两大方面。财务公司治理机构的监管，是指财务公司根据《公司法》设置的对公司组织治理机构的监管，包括股东（权）监管、董事会监管、监事会监管和高级管理层监管。财务公司治理机制的监管，是指对财务公司治理过程中的基本制度、重要规则、具体流程及权责分配与制衡进行的监管，主要包括风险管理机制监管、合规管理机制监管、内部控制机制监管、信息科技治理机制监管、激励约束机制监管。

机构监管与机制监管的分类是阐述财务公司治理监管政策的分析需要，在监管政策的制订和治理监管过程中，不必也不需要做出此类区分。机构监管是机制监管的载体，机制监管是机构监管的体现，两者是一个政策分析框架的两个方面，相辅相成，不可分割，共同构成财务公司治理监管的基本构成要素。

首先，在机构监管与机制监管的关系中，机构监管是机制监管的基础和载体。财务公司公司治理机构设置健全，机构人员配置符合规定，这是机制监管的基础。如果治理机构本身存在设置缺陷或存在违法违规现象，那么机制监管就失去了依托，从而丧失了根本价值。机构监管以合法合规为治理监管核心，机制监管以机构存在为前提，机构监管与机制监管共同构成治理监管的完整系统。

第二，机制监管的最终落脚点和监管效果由机构监管体现。机制的有效性最终由监管评估和经营绩效体现。财务公司的治理机制有效性是机制监管的目的，同时也是机构监管的目的，两者在监管目标上具有统一性。机制监管与机构监管相辅相成，相互促进，机构监管的成效最终由机制运行来有效表现，机制治理监管的成效反作用于机构监管的合法合规性目标。

第三，机制监管与机构监管统一于监管政策和政策实施评估的全过程。在财务公司治理监管政策的制订、实施、评估是一个不可分割的整体，监管机构通过机构监管落实监管政策，通过机制监管检验监管政策的实施效果，机构监管与机制监管互相影响，相互促进，共同服务于财务公司治理监管的目标。

8.1　企业集团财务公司治理机构监管

8.1.1　治理监管目标

良好的公司治理基础和前提是建立真实的公司治理架构，各公司治理主体不是形式意义上的存在，而应当是实质意义上承担独立责任的机构。财务公司作为独立法人和金融机构，应当按照法律建立包括股东会、董事会、监事会、高级管理层等治理主体在内的公司治理架构，按照监管规则、公司章程和其他法定和约定规范性文件，明确公司各治理主体的职责边界、履职要求，完善风险管控、制衡监督及激励约束机制，为不断提升公司治理水平建立基础。《治理准则》提出十条良好的公司治理标准，具体包括：清晰的股权结构；健全的组织架构；明确的职责边界；科学的发展战略；高标准的职业道德准则；有效的风险管理与内部控制；健全的信息披露机制；合理的激励约束机制；良好的利益相关者保护机制；较强的社会责任意识。财务公司股东、董事、监事、高级管理人员等各司其事，遵守法律法规、监管规定和公司章程，按照各司其职、各负其责、协调运转、有效制衡的原则行使权利、履行义务，维护公司合法权益。股东、董事、监事、高级管理人员等治理主体或相关人员不得以干扰股东大会、董事会、监事会会议正常召开等方式妨碍公司治理机制的正常运行，不得损害公司利益。

8.1.2 加强并完善党建工作监管

党的领导是中国特色金融机构公司治理的显著特征。党的组织发挥把方向、管大局、保落实的领导作用，重点管政治方向、领导班子、基本制度、重大决策和党的建设，承担从严管党治党责任。重大经营管理事项必须经党委研究讨论后，再由董事会或高级管理层作出决定。监管规范应当把党的领导融入财务公司治理，进一步制度化、规范化、程序化，明确规定党组织在公司治理的主体地位。国有及国有控股财务公司要把党组织内嵌到公司治理结构之中，实现党的领导与公司治理一体化。国有及国有控财务公司构应当按照有关规定，将党的领导融入公司治理各个环节，持续探索和完善中国特色现代金融企业制度。党组织参与公司治理具体方式由公司章程约定经监管机构审查批准。应不断完善双向进入、交叉任职领导体制，国有及国有控股公司应制订党委前置研究重大经营管理事项清单并严格落实。公司章程应建立健全党委会与董事会、监事会等治理主体之间的事前、事中和事后沟通机制，确保党的组织能够凝聚各方共识，切实发挥把方向、管大局、保落实的领导作用。民营和外资控股的财务公司也应当依法建立党的组织机构，确认党组织的公司治理主体地位，在公司章程中明确规定党组织的工作内容、工作程序及相应权责。党组织是财务公司治理的有机组成部分，党组织的机构设置、职责分工、工作任务纳入公司的管理体制、管理制度、工作规范。财务公司应坚持和完善双向进入、交叉任职的领导体制，符合条件的党组织的成员和董事会、监事会、高级管理层成员交叉任职。党组织在公司内发挥政治核心作用和领导核心作用，公司董事会决策公司重大问题，应先听取党组织的意见，涉及国家宏观调控、国家发展战略、国家安全等重大经营管理事项，董事会将党组织研究讨论意见作为重要决策依据，并据此作出决策。财务公司符合条件的党委班子成员应当通过法定程序进入董事会、监事会、高级管理层，董事会、监事会、高级管理层中符合条件的党员可以依照有关规定和程序进入党委。党委书记、董事长一般由一人担任，党员总经理一般担任副书记。

国有及国有控股财务公司应当将党建工作要求写入公司章程，列明党组织的职责权限、机构设置、运行机制、基础保障等重要事项，落实党组织在公司治理结构中的法定地位。监管机构应当对此进行监督检查。国有及国有控股财务公司公司治理过程中，对于重大问题、重要经营管理事项，在提交公司董事会、高级管理层决议之前，应首先经党组织通过会议形式研究讨论，党组织研究决定否决的，该问题、该事项不再进入董事会、高级管理层进行决议。党组织研究通过的，在正式提交董事会、高级管理层决议前，董事会、高级管理层中的党组织成员应当先就党组织的意见和建议与其他成员进行沟通。正式提交董事会、高级管理层决议时，董事会、高级管理层中的党组织成员应当充分表达党组织的意见和建议，并在决议后将结果及时向党组织报告。若发现拟作出的决议可能违反党的路线方针和国家法律法规，可能损害国家、社会公众利益和公司、职工的合法权益时，应及时通过个人提出撤销或者暂缓决议的意见、向党组织反馈意见和报告上级党组织等方式进行纠正。监管规范应当对党组织参与国有及国有控股机构公司治理的实现路径提供基本法律规范和法律保障，党的领导内嵌于公司治理应当在法律框架内运行，法律法规与党的规范应当有效衔接，共同服务于财务公司治理能力的提升，确保党的领导作用的实现。

国有及国有控股财务公司应当不断健全党委领导下以职工代表大会为基本形式的民主管理制度，重大决策应当听取职工意见，涉及职工切身利益的重大问题必须经过职工代表大会或者职工大会审议，保证职工代表依法有序参与公司治理。民营企业集团控股的财务公司要按照党组织设置有关规定，建立党的组织机构，积极发挥党组织的政治核心作用，加强政治引领，宣传贯彻党的路线方针政策，团结凝聚职工群众，维护各方合法权益，建设先进企业文化，促进公司持续健康发展。国有背景财务公司应当在公司章程中明确党组织的治理主体地位，明确党组织领导成员与董监高双向进入交叉任职机制和程序，列明需要党组织前置讨论决策事项，建立党组织"三重一大"决策机制并作为章程附件。民营和外资背景财务公司应当在章程中载明党组织公司治理主体地位，党组织应当履行的工作职责。进一步完善党的领导与公司治理融合的相关评估指标并适度提高权重；推动相关机构党组织严格实行民主集中制，坚决惩治和预防腐败，积极支持职代会和工会依法开展工作。

8.1.3 主要股东和实际控制人行为

股权监管在监管体系中的核心地位。在金融法人机构治理监管的政策和执行过程中，股权监管在监管体系中处于全局性和基础性的地位，是最重要的公司治理监管领域，也是整个金融机构监管的核心。对于财务公司这类特殊的金融机构来说，股权监管的重要性更加突出，是包括治理监管在内的外部监管的关键。财务公司股权监管主要包括股东资格监管、股东行为监管、股权结构监管、股东会运行监管、关联关系与关联交易监管、企业集团治理监管六个方面。这六个方面相互联系，相辅相成，共同构成财务公司股权的完整体系。监管机构在治理监管政策的制订和依法依规开展治理监管的过程中，应着重从以上六个方面制订并根据实践发展不断调整监管政策，服务财务公司监管目标。

（1）股东准入及资格维持监管

从财务公司治理评估情况看，财务公司的股东尤其是作为股东的企业集团是影响财务公司治理的最重要因素。从统计上看，企业集团的母公司或母公司直接控股的上市公司作为财务公司股东是财务公司行业的基本特征。因此对于企业集团及其他股东的准入和维持资格的监管是股东监管的重要内容。目前，《企业集团财务公司管理办法》对申请设立财务公司的企业集团的资格进入在总体上进行了规定，在资产规模、净资产、注册资本、利润额等方面具有明确的金额限定。但目前的规定标准比较宽泛，随着我国经济发展和大型企业集团的快速崛起，超过设立标准的企业集团越来越多，这使目前的准入标准应做动态调整。在股东资格准入方面，已有的规定有待继续细化，对企业集团经营管理等各方面制定定量和定性评估标准，进一步明确细化财务公司股东资格要求，并对弄虚作假的企业集团或股东进行严厉惩戒。监管机构应根据实际需要加紧出台《财务公司股东管理办法》，对财务公司股东资格、变化调整、股权转让等作出明确具体规定，补足制度短板。

股权管理应当遵循分类管理、优良稳定、结构清晰、权责明确、变更有序、透明诚信原则。银保监会遵循审慎监管原则，对财务公司股权实施穿透监管。监管机构依法对财务公司股权进行监管，对财务公司及其股东等单位和个人的相关违法违规行为进行查处。监管范围应对从财务公司延伸到股东、实际控制人及关联方、相关责任个人。投资人入股财务公司，应当事先报国务院银行业监督管理机构或其派出机构核准。投资人拟作为公司主要股东的，应当具备持续的资本补充能力，并根据监管规定书面承诺在必要时向公司补充资本。投资人拟作为公司主要股东的，应当逐层说明其股权结构直至实际控制人、最终受益人，以及与其他股东的关联关系或者一致行动关系。投资人应当使用来源合法的自有资金入股公司，不得以委托资金、债务资金等非自有资金入股。监管机构可以按照穿透原则对自有资金来源进行向上追溯认定。投资人不得委托他人或接受他人委托持有财务公司股权。

　　股东资格维持监管。此外如针对企业集团设立财务公司后，因经营不善而逐渐萎缩甚至走向停业或破产，监管机构应根据股东经营和资产变化及时出台企业集团的财务公司市场退出措施。企业集团公司治理水平和治理能力对财务公司治理同样产生影响，将企业集团本身治理纳入整体监管范畴，是股东资格监管的重要方面，相关监管政策需要健全和完善。现阶段企业集团经营状况与财务公司经营监管的关联性不足，在财务公司成立后，对企业集团的财务和经营情况的监管制度不够健全，应进一步完善，出台专门的财务公司股东资格维持标准。现阶段监管机构对财务公司所处企业集团的经营管理的监管仍是薄弱环节，对企业集团的监管要求及企业集团经营状况与财务公司监管联动监管机制尚未建立，整体监管原则在政策制定和执行中有待进一步贯彻和体现。财务公司章程中对股东会、董事会、监事会、高级管理层的组成和职责等作出安排，明确公司及其股东、董事、监事、高级管理人员等各方权利、义务。应当要求财务公司在公司章程中规定，主要股东应当以书面形式公司作出在必要时向其补充资本的长期承诺，作为公司资本规划的一部分，并在公司章程中规定公司制定审慎利润分配方案时需要考虑的主要因素。股东应当按照公司法等法律法规、监管规定和公司章程行使股东权利。财务公司应当支持股东之间建立沟通协商机制，推动股东相互之间就行使权利开展正当沟通协商，公平对待所有股东，保障股东特别是中小股东对公司重大事项的知情、参与决策和监督等权利。当财务公司所属企业集团及集团重要关联方发生信用危机或流动性危机，或企业集团陷入经营困境时，监管机构应当限制财务公司业务范围，根据危机情况，行使被处置金融机构的经营管理权、责令向第三方机构转移部分或者全部业务、资产和负债；责令更换对风险发生负有主要责任的董事、监事、高级管理人员及其他责任人员，追回绩效薪酬。

(2) 股东行为监管

股东行为监管以《公司法》的规定为基础，全面强化对股东特别是作为财务公司实际控制人的企业集团股东的行为监管。在股东行为监管方面，监管机构着重关注作为财务公司实际控制人的企业集团是否依法合规地行使股东权利。企业集团对财务公司股权的处置是否合规，股东是否不正当干预财务公司经营决策，是否违规通过关联交易获取不正当利益。企业集团作为财务公司实际控制人或主要股东对财务公司管理、领导、考核应通过公司治理机构按治理程序行使，不能通过直接发布行政命令或利用控制地位直接干预财务公司业务开展，这是对股东行为的约束与限制，确保所有权与经营权的分离与独立运行，保证权力机构与决策机构的分权制衡原则的贯彻落实。《企业集团财务公司管理办法》和《治理准则》均要求主要股东做出书面承诺，在财务公司出现支付困难的紧急情况发生时，主要股东（企业集团）应承诺向财务公司增加资本，这实际上是对股东责任的加重，是股东仅以出资为限承担有限责任的突破。根据监管规范，股东在金融业机构出现支付危机时承担补充资本金的救助责任，是一种无附加条件的单方承诺义务，不以股东过错为前提。财务公司股东应当使用来源合法的自有资金入股，不得以委托资金、债务资金等非自有资金入股，股东持股比例和持股机构数量符合规定，不得委托他人或者接受他人委托持股；财务公司股东按照法律法规及监管规定，如实向公司告知财务信息、股权结构、入股资金来源、控股股东、实际控制人、关联方、一致行动人、最终受益人、投资其他金融机构情况等信息；股东的控股股东、实际控制人、关联方、一致行动人、最终受益人发生变化的，相关股东应当按照法律法规及监管规定，及时将变更情况书面告知财务公司；股东发生合并、分立，被采取责令停业整顿、指定托管、接管、撤销等措施，或者进入解散、清算、破产程序，或者其法定代表人、公司名称、经营场所、经营范围及其他重大事项发生变化的，应当按照法律法规及监管规定，及时将相关情况书面告知财务公司；股东所持股份涉及诉讼、仲裁、被司法机关等采取法律强制措施、被质押或者解质押的，应当按照法律法规及监管规定，及时将相关情况书面告知财务公司；股东及其控股股东、实际控制人不得滥用股东权利或者利用关联关系，损害公司和其他股东及利益相关者的合法权益，不得干预董事会、高级管理层根据公司章程享有的决策权和管理权，不得越过董事会、高级管理层直接干预公司经营管理；财务公司发生风险事件或者重大违规行为的，股东应当配合监管机构开展调查和风险处置。财务公司股东和实际控制人不得强令财务公司违规开展业务、不得强令财务公司违规承兑票据、违反监管规定提供担保或开展贴现业务。企业集团应当支持财务公司依法合规经营，依法合规向监管机构报送资料数据，发生重大变化及时告知财务公司。

（3）股权结构监管

财务公司股权结构监管是治理监管的重要组成部分，是全面提高治理监管效能的重要领域。财务公司的股权调整和变更应满足现行有效的监管规范，事前向监管机构报送股权变更方案，准确完整地提交股东信息，建立更加严格的财务公司股权变更、质押等处分行为的监管制度。鼓励财务公司引入具有金融专业能力的战略投资者，进一步优化财务公司股权结构，克服财务公司股权过于集中而外部制衡不足的问题。对于引入战略投资者的财务公司在治理评估上要有所体现。鼓励小股东积极参与公司治理，适当增加股东间制衡作用，加强股东会的作用。财务公司所在的企业集团或其实际控制的企业持有其他金融机构股权的，应根据穿透原则全面向监管机构准确报告。应建立监管机构间的联合监管机制，对财务公司与企业集团所实际控制的其他金融机构发展的关联交易进行整体监管，防控金融风险。越来越多的企业集团将产融结合作为其发展战略，从产业进入金融领域，除财务公司外控股或参与多家金融机构，财务公司与集团参与控股的金融机构间的同业业务，易滋生合规风险，监管机构因存在关联关系应给予特别关注。目前，关于财务公司与其具有关联关系的金融机构同业合作的领域，监管机构尚未建立有效的监管政策，是一个监管短板，应尽快完善这一领域的监管政策。控股上市公司的企业集团，应当将逐步将财务公司纳入上市公司资产，不断增强财务公司经营管理透明度。应当保证财务公司股权层级和管理层级，整体上市的企业集团应当将财务公司纳入上市公司，直接由上市公司控股财务公司。未整体上市的企业集团，财务公司股权层级不应低于二级单位。

（4）股东会运行监管

由于财务公司股东终极控制权的单一性，造成股东会功能作用弱化，在未引入外部股东的情况下，股东会运行往往流于形式。在对股东会运行监管方面，治理监管的重点是股东会运行在形式上必须符合《公司法》的规定和《治理指引》的基本要求，确保股东会作为财务公司权力机构的地位不被集团职能部门替代。在财务公司向产业链金融服务机构演变的过程中，财务公司股东会治理的规范性程度需要不断提升，监管机构应根据财务公司监管评级情况制订股东会运行的指引性规定，完善股东会的董事提名和薪酬决定职权的履行制度。财务公司股东有企业集团外部的股东时，监管机构应建立保障外部股东履职的政策制度，建立外部股东单独报告机制，鼓励外部股东积极参与股东会决策，加强股东间制衡作用。金融监管机构应当加强对财务公司股东的穿透监管，加强对主要股东及其控股股东、实际控制人、关联方、一致行动人及最终受益人的审查、识别和认定。财务公司股东或其控股股东、实际控制人、关联方、一致行动人、最终受益人等存在虚假出资、出资不实、抽逃出资或者变相抽逃出资的；使用委托资金、债务资金或其他非自有资金投资入股的；委托他人或接受他人委托持有公司股权的；未按规定进行报告的；拒绝向公司、国务院银行业监督管理机构或其派出机构提供文件材料或提供虚假文件材料、隐瞒重要信息以及迟延提供相关文件材料的；违反承诺、公司章程或协议条款的；监管机构根据《中华人民共和国银行业监督管理法》第三十七条规定，可以限制财务公司股东参与经营管理的相关权利，包括股东会召开请求权、表决权、提名权、提案权、处分权等。

（5）关联关系与关联交易监管

财务公司治理结构中一个突出特点是客户与股东身份的重合，财务公司服务对象范围的特定性决定了财务公司提供金融服务的业务大部分表现为关联交易。随着财务公司延伸产业链金融服务试点的开展，财务公司服务对象将逐步扩展到企业集团上下游企业。财务公司股东特别是作为实际控制人的企业集团，为扩大融资规模，通过设立由其控制的关联公司，以非真实贸易的手段，通过财务公司获取银行信贷资金。此种类型的关联关系和关联交易不符合财务公司的监管定位，容易导致金融风险的传递。但目前的监管政策关于关联关系的监管存在空白，对企业集团或成员单位用体系控制内的企业与成员单位开展非真实交易，并通过财务公司以票据等方式开展融资的监管在监管政策上存在缺失，应根据实践发展适时调整完善相关政策，根据实质重于形式的原则进行全面监管。

（6）企业集团治理监管

有研究表明，企业集团公司治理状况对财务公司治理具有影响。在目前的财务公司治理监管中，涉及企业集团治理情况的监管政策存在缺失，监管机构对财务公司背后依托的企业集团治理信息和评估不足，企业集团治理对财务公司的治理监管和治理评估缺乏相关政策支持。《企业集团财务公司管理办法》第七条"（七）母公司具有健全的公司法人治理结构，未发生违法违规行为，近3年无不良诚信记录"缺失具体的操作和评估标准，在财务公司成立后，母公司法人治理应保持持续监管，但目前仍缺少相应的政策和实施制度，需要加以弥补和完善。在实践中，部分中央企业和地方国有企业集团设立的财务公司很多由其集团财务部或结算中心演变而来，财务公司部分员工具有双重身份，这直接导致财务公司机构独立性弱化，集团公司将财务公司按其内部职能部门的管理方式进行管理，财务公司股东会治理停留在纸面或仅为应对外部监管的层面。财务公司作为非银行金融机构，目前的监管政策对财务公司机构独立性强调不足，对于财务公司与集团职能部门交叉重合的监管政策不明确，应从制度层面上予以明确。董事长是处理股权事务的第一责任人。财务公司构应当坚持独立自主经营，建立有效的风险隔离机制，采取隔离股权、资产、债务、管理、财务、业务和人员等审慎措施，实现与大股东的各自独立核算和风险承担，切实防范利益冲突和风险传染。

8.1.4 董事和董事会监管

高效率的董事会是中国特色信托公司治理的中心要素。20世纪初以来，世界各国公司治理模式普遍由股东会中心主义向董事会中心主义转变，董事会在公司战略决策中的核心地位不断得到确立和巩固。董事会依据法律法规和公司章程，独立行使在重大决策、选人用人、风险管理、薪酬激励、外部审计等方面的职责并承担相应责任，成为受到广泛认可的公司治理良好实践。《二十国集团/经合组织公司治理原则》对董事会职责特别重视，明确要求确保董事会对公司的战略指导、对高管层的有效监督，以及董事会对公司和股东的责任。该原则还强调，董事会应当重视并公平对待员工、债权人、客户、供应商和地方社区等利益相关者。巴塞尔银行监管委员会2015年修订的《银行公司治理原则》，也强调了银行机构董事会的专业性要求以及董事会在战略和风险管理、监督高管层、薪酬激励等方面重要职责。科学有效的监管是中国特色银行保险业公司治理的重要保障。《二十国集团/经合组织公司治理原则》在引言中强调，有效监管是一个经济体中良好公司治理框架的重要前提。对于金融机构公司治理来说，有效监管更是不可或缺的重要保障。2008年国际金融危机表明，低效的公司治理往往是引发金融风险的主要原因。

董事与董事会治理监管方面，董事会是法人的执行机构，董事会决策和行为应体现股东会意志。同时由于董事由股东会选举，董事席位和提名董事占比事实上决定了股东对公司的控制程度。董事会是公司治理权力制衡机制发挥作用的关键。董事会以集体决策集体形式权力为基本原则，但董事个人亦有权要求高级管理层全面、及时、准确地提供反映公司经营管理情况的相关资料或就有关问题作出说明；董事应当按时参加董事会会议，对董事会审议事项进行充分审查，独立、专业、客观地发表意见，在审慎判断的基础上独立作出表决；对董事会决议承担责任，董事在履行职责时，应当对公司和全体股东负责，公平对待所有股东而不能仅考虑提名股东意志和利益。在独立董事规范方面，财务公司应当建立独立董事制度。公司治理机制重大缺陷或公司治理机制失灵的，独立董事应当及时将有关情况向监管机构报告。独立董事应当就重大关联交易、董事的提名、任免以及高级管理人员的聘任和解聘、董事和高级管理人员的薪酬、利润分配方案、聘用或解聘为公司财务报告进行定期法定审计的会计师事务所、其他可能对公司、中小股东、金融消费者合法权益产生重大影响的事项、法律法规、监管规定或者公司章程规定的其他事项发表客观、公正的独立意见。董事会职权由董事会集体行使。公司法规定的董事会职权原则上不得授予董事长、董事、其他机构或个人行使。某些具体决策事项确有必要授权的，应当通过董事会决议的方式依法进行。授权应当一事一授，不得将董事会职权笼统或永久授予其他机构或个人行使。

董事会处于公司治理的核心地位，现行《公司法》中的董事会角色和定位，受制于股东本位的倾向，在法律规范的表述中呈现出定位不明、角色不清，股东会、董事会和经理之间在许多公司事务的权力分工和界定是无法操作的。董事会职能被股东会和经理侵蚀，但是在对董事责任的追究上却与之相矛盾，在具体运作上也呈现出与应有的合议方式不相符的行为模式。董事应当能够对信托机构决策作出独立、专业的判断，执行董事、高级管理人员和其他管理人员，应当向董事、董事会全面完整及时报送与董事决议和履行职责相关的公司经营管理信息。董事因履行职责需要，有权要求高级管理人员其他相关人员全面、及时、准确地提供反映公司经营管理情况的相关资料或就有关问题作出说明，高级管理人员和相关人员必须如实提供、如实说明。董事应对董事会决议承担责任，董事明知相关决议严重违反监管规定、损害银行合法权益仍签字同意的，应承担相应赔偿责任。董事应如实向商业银行董事会、监事会以及国务院银行保险监督管理机构报告兼职、关联关系情况，不得在与所任职机构存在利益冲突的机构兼职。财务公司董事会对经营和管理承担最终责任。在决策、执行与监督职能的划分方面应强调董事会的决策职能，即董事会的主要功能是对公司经营管理中的重大事项进行决策。董事会承担决策职能的主要定位与承担经营和管理最终责任相适应。董事会决策权责、股东会权责与公司高级管理层权责划分是信托法规制董事会治理的核心。在一股独大的股权结构模式下，确保董事会独立性，为公司整体利益服务而不受控股股东不当干预是对董事会治理监管的关键。董事会集体行使权力应承担的集体责任与董事履行职务应承担的个人应当有明确划分。

（1）董事会的治理监管在财务公司机构治理监管中处于核心地位

董事会是财务公司治理的核心，董事的职责主要包括决策、监督、服务以及资源支持。董事会是依法由股东（大）会选举产生，代表公司并行使经营决策权的公司常设机关，是公司治理权力配置中最重要的治理机构。在金融机构、上市公司的治理及治理监管中处于最重要的地位，董事会与股东会权力的分离是现代公司制度的基础。经济合作与发展组织（OECD）在公司治理原则中指出，公司治理框架应当确保董事会对公司的战略指导和对经理层的有效监督，并向公司和股东承担责任。尽管有学者研究认为董事会在作出公司的重大决策和监督经理层时，作为会议机关存在缺陷，[①] 但董事会作为大型公司决策机构与公司最高权力执行机构，并在公司治理机制中发挥核心作用的特点仍然得到了各国《公司法》的确认，董事会的核心地位没有发生根本动摇。《治理指引》在关于董事会治理方面明确指出，"董事会对股东大会负责，对商业银行经营和管理承担最终责任"。上述规定表明监管机构将董事会作为承担银行业公司治理的最终责任主体。《商业银行内部控制指引》规定"董事会负责保证商业银行建立并实施充分有效的内部控制体系，保证商业银行在法律和政策框架内审慎经营"，表明了董事会在银行业公司内部控制方面的最终责任。从理论上来说董事会治理成为包括金融机构公司治理在内的公司治理和治理监管的核心，根本上源于所有权与经营权分离产生的代理问题。公司股东以获取投票权的方式将财产的实际使用权让渡给公司管理者，从而天然产生了利益冲突，股东的期望与代理人实际行为之间的差距就构成了代理成本。大型公司和金融企业的公司治理都将董事会集体作为第一层代理关系

---

① 谢增毅. 董事会委员会与公司治理[J]. 法学研究，2005（5）.

中的关键主体，因此董事会的职权、运行、监督和董事的任免考核就成为整个治理的关键，同时也构成了治理监管的重中之重。财务公司在我国作为非银行金融机构，处于产业与金融的连接环节，董事会治理处于财务公司治理监管中的机构监管的核心地位。

（2）董事会权责履行监管

财务公司董事会监管以监管董事会是否全面尽职履责为中心，以董事诚信义务的履行和是否真实有效履职为重点。董事会是一个公司的内设机构，根据我国《公司法》，董事会成员由自然人组成，董事会就决策事项实行投票制，每名董事享有同等的投票权。巴塞尔委员会将董事会对战略目标的制订和执行负有最终责任的原则作为银行业公司治理的原则。《治理指引》在董事会责任方面重点强调了董事会在商业银行战略规划制订、资本充足、信息披露、财务报告、保护存款人和利益相关者利益、风险管理政策制度和有效监管高级管理人员等方面的责任。OECD《公司治理原则》将董事会能够独立客观判断和行使权力作为一项重要原则予以强调。监管机构要求财务公司按照《公司法》和《商业银行公司治理指引》等有关规定设立"三会一层"组织架构，各治理主体职责边界清晰，符合独立运作、有效制衡原则，董事会下设必要的专业委员会，要求财务公司董事会具有完备的议事规则和制度，并严格依照议事规则和决策程序定期召开会议履行职责，相关档案资料保存完整，要素齐备。董事会职权由董事会集体行使。《公司法》规定的董事会职权原则上不得授予董事长、董事、其他机构或个人行使。某些具体决策事项确有必要授权的，应当通过董事会决议的方式依法进行。授权应当一事一授，不得将董事会职权笼统或永久授予其他机构或个人行使。财务公司董事会应当建立并践行高标准的职业道德准则。职业道德准则应当符合公司长远利益，有助于提升公司的可信度与社会声誉，能够为各治理主体间存在利益冲突时提供判断标准。

财务公司董事会权责监管的核心要点包括董事会权责是否清晰，董事会是否依照制度真实履行职责和承担财务公司的最终决策责任。由于财务公司公司治理的特殊性，在对董事会治理的评估和监管中，应充分考虑财务公司本身的特殊性,应与商业银行董事会治理监管加以区别。在财务公司股东中没有企业集团外部股东的情况下,《治理指引》提出的鼓励董事会设置专业委员会和独立董事的规定,与财务公司董事会治理实践存在差距。在财务公司全部董事来自同一实际控制人的情况下,董事会设置专业委员和独立董事的实际作用并不明显,应加强对董事本人专业能力和金融从业经验的考察,外部监管应鼓励企业集团股东选聘有金融行业管理经验的人员担任公司董事,并在治理评估上予以体现。财务公司董事会职责的真实履行,一方面体现在董事实际承担决策和监督管理层的责任,董事会权责在实质上未被其他机构和人员取代。另一方面,适度关注董事会运行程序的规范性和有效性,程序规范的适当与否直接影响职责的履行和作用的发挥。财务公司董事会应当监督财务公司发展战略的贯彻实施,定期对发展战略进行重新审议,确保发展战略与经营情况和市场环境的变化相一致。董事会治理监管应重点监管董事会在决策职能承担方面中责任的履行,确保企业集团通过董事会贯彻发展战略。董事会负责制订发展战略,发展战略应当具备科学性、合理性和稳健性,明确市场定位和发展目标,体现差异化和特色化。

(3) 董事责任的承担

董事对公司负有忠实、勤勉义务,尽职、审慎履行职责,并保证有足够的时间和精力履职。在董事资格监管方面,由于设立财务公司的企业集团很多都未涉足金融领域,企业集团内部缺乏金融领域相关专业人才,监管机构应制定相关政策,如股东企业集团从外部通过市场化方式选聘董事,在监管评级政策上对于有金融从业经历的人员给予政策倾斜。董事对公司应承担忠实勤勉义务。规范化的董事责任的内容和标准是公司治理的基本规则。[①] 在对财务公司董事义务监管方面,监管机构应特别注重董事勤勉义务的真实履行情况,财务公司董事应保持必要的专业独立性,坚持独立判断并平衡股东、公司和利益相关者利益。《股份制商业银行董事会

---

① 王红一. 从银行公司治理的特殊性看银行董事的责任[J]. 法学, 2007 (10): 108 – 115.

尽职指引》明确规定:"董事对商业银行及全体股东负有诚信与勤勉义务。董事应当按照相关法律、法规、规章及商业银行章程的要求,认真履行职责,维护商业银行和全体股东的利益。"财务公司董事同样应该参照上述规定履行董事义务并接受监管机构监管。财务公司董事持续关注公司经营管理状况,要求高级管理层全面、及时、准确地提供反映公司经营管理情况的相关资料或就有关问题作出说明。董事应当按时参加董事会会议,对董事会审议事项进行充分审查,独立、专业、客观地发表意见,在审慎判断的基础上独立作出表决,并对董事会决议承担责任。董事对高级管理层执行股东大会、董事会决议情况进行监督;积极参加公司和监管机构等组织的培训,了解董事的权利和义务,熟悉有关法律法规及监管规定,持续具备履行职责所需的专业知识和能力;董事在履行职责时,对公司和全体股东负责,公平对待所有股东;公司董事应当遵守法律法规、监管规定和公司章程。公司董事会除具有公司法确定的权责外,董事会负责公司信息披露,并对会计和财务报告的真实性、准确性、完整性和及时性承担最终责任。董事会承担资本管理和杠杆率管理的首要责任,设定风险偏好和资本充足目标,审批并监督资本规划的实施,审批资本计量高级方法实施事项,履行金融监管机构规定的资本管理职责。董事会对管理层制定的经营损失准备管理制度及其重大变更进行审批。董事会决定高级管理薪酬,但该决定须符合国家有关规定。董事会承担股权事务管理的最终责任。董事长是处理公司股权事务的第一责任人。董事会应当就注册会计师对财务报告出具的有保留意见的审计报告向股东会作出说明。董事会根据工作需要设置专门委员会。

(4) 执行董事与非执行董事区别监管

执行董事是指在公司除担任董事外,还承担高级管理人员职责的董事。非执行董事是指在公司不担任除董事外的其他职务,且不承担高级管理人员职责的董事。不同财务公司的规模存在差异,财务公司董事会规模大小也存在很大不同。董事会规模和结构对商业银行经营绩效能够产生一定程度的影响。目前监管政策未将财务公司规模与董事会规模的对应关系作为治理评估的内容，财务公司董事兼职高级管理人员的比例亦属于私法自治的范畴，执行董事与非执行董事在履职评估上未作明确区分，这是监管政策的一个不足。实践中兼任高级管理人员的执行董事与不兼职的非执行董事在董事责任方面存在重大不同，但目前监管的评估未将执行董事与非执行董事作区别对待，存在政策的改进空间。在对董事履职评价和董事责任承担方面，监管规范应当区别执行董事和非执行董事。

（5）企业集团外部股东委派董事履职监管

代理理论重视并认可外部董事的重要作用，指出外部董事能够提高董事会决策的客观性、专业性和独立性。Dally 和 Dalotn（1993）指出：外部董事有助于董事会履行其职责。外部董事可以提供多角度、多领域的建议，帮助管理层策划和执行公司发展战略。如财务公司股东中有企业集团外部股东，对董事会治理开展评估的过程中，应鼓励企业集团外部股东向财务公司委派董事，改变财务公司董事会董事来源单一的现状，强化董事提名主体的多样性。在企业集团作为唯一实际控制人的财务公司，应避免公司董事全部来自单一股东单位，鼓励由企业集团参控股企业向财务公司委派董事，避免董事全部由单一企业或单一企业全资持股的企业提名或举荐，从而改善财务公司董事会结构，加强董事会作为财务公司决策机构的内部制衡。监管机构在对财务公司董事会治理评估过程中，对董事的提名和举荐主体的广泛性应给予关注，并在治理评估与治理监管政策中加入相关内容。

（6）独立董事与董事会专门委员会监管

独立董事是指在所任职机构不担任除董事以外的其他职务，并与机构及其股东、实际控制人不存在可能影响其对公司事务进行独立、客观判断关系的董事。关于独立董事的作用和影响，在独立董事制度的发源地，英美国家对该制度历来就存在旗帜鲜明的对立观点。Millstein 和 MacAvoy（1998）对 154 家上市公司研究后发现具有积极参与公司运营的独立董事的公司运行得更好。但许多学者如 Myles Mace（1979）指出：大多数独立董事并不能如理论上所说的那样发挥相应的功效。关于商业银行独立董事的作用和对银行经营绩效的影响目前国内学者意见不一，没有形成共识性研究结论。我国政府监管部门和部分学者曾大力提倡独立董事制度，但是迄今的实证研究成果并不支持独立董事的作用。[①] 财务公司的平均资产规模远远小于商业银行，对财务公司董事会的治理监管是否设置独立董事以及独立董事的数量，监管机构可不做监管引导和监管评估，由每家财务公司根据自身实际情况选择设定。《治理指引》等要求财务公司董事会参照商业银行设置董事会专门委员会，但由于财务公司董事会成员的单一性，董事会专门委员会的强制推动在实际上没有起到相关效果，实证研究和调查访谈也印证了上述结论。因此应改变目前对财务公司董事会设置专门委员会的监管评估和考核。不同规模和评级不同的财务公司可根据自身实际情况选择设置董事会的相关专门委员会。建立独立董事的财务公司，应保障独立董事享有与其他董事同等的知情权，及时完整地向独立董事提供参与决策的必要信息，并为独立董事履职提供必需的工作条件。独立董事应当诚信、独立、勤勉履行职责，切实维护机构、中小股东和金融消费者的合法权益，不受股东、实际控制人、高级管理层或者其他与机构存在重大利害关系的单位或者个人的影响。财务公司出现公司治理机制重大缺陷或公司治理机制失灵的，独立董事应当及时将有关情况向监管机构报告，但独立董事除按照规定向监管机构报告有关情况外，应当保守公司秘密。

8.1.5 监事会的监管

我国《公司法》规定，无论有限责任公司还是股份有限公司，均应按股东会、董事会、监事会这种三权分立与制衡的模式构造。法律对公司内部机构构造的单一性设定决定了包括财务公司在内的一切在我国设立的公司均须设置监事或监事会机构。《治理指引》要求监事对董事及高级管理人员履行职务情况进行评估，并向监管机构报告评估内容，以此来提高监事对董事、高级管理层的监督作用。根据大量实证研究发现，监事制度在

---

① 魏刚，肖泽忠，Nick Travcos，等．独立董事背景与公司经营绩效[J]．经济研究，2007(3)：92-105，156．

规模较大的公司具有一定的作用。在规模较小的非上市公司或股东机构单一的公司，监事往往难以发挥法律构造的监督作用，相反还会增加制度成本，此外若监事与董事均由单一股东推举，监事的监督动力不足，监督往往流于形式，仅出于应付监管。针对监事制度在财务公司治理实践的效果和调查及实证研究发现，在财务公司监事会治理监管政策方面，本书提出以下几点政策完善思路。

（1）企业集团推举审计人员担任财务公司监事，落实监事会的审计和财务监督职责

财务情况是公司经营和管理的综合反映，也是管理行为和结果的体现。对财务情况进行监督是监事会监督的最重要的方面，也是监事制度的一个重要组成部分。财务公司同时作为企业集团的成员和持牌金融机构，内外部的审计工作至关重要。企业集团推举具有审计经验的人员担任监事，并明确监事在财务审计中的独立职责，能够对公司董事、高级管理人员的履职形成一定程度的制衡，监事会的作用在财务审计方面能够有所加强。监事会牵头内部和外部审计可以提高审计质量，提高对财务管理合规性的约束，从而切实发挥监督作用。企业集团推举具有审计管理经验的人员经营担任财务公司监事并参与财务公司日常管理，在管理关系上，财务公司监事会根据法律和职责向推举其的企业集团报告工作，与财务公司不具有隶属关系，切实发挥监事会的监督作用。监督董事会确立稳健的经营理念、价值准则和制订符合公司情况的发展战略，对公司发展战略的科学性、合理性和稳健性进行评估，形成评估报告；对公司经营决策、风险管理和内部控制等进行监督检查并督促整改；对董事的选聘程序进行监督；对公司薪酬管理制度实施情况及高级管理人员薪酬方案的科学性、合理性进行监督。

（2）监事会与党的纪检组织交叉任职

党的十八大后，国有企业集团的改革方向之一就是加强和改善党的领导，党委的主体和纪委的监督责任得到强化。截至 2019 年，在开业的 258 家财务公司中，中央企业财务公司 77 家，地方国企财务公司 130 家，国有背景的财务公司总占比超过 80%。在加强党对国企领导的国家政策环境

下，把加强党的领导和完善公司治理统一起来，是时代赋予国有企业改革的命题。财务公司作为我国金融体系重要的组成部分，在反腐败斗争复杂严峻的现实背景下，切实加强党内监督力量的要求刻不容缓。在经历多年的改革探索后，党的纪检机构与公司治理机构的监事机构在一些职能上具有交叉，探索党的纪检书记和纪检组织与金融机构监事会的适度重合，交叉进入和双向任职在实践中积累了经验，这方面的制度也不断完善。监管机构可根据实际情况，鼓励财务公司监事会与党的纪检机构交叉融合，在不同事项不同场合利用双重身份的特点履行监督和执纪职责。

（3）根据财务公司特殊性调整优化监事会监管政策

《治理指引》第三十二条规定的监事关注事项包括"对董事、监事和高级管理人员履职情况进行综合评估；定期与银行业监督管理机构沟通商业银行情况"等规定在财务公司实践中的执行效果不明显，监管机构可考虑将上述条款作为财务公司监事会治理监管的制度依据。第三十五条："监事长（监事会主席）应当由专职人员担任，且至少应当具有财务、审计、金融、法律等某一方面的专业知识和工作经验。"该条内容可作为财务公司选择性参照的适用条款，不应将该条款作为监管的制度依据。《商业银行内部控制指引》第九条："监事会负责监督董事会、高级管理层完善内部控制体系；负责监督董事会、高级管理层及其成员履行内部控制职责。"该条对商业银行监事会的监管责任做出了规定，监管机构可不作为对财务公司监事会的监管要求。财务公司应当制订监事会议事规则。监事会议事规则应当由监事会制订，股东会批准。监事会应当将现场会议所议事项的决定作成会议记录，出席会议的监事应当在会议记录上签名。财务公司应当鼓励、支持员工参与公司治理，鼓励员工通过合法渠道对有关违法、违规和违反职业道德准则的行为向董事会、监事会或监管机构报告。

8.1.6 高级管理层监管

（1）财务公司高级管理层规模与任职资格监管

财务公司应根据公司经营发展需要配置足够的高管人员，职责分工符合适当分权和有效制衡原则。不同财务公司的资产规模和业务范围存在很大差异，监管机构对财务公司高级管理层人数的监管应该制订相关标准，即根据不同财务公司情况评估高级管理层规模。实践中有些规模较小业务单一的中小财务公司不应一概要求设置足够多的高级管理层人员，财务公司可根据自身实际情况和发展阶段选聘高级管理人员，监管部门不做考评。《中国银监会非银行金融机构行政许可事项实施办法》第一百七十九条（二）：担任财务公司总经理（首席执行官、总裁）、副总经理（副总裁），应具备本科以上学历，从事金融工作5年以上，或从事财务或资金管理工作10年以上（财务公司高级管理层中至少应有一人从事金融工作5年以上）。上述监管属于强制性监管要求，是对财务公司治理评估和治理监管的依据，本质上是外部监管对金融机构董事会权力的合理干预，实践证明上述对高级管理层资格的监管，对于财务公司行业的健康发展具有积极推动作用。财务公司应当根据法律法规、监管规定和公司情况，在公司章程中明确高级管理人员范围、高级管理层职责，清晰界定董事会与高级管理层之间的关系。高级管理层对董事会负责，同时接受监事会监督，应当按照董事会、监事会要求，及时、准确、完整地报告公司经营管理情况，提供有关资料。高级管理层根据公司章程及董事会授权开展经营管理活动，应当执行股东会决议及董事会决议。高级管理层依法在其职权范围内的经营管理活动不受股东和董事会不当干预。财务公司控股股东、实际控制人及其关联方不得越过董事会直接任免高级管理人员。

（2）财务公司高级管理人员履职监管

从外部监管看财务公司高级管理层的履职监管，主要关注的事项包括：高级管理层是否根据公司章程及董事会授权开展经营管理工作；落实董事会决议是否有效，是否能够及时、准确、完整地向董事会报告经营业绩、财务状况、风险状况等信息；财务公司高级管理层的分工和报告路径是否科学合理；高级管理层分管部门和工作是否出现重大违规行为或造成重大风险。在国有背景财务公司中，还应关注财务公司高级管理层在企业集团的等级地位，提高务公司高级管理层在企业集团内部的实际级别，尊重和保障财务公司开展业务的独立判断和专业意见。在对高级管理人员进行监管时，监管机构还应特别关注财务公司高级管理人员是否具有国家工作人员的身份，在企业集团中是否还担任其他职务。监管机构应特别关注违规行为背后是否存在高级管理层依法在其职权范围内的经营管理活动受到不正当干预的现象。

（3）高级管理选聘与考核监管

高级管理人员应当遵守法律法规、监管规定和公司章程，具备良好的职业操守，遵守高标准的职业道德准则，对公司负有忠实、勤勉义务，善意、尽职、审慎履行职责，并保证有足够的时间和精力履职，不得怠于履行职责或越权履职。财务公司在高级管理人员选聘和考核上的制度是否健全合理，是否符合相关法律法规的规定。高级管理层是否存在编制差别和显失公平的区别对待。财务公司高级管理层市场化聘任的比例应作为一个重要监管内容，监管机构应鼓励财务公司对高级管理层的进行市场化招聘，并在有关政策上体现。很多国有背景财务公司与其他资金部或财务部是一套人马，财务公司高级管理层未按市场化方式聘任，而由资金部人员专任，因此在监管政策上应适时鼓励高级管理层进行市场化选聘。财务公司高级管理层的薪酬是否符合有关规定，并能否产生相应激励与约束效果也是高级管理层监管的一个方面。切实考察高级管理人员是否参与本人绩效考核标准和薪酬的决定过程，薪酬制定是否充分反映和体现高级管理人员的实际贡献。在高级管理层考核监管方面，应考察财务公司是否建立了科学合理的对高级管理层的考核评估制度，通过各种方式调查考核制度是否实际执行和执行的效果。董事会应当建立并执行高级管理层履职问责制度，明确对失职和不当履职行为追究责任的具体方式。

（4）高级管理层权责监管

管理层权责是指根据法律及其他规范性文件的规定，自然人因担任财务公高级管理职务，基于其同时担任的其他职务、具备的身份，其提名主体的意志或利益在履行职务时具有的实际支配力量和影响力量，同时包括自然人因履行职务享有的权利及应当承担的全部法定义务或根据其他规范应当履行的义务及因失职渎职应当承担的责任。"权责"的责任除了包括法律责任、职务责任和应承担的过失责任外，还包括政治责任、社会责任、信义责任。根据财务公司高级管理人员是否由董事兼任，在对其权责监管时应给予区分。《公司法》未对董事与高级管理层兼职做出限制，但在实践中，如财务公司全部高级管理层全部由董事兼任，则董事会对高级管理层的监督和考评机制会受到不可避免的影响，致使财务公司内部治理机构的边界十分模糊，从而导致治理缺陷。现行的财务公司治理监管政策中对高级管理层与董事会成员兼任的情况未有明确规范。在对董事会或是高级管理层的治理评估和治理监管中，对高级管理层与董事的兼任比例都未有引导和约束，这是治理监管政策中需要完善的一个重要方面。为健全绩效薪酬激励约束机制，充分发挥绩效薪酬在银行保险机构经营管理中的导向作用，2021年1月28日银保监会制定了《关于建立完善银行保险机构绩效薪酬追索扣回机制的指导意见》，要求包括财务公司的银行保险机构根据绩效薪酬追索扣回制度，健全劳动合同，制定绩效薪酬追索扣回制度，防范董事、高级管理人员道德风险。财务公司应当根据监管规定建立相关制度应严格执行。

8.2 企业集团财务公司治理机制监管

财务公司治理机构的监管，是指财务公司根据《公司法》设置的对公司组织治理机构的监管，包括股东（权）监管、董事会监管、监事会监管和高级管理层监管。财务公司治理机制的监管，是指对财务公司治理过程中的基本制度、重要规则、具体流程及权责分配与制衡进行的监管，主要包括风险管理机制监管、合规管理机制监管、内部控制机制监管、信息科技治理机制监管、激励约束机制监管。

8.2.1 完善风险管理机制

财务公司风险管理机制监管是金融监管的直接目的和监管行为合法性

的基础。财务公司作为非银行金融机构具有金融机构的一般属性和风险溢出效应，监管机构对财务公司开展风险机制监管是监管的重中之重。2006年12月中国银监会下发了《企业集团财务公司风险监管指标考核暂行办法》，明确规定了监管机构要求的监控指标和检测指标。2016年9月27日，中国银监会正式下发了《银行业金融机构全面风险管理指引》，解决了我国银行业风险管理缺乏统领性规制的问题。中国银保监会近年来制定了各类审慎监管的规则，覆盖了资本管理、信用风险、市场风险、流动性风险、操作风险、并表管理等各个领域。包括财务公司在内，我国银行业在全面风险管理体系建设上已取得一定的成果，但实践中仍然存在一些问题。2008年国际金融危机后，国际组织和各国监管机构积极完善金融机构全面风险管理相关制度。2012年，巴塞尔委员会修订了《有效银行监管核心原则》，完善和细化了原则15"风险管理体系"的各项标准。巴塞尔委员会和金融稳定理事会针对公司治理、风险偏好、风险文化和风险报告等全面风险管理要素陆续发布了一系列政策文件，提出了更具体的要求。

《银行业金融机构全面风险指引》对银行业金融机构全面风险管理提出了四点管理原则：一是匹配性原则。全面风险管理体系应当与风险状况和系统重要性等相适应，并根据环境变化进行调整。二是全覆盖原则。全面风险管理应当覆盖各个业务条线，包括本外币、表内外、境内外业务；覆盖所有分支机构、附属机构以及各个部门、岗位和人员；覆盖所有风险种类，关注不同风险之间的相互影响；贯穿决策、执行和监督全部管理环节。三是独立性原则。银行业金融机构应当建立独立的全面风险管理组织架构，赋予风险管理条线足够的授权、人力资源及其他资源配置，建立科学合理的报告渠道，与业务条线之间形成相互制衡的运行机制。四是有效性原则。银行业金融机构应当将全面风险管理的结果应用于经营管理，根据风险状况、市场和宏观经济情况评估资本和流动性的充足性，有效抵御其所承担的总体风险和各类风险。

《银行业金融机构全面风险指引》采用了风险管理"三道防线"的理念，强调银行业金融机构董事会承担全面风险管理的最终责任。银行业金融机构监事会承担全面风险管理的监督责任，负责监督检查董事会和高级管理层在风险管理方面的履职尽责情况，并督促整改。银行业金融机构应当设立或指定部门负责全面风险管理，牵头履行全面风险的日常管理。银行业金融机构各业务经营条线承担风险管理的直接责任。财务公司应当按照监管规定，建立覆盖所有业务流程和操作环节，并与本公司风险状况相匹配的全面风险管理体系。董事会承担全面风险管理的最终责任。财务公司应当设立首席风险官或指定一名高级管理人员担任风险责任人。首席风险官或风险责任人应当保持充分的独立性，不得同时负责与风险管理有利益冲突的工作。财务公司应当设立独立的风险管理部门负责全面风险管理，并在人员数量和资质、薪酬和其他激励政策、信息系统访问权限、专门的信息系统建设以及内部信息渠道等方面给予风险管理部门足够的支持。财务公司应当及时向监管机构报告本公司发生的重大风险事件。

企业集团财务公司作为中国银保监会批准设立的金融机构，参照执行《银行业金融机构全面风险指引》，财务公司应按照相关要求健全内部制度，完善管理和操作流程，落实相关主体责任，并接受监管机构的监管管理。监管机构通过非现场监管和现场检查等措施实施对财务公司全面风险管理的持续监管，具体方式包括但不限于监管评级、风险提示、现场检查、监管通报、监管会谈与内外部审计师会谈等，通过上述监管措施的实施，提升财务公司全面风险管理水平，引导财务公司更好地服务实体经济。

8.2.2 完善合规风险管理机制

巴塞尔银行监管委员会对金融机构的合规风险定义为因违反法律或监管要求而受到制裁的风险，遭受金融损失的风险以及因未能遵守所适用法律、法规、行为准则以及相关惯例标准而对信誉带来损失等方面的风险。中国银监会《商业银行合规风险管理指引》（银监发〔2006〕76号）对合规风险的定义是金融机构因没有遵循法律、规则和准则，可能遭受法律制裁、监管处罚、重大财务损失和声誉损失的风险。

合规风险管理是财务公司风险管理的一个重要方面，合规风险的管理与财务公司其他风险的管理具有紧密的联系，实践证明金融机构风险事件的发生多以违法违规为直接原因，因此合规风险的管理也是金融机构整体风险管理中极为重要的内容。财务公司合规风险管理框架和管理体系在形式上已经确立，目前几乎所有的财务公司均设立了合规管理部门，董事会和高级管理层应承担的合规责任也按照相关要求得到确立，财务公司合规制度建设取得了长足进展。在对财务公司合规风险管理监管政策的制定方面，监管机构目前尚未对财务公司单独施行评估和监管政策，参照商业银行合规风险管理制度进行监管易产生监管机构自由裁量权过大，监管标准不统一，监管刚性不足和过度监管等问题。

财务公司合规管理风险机制监管目前应关注以下两个方面：一是针对财务公司特殊性制定相应的合规监管政策和单独监管指标体系。尽快制定《企业集团财务公司合规风险管理指引》，构建标准统一的财务公司合规风险管理架构体系，引导财务公司按照自身经营和管理特点构造合规管理框架而不是全面参照商业银行体系。二是严格落实合规风险管理责任，对于违法违规行为进行严厉处罚，严肃追究违规人员的行政责任。长期以来，金融监管处罚偏轻以至于造成违法违规成本过低的现象，严重影响了法律、法规和规章执行的严肃性，造成部分金融机构和金融从业人员合规意识不强，合规管理停留在纸面上、形式上，违规成本低是合规风险管理治理效果不明显的一个重要因素。监管机构要切实加大监管处罚力度，充分运用监管措施、行政处罚等监管权力，提高违规成本，增强监管威慑力。对存在重大风险隐患或故意规避监管的行为，应及时叫停相关业务。监管机构要对提供虚假资料，隐瞒重要事实，屡查屡犯的机构，实施从重处罚、顶格处罚，并坚持机构人员"双罚制"原则，即除处罚机构外，相关责任人应一并处罚，对责任人的处罚结果应进行通报，强化震慑效应。由于财务公司监管全面实行了属地管理，中国银保监会应加强监管行为再监督，各级监管部门应切实加强对监管人员履职行为的监督管理，运用行政手段对失职、渎职监管人员进行严肃处理，保证监管政策落实到位，切实提高财务公司合规风险管理的监管短板,提升财务公司合规监管效能。

监管机构应加强财务公司财务审计监管。监管机构应当督促财务公司按照法律法规和监管规定,建立健全内部审计体系,开展内部审计工作,及时发现问题,有效防范经营风险,促进公司稳健发展;建立与公司目标、治理结构、管控模式、业务性质和规模相适应的内部审计体系,实行内部审计集中化管理或垂直管理,内部审计工作应独立于业务经营、风险管理和内控合规。财务公司董事会对内部审计体系的建立、运行与维护,以及内部审计的独立性和有效性承担最终责任。监事会对内部审计工作进行指导和监督,有权要求董事会和高级管理层提供审计方面的相关信息。财务公司应当设立独立的内部审计部门,负责开展内部审计相关工作。内部审计部门向首席审计官或审计责任人负责并报告工作,配备充足的内部审计人员。内部审计人员应当具备履行内部审计职责所需的专业知识、职业技能和实践经验。外部审计方面,财务公司应当聘请独立、专业、具备相应资质的外部审计机构进行财务审计,并对公司内部控制情况进行定期评估。外部审计机构应当独立、客观、公正、审慎地履行审计职责。外部审计机构对财务会计报告出具非标准审计报告的,董事会应当对该审计意见及涉及事项作出专项说明。财务公司应当将外部审计报告及审计机构对公司内部控制有效性的审计意见及时报送监管机构。

8.2.3 完善内部控制机制

金融机构的内部控制建设在金融危机后受到越来越多的关注,但财务公司的内部控制一直没有受到足够的重视。有研究指出:[①] 财务公司内部控制治理结构存在缺陷,如委托-代理授权不清晰、激励约束机制不足、内部审计缺乏独立性、内控管理信息程度低等问题。内部控制是财务公司董事会、监事会、高级管理层和全体员工参与的,通过制订和实施系统化

---

① 严李浩. 企业集团财务公司内部控制制度建设:存在问题与改进建议[J]. 上海金融, 2011 (11): 104-107.

的制度、流程和方法，实现控制目标的动态过程和机制。财务公司内部控制在坚持全覆盖、制衡性、审慎性、相匹配原则的情况下，保证合法合规性，确保战略和经营目标的实现，保障风险的有效管理和信息的真实完整。根据目前财务公司内部控制发展的实践特点，现阶段内部控制机制监管的重点应包括以下三个方面：

(1) 内部控制目标设定监管

内部控制是财务公司董事会、高级管理人员、各级管理人员和操作人员等公司全体人员共同参与的动态过程和运行机制。在内部控制整体目标的框架下，金融机构内部各治理机构和不同层级岗位的内部控制目标存在差异，如公司董事会与监事会的内部控制目标显然存在差异。财务公司各治理主体和不同岗位层级应分别制订相应的内部控制目标，共同组成财务公司内部控制整体目标。监管机构开展内部控制治理监管，首先应关注财务公司不同机构和人员的内部控制目标是否健全合理，对内部控制目标的设定进行科学评估。

(2) 内部控制制度和流程监管

内部控制制度是否健全完备是影响财务公司内部控制成效的重要因素。外部监管是促进财务公司内部控制制度和流程完备的重要推动力量。财务公司内部控制制度可参照商业银行的内部体系，但应充分关注财务公司本身的特殊性。在业务管理体系中重点关注横向和纵向业务体系和制度的建设，以内部控制手册为基本工具，强化对内部控制制度和流程体系的监管。监管机构应根据不同财务公司的规模和业务复杂程度，在内部控制监管方面采用适应财务公司发展阶段和规模的监管政策，避免一条红线衡量一切的僵化思路。

(3) 内部控制信息化和评估监管

财务公司内部控制水平对信息化建设水平的依赖程度越来越强，信息化水平在很大程度上决定了财务公司内部控制的能力和水平。不断完善信息化建设，提升信息科技对内部控制流程、体系的服务和控制的工具作用是提高内部控制能力的重要途径。在财务公司内部控制评估方面，监管机构应不断重视科学化评估，适时采用内控评估模型，引入定量分析，将定量分析与定性分析相结合，从而做出综合判断。监管机构应采用差异化监管，根据不同公司的风险偏好和企业集团的行业量身定制评估标准，从而科学反映财务公司运营安全程度和经营效益情况。财务公司应当建立健全内部控制体系，明确内部控制职责，完善内部控制措施，强化内部控制保障，持续开展内部控制评价和监督。董事会应当持续关注本公司内部控制状况，建立良好的内部控制文化，对公司内部控制的健全性、合理性和有效性进行定期研究和评价。

8.2.4 完善信息科技治理机制

现代科学技术的迅猛发展深刻影响和改变着现代金融业的发展和运行模式。现代商业银行对信息技术高度依赖，信息科技几乎渗透到商业银行的方方面面，已经成为现代商业银行正常经营运转的基础，极大地提高了商业银行的经营效率，是商业银行核心竞争力的重要构成要素。[①] 将信息科技治理机制监管作为一项重要的机制监管，是因为信息科技治理在金融机构经营管理中的作用已经超过了工具的属性，对包括财务公司在内的金融机构的内部控制、委托授权、公司治理、风险管理等具有极端重要的影响，信息科技的发展从根本上影响财务公司的经营管理，技术领域的突飞猛进是促进包括财务公司在内的金融机构治理和监管变革的根本性力量。从财务公司运行实践上看，信息系统和信息化建设程度的高低是影响风险管理和经营效率的关键因素。

《商业银行信息科技风险管理指引》明确规定了商业银行董事会在信息科技治理中的职责，并将由董事会承担对信息科技治理最终责任的界定，将信息科技治理提升到前所未有的高度。财务公司信息科技治理在财务公司经营管理的各方面发挥着基础性作用，是财务公司治理机制的重要组成部分。在信息科技治理机制的监管中，监管政策应根据财务公司行业

---

① 汪轶. 我国商业银行信息科技风险监管研究［D］. 成都：西南财经大学，2011.

发展的实际，着重关注以下三个方面：

（1）建立全国统一的信息科技治理水平评估体系

鉴于信息科技治理在财务公司经营管理中的基础性和重要意义以及财务公司属地监管的特殊性，中国银保监会有必要牵头建立全国统一的财务公司信息科技治理评估体系，为各地银保监局的信息科技治理监管提供统一标准。财务公司建立健全内部控制制度体系，对各项业务活动和管理活动制订全面、系统、规范的制度，并定期进行评估，建立健全贯穿各级机构、覆盖所有业务和全部流程的信息系统，及时、准确记录经营管理信息，确保信息的完整、连续、准确和可追溯。

（2）引入第三方评估信息科技监管制度

信息科技化建设是一项专业性、技术性很强的领域，需要具有专门知识的人员进行评估。监管机构可考虑引入第三方评估机制，借助专业的第三方机构对财务公司信息科技化水平按照评估指标体系开展评估。监管机构将第三方评估结果作为判断财务公司信息科技治理监管的重要依据，从而提高信息科技治理监管的效能，通过外部监管和评估提升财务公司信息化水平，有效控制信息科技治理风险。

（3）适当提高科技信息治理评估在监管评级中的权重

信息科技治理能力和水平是财务公司经营管理一个重要方面，在财务公司经营管理中处于十分关键的地位，而且随着信息技术和移动互联网的迅猛发展，信息技术在金融机构和金融市场将发挥越来越重要的作用。监管机构应适当提高信息科技治理在财务公司监管评级中的比重，引导财务公司加大对信息科技的投入和重视，通过监管促进财务公司行业整体信息科技治理水平。

8.2.5　完善治理信息披露监管

监管机构应当加强财务公司治理信息披露监管，建立公司治理信息强制披露机制。要求财务公司建立官方网站，在网站上披露公司治理相关信息，提高公司治理透明度。财务公司披露的公司治理信息应当真实、准确、完整、及时，简明清晰，通俗易懂，不得有虚假记载、误导性陈述或重大遗漏。公司治理信息应当包括：财务公司实际控制人及其控制本公司情况的简要说明；持股比例在 5% 以上的股东及其持股变化情况；股东大会职责、主要决议，至少包括会议召开时间、地点、出席情况、主要议题以及表决情况等；董事会职责、人员构成及其工作情况，董事简历，包括董事兼职情况；有无独立董事及独立董事工作情况；监事会职责、人员构成及其工作情况，监事简历，包括监事兼职情况；公司高级管理层构成、职责、人员简历；公司部门设置情况和分支机构设置情况。公司治理方面发生下列重大事项的，应当编制临时信息披露报告，披露相关信息并作出简要说明：控股股东或者实际控制人发生变更；发生更换董事长、总经理的；公司名称、注册资本、公司住所或者主要营业场所发生变更；经营范围发生变化；公司合并、分立、解散或者申请破产；公司或者董事长、总经理受到刑事处罚；公司受到监管机构行政处罚的；更换或者提前解聘为公司财务报告进行定期法定审计的会计师事务所；控股的企业集团发生破产、债务危机和重大经营危机的；监管机构应当要求财务公司建立公司网站，按照监管规定披露相关信息，并建立信息披露管理制度和责任追究制度。

8.2.6 完善激励约束机制

现代企业治理结构中的一个核心问题是人力资本的激励与约束机制。我国财务公司一方面作为企业集团的组成部分，隶属于企业集团；另一方面作为非银行金融机构具有金融行业的某些共同特点。财务公司激励约束机制源于财务公司的特殊定位和所有制结构，财务公司激励与约束存在机制偏弱，激励不足与约束不足问题并存。激励不足主要表现在人员的市场化聘任程度不高，物质激励采用传统模式，与金融行业人才激励方式不融合。约束机制的问题表现为外部市场约束弱化，内部约束力不足，多流于形式。财务公司激励与约束机制存在两方面问题，很大程度上制约了财务公司行业的发展，外部治理监管通过改善激励与约束机制，可能在一定程度上提升财务公司激励与约束机制效果。

(1) 鼓励提高人才选拔机制的市场化程度

财务公司中具有国有背景的企业集团作为财务公司实际控制人的占绝大多数，我国国有企业改革仍处于深刻的调整变化期，国有企业的人才市场化聘任机制处于不断调整变化中。财务公司在行政上隶属于企业集团，高级管理人员由企业集团通过行政任命的传统方式产生，很多人员在企业集团还兼任其他职务，薪酬和考核按照企业集团制度执行。这种薪酬考核体系在一定程度上是为保持集团薪酬体系的稳定和平衡，但没有兼顾到财务公司的金融机构属性，没有照顾到金融行业本身人才激励的特殊性。此外，很多有国有企业背景的财务公司人才招聘市场化程度不高，财务公司人员多由企业集团直接委任，导致激励机制不足。在监管政策的制定方面，监管机构应根据财务公司行业的实际，制定相应的监管政策，在考核评估方面出台鼓励财务公司人员市场化的政策措施，从外部推动人才激励机制的不断完善。

(2) 根据工作复杂程度和贡献度增加核心人员的物质激励

在财务公司高级管理人才吸引和留住方面，监管机构应鼓励财务公司和主要股东按照金融行业人才特殊性的特征构建财务公司独立的薪酬考核体系，鼓励企业集团特别是国有企业集团制订将财务公司人员独立的薪酬体系，增强财务公司吸引和留住人才机制的建设，不断提升财务公司行业对人才的吸引力。在具体监管政策方面，创造条件推动财务公司人才的合理健康有序流动，并在评估考核方面给予适度强调。

(3) 完善内部约束机制，确保问责制度的执行性

针对目前金融业问责制度执行性不强的问题，监管机构应营造问责文化，将问责纳入日常性监管的一个常规方面，对检查发现的各类问题均应要求财务公司对相关人员进行实质性问责，推动问责执行的常态化。监管机构针对财务公司主要股东出台财务公司人员问责制度，要求企业集团加强对财务公司董事、监事、高级管理人员的问责执行力度，健全人员退出制度，加大对责任人员的处罚力度，及时调整严重违规违纪的

责任人员。

财务公司作为非银行金融机构,是金融体系的一部分,必须严格执行国家风险防范的各项监管要求。自 2017 年起,中国银监会开始对"三套利""四违反""四不当""十乱象"进行专项整治,内容涵盖目前商业银行等金融机构经营中可能出现的大部分问题,虽然主要针对商业银行,但财务公司或多或少也存在这样的问题。2018 年 4 月,资管新规出台,对财务公司开展投资业务做出了更加明确的规定。贷款与投资作为财务公司的重点业务,必须防止资金以支持实体经济的名义流向非实体领域,要重点服务"三农"和小微企业,严格按照资管新规的要求开展穿透嵌套、风险计提、额度与品种控制等。同时,财务公司还必须严格遵守法定存款准备金缴存以及外汇监管等方面的要求。

金融机构具有外部性强、高杠杆经营、信息不对称严重的特征。完善有效的公司治理是商业银行、保险公司等金融机构持续稳定健康发展的基石。郭树清认为,完善公司治理是金融企业深化改革,实现高质量发展的首要任务。完善公司治理结构是当前银行业改革的重点。[①] 近年来我国一些中小商业银行、信托公司、保险公司等金融机构出现大股东操控、内部控制等缺陷,从而引发的治理失效问题引起了金融管理部门的关注。随着问题金融机构的陆续被处置,财务公司公司治理再次成为理论界和金融实务部门关注的焦点。金融管理部门将金融机构公司治理作为重要的基础性监管内容,制定或修订了治理监管规范以提升公司治理监管效能和财务公司公司治理的有效性,提升了公司治理质量,将财务公司公司治理监管提高到前所未有的高度。

财务公司与一般企业相比,具有行业特殊性。金融机构行业的特殊性决定了其公司治理和治理监管既遵循公司治理的一般规律,又要求公司治理相关主体对其特殊性给予充足关注。中国共产党领导是中国特色社会主

---

① 郭树清. 完善公司治理是金融企业改革的重中之重 [N]. 经济日报(理论),2020 - 07 - 03(010).

义最本质的特征。建设有中国特色的现代金融企业制度，必须加强党的领导和党的建设。金融机构特别是国有金融机构加强和完善党的领导，发挥党组织政治领导核心作用，将党的领导嵌入公司治理环节，从而构成有中国特色的公司治理理论和实践。处理党组织与其他治理主体的关系，保证党组织功能实现是财务公司公司治理的又一特殊性。这些特殊性导致财务公司治理和治理监管的复杂程度进一步加深。财务公司治理的新发展实践需要相应的理论总结和创新。

完善金融机构公司治理已成为国际金融危机之后世界范围内防范金融风险的共识。2008年国际金融危机暴露了金融业公司治理与风险管理的缺陷。为提高系统重要性和金融机构的公司治理水平，在《巴塞尔协议Ⅲ》的推动下，全球金融监管经历了10多年的重构。2015年以来，二十国集团和经合组织对公司治理原则的修订达成共识，进一步助力建立和形成了金融业公司治理结构中积极配合、相互制约的机制。完善公司治理正在被提到金融企业改革中重中之重的地位。

习近平总书记高度重视金融工作，多次就完善金融机构公司治理发表重要论述。2016年习近平主席主持召开二十国集团领导人杭州峰会，明确在公报中支持《二十国集团/经合组织公司治理原则》的有效实施。金融管理部门不断加强公司治理监管，持续推动党的领导与公司治理有机融合，落实《二十国集团/经合组织公司治理原则》，探索构建中国特色银行保险业公司治理机制。中国银保监会将公司治理监管作为银行保险业监管中的核心，持续完善公司治理规制，深入整治公司治理乱象，相继出台了股东股权管理、关联交易管理、独立董事管理等一系列规制文件。在2018年监管机构整治银行业市场乱象的行动中，公司治理不健全成为治乱工作的首要对象。在2019年年末出台的《财务公司公司治理监管评估办法（试行）》中，公司治理的评估结果更成为监管重要的量化依据。

党的十九大提出健全金融监管体系，守住不发生系统性金融风险的底线要求。第五次全国金融工作会议明确提出要"要完善现代金融企业制度,完善公司法人治理结构,优化股权结构,建立有效的激励约束机制,强化风险内控机制建设,加强外部市场约束。"公司治理本质上是一个不完全信息下的动态博弈均衡,涉及政治、经济、文化、历史等多方面的因素,机制成因和运行非常复杂,这就决定了中国特色银行保险业公司治理机制的构建必然是一项长期系统工程。

第 9 章 财务公司治理监管：法律规制

公司治理的逻辑起点和制度框架是公司法。财务公司的组织形式是依照《中华人民共和国公司法》（简称《公司法》）设立的公司法人。《公司法》为财务公司治理提供了公司治理机构设置、治理机构基本职权、权力行使规则、权利的保护和救济、市场退出以及法律责任提供基础制度供给。从组织法上看，财务公司是从事金融服务业的营利法人，应当按照《公司法》和其他法律的规定构建公司治理基础制度并组织架构。从财务管理角度，金融机构本质上是一种大规模募集资金的工具，而工商业活动的公司化不过是创始人将产业资本资本化的途径[①]。从筹融资角度看，财务公司可以被视为一种投融资工具。财务公司是以货币和风险为经营对象的特殊类型公司，首先应当接受公司法的规制。《公司法》和相关金融监管法是财务公司经营管理的基本法。《公司法》确立的股东、公司和内部治理主体间的法律关系和公司治理架构设置外部治理监管均发生基础性制度性影响。在监管法方面，《中华人民共和国银行业监督管理法》（简称《银行业监管法》）授权国务院银行业监督管理部门对财务公司进行监督管理。中国银保监会根据该法授权对财务公司的机构组织和业务运营进行外部监管。财务公司是《银行业监管法》明文规定的一类金融机构。《公司法》和《银行业监管法》构成财务公司治理监管的基础法律框架。《公司法》理应承担规制公司经营管理和财务运作的职能。然而，纵观我国金融

---

① 刘燕. 公司财务的法律规制——路径探寻 [M]，北京：北京大学出版社，2021.1.

机构公司治理法律规制的历史进程，公司法的规制作用并不明显，令人怀疑公司法如今是否还能被视为规制金融机构公司治理的主流路径。我国现行《公司法》存在的基础规则缺陷是影响金融机构公司治理机制有效运行的一个重要制度因素。《公司法》和《商业银行法》的新一轮修订①，应当给包括财务公司在内的银行业金融机构公司治理提供符合行业特征的基础法律规范。《公司法》《商业银行法》《保险法》《证券法》《信托法》《期货和衍生品法》和将要制定的《金融稳定法》构成我国金融机构公司治理基础法律。

9.1 公司法与公司治理

法学视野下的公司治理的关键点在于维持公司治理中相关主体之间的权利和利益的分配与平衡和权利救济途径。公司治理是公司法的核心内容，公司经营和竞争的成败在很大程度上取决于公司治理的成败②。公司法律制度的质量改善和公司法司法水平的提高，能够保护分散化的中小股东利益，避免公司内部人和大股东利用优势地位侵害中小股东利益，从而能够促进所有权分散化，扩大社会投资，形成一个活跃的资本市场从而促进经济发展③。美国著名公司法学者耶鲁大学的 Henry Hansmann 教授与哈佛大学的 Reinier Kraakman 教授于 2001 年发表的《公司法历史的终结》一文认为，各国公司治理实践和公司法正在走向趋同，其方向是以股东利益为导向。虽然全球公司治理是否走向趋同还没有定论，但在实践中出现的公司治理趋同化现象却是一个不争的事实。近年来，两大法系的公司法频繁修改，互相借鉴，日益融合，公司治理的有效措施与成功经验在全球迅速而广泛地得以应用。20 世纪 70 年代初金融创新日新月异和经济全球化

---

① 2021 年 12 月 24 日全国人大常委会网站公布《公司法修订草案》，向社会公开征求意见.
② 赵万一，华德波. 公司治理问题的法学思考——对中国公司治理法律问题研究的回顾与展望 [J]. 河北法学，2010 (9).
③ 刘安. 公司治理的政治经济学维度——基于中国公司法的分析 [J]. 证券法苑 2014 (13)：62-87.

深入发展加速了各国公司法的趋同。一个突出表现就是金融创新带来的混合金融产品，混淆了股权与债权之间的界限，给公司投资者和债权人的利益保障增添了变数。传统公司法中的股权与债权可谓泾渭分明，股东与债权人在公司治理中亦是相得益彰。然而随着形形色色的混合金融产品的问世，股权与债权的区分以及利益相关者的保护变得扑朔迷离[1]。这无疑对传统的基于代理成本的公司治理理论和法律规制带来冲击。

现代公司法上的公司是与其社员互为独立的法律主体，公司作为团体可以在"公司"的名义下享有权利、承担义务，而公司的财产和债务都不会直接归属于公司的社员或公司的代表人。公司一旦依法成立，便是一个独立的人，有自己的利益和行为规则，其不但可以以自己的名义对外从事经营活动，也能够以公司之名并以公司利益为重协调并处理公司内外部关系[2]。

在我国，公司法是一个舶来品，既依循大陆法系的传统，同时又体现了资本市场与英美法系之间的亲和性。公司治理制度和资本制度既是公司法的两大基石，也是支撑整个公司法的两大支柱制度，中国公司法几十年的修订和改革主要围绕这两大制度展开，其中公司治理制度的改革是公司法律制度改革和发展永恒的主题[3]。1993 年制定的《公司法》还未摆脱当时计划体制下的管制色彩，对公司出资、分配、对外投资、担保等行为均有严格的限制。1993 年《公司法》的强管制色彩遭到了学界的批评。2005 年修订的《公司法》放弃了严格的法定资本制而采用分期缴付出资制度，取消了公司对外投资限制，放宽了公司对外贷款、提供担保、回购股份等的条件。与此相呼应，公司治理机制也发生了相应调整。2013 年修订的《公司法》再次对资本制度进行大手术，改实际出资设立公司为"认缴登记制"，即股东仅认缴出资额，无须实际缴入出资即可设立公司。2018 年

---

[1] 冯果，李安安. 金融创新视域下的公司治理——公司法制结构性变革的一个前瞻性分析[J]. 法学评论，2010（6）.

[2] 徐胜强《我国公司人格的基本制度再造——以公司资本制度与董事会地位为核心》，《环球法律评论》，2020（3）.

[3] 赵旭东. 公司法修订中的公司治理制度革新[J]. 中国法律评论，2020（3）.

为稳定股票价格，《公司法》做了局部修改，放松了公司回购股票的条件。在公司治理制度中，增加了董事会可以根据股东大会的授权决定回购股票的权力。

我国《公司法》虽经多次修改，但作为规制公司治理的重要制度规范却没能起到应有的作用，公司治理中的诸多问题长期得不到解决，我国的公司治理质效与经济发展地位不相适应。如公司股东会、董事会、监事会等组织机构的名不副实问题；控股股东对公司的过度控制问题；上市公司的虚假陈述、操纵市场、内幕交易问题；有限公司内部的股东内斗、控制权滥用等公司治理问题反复发生。公司治理制度与实践中的公司治理发生严重脱节，借鉴和效仿欧陆公司法的中国公司治理制度，时常显露出诸多水土不服的反应，历史和现实已经日益表明和提示，中国的公司治理已经陷入既有制度锁定的困境，公司治理的改革需要空前的决断和魄力，其根本的出路在于彻底突破现行制度和法律观念的束缚，摆脱和克服对既有治理结构和治理机制的路径依赖。中国的公司治理制度需要一次更为全面、系统而深刻的制度变革和创新[①]。

《公司法》规范一般分为任意性规范和强制性规范。任意性规范是指公司参与各方可以另作约定，若公司参与各方没有另作约定，则该规则默认适用于各方；强制性规范是指公司参与各方所必须遵守的规范，不得通过合同约定排除适用。但《公司法》中究竟哪些规范是强制性规范，哪些规范是任意性规范，长期以来莫衷一是，人们为此争论不休，始终未能得到一致的意见。公司法上的公司治理规范调整的是公司内部法律关系，主要包括公司内部组织机构设置规范、组织机构职权规范和组织机构运行规范三大方面。现行《公司法》规定股份有限公司须设置股东大会、董事会、监事会和经理，除一人有限公司外的有限责任公司须设置股东会、董事会（或设一名执行董事）、监事会（或设一名至两名监事）和经理，并规定了各个公司治理机关的职权。一般认为，《公司法》关于公司治理机

[①] 赵旭东. 公司法修订中的公司治理制度革新 [J]. 中国法律评论，2020（3）.

关的设定是公司法强制性规范，不允许公司排除适用，对于各个公司治理机关的职权《公司法》以举例方式进行了规定。其主要立法理念有二：一是保护股东终极所有权和相关利益；二是通过构建的治理机关分权达到制衡的目的，平衡公司利益主体的权利和利益。然而基于代理成本理论构建起来的以分权制衡为形式的公司治理机关设置与我国公司治理实践产生巨大的脱节，公司法构建的公司治理机关名实不符。我国的公司或是国家控股，或是私人控股，包括上市公司在内也以绝对或相对控股为主流，股权结构的"一股独大"状态十分明显，这与美英等普通法系国家公司股权分散的情况差别很大。股权高度分散的公司治理矛盾多体现为股东与公司控制者（经理人）间的矛盾，公司治理重在解决该矛盾。而股权高度集中产生的后果就是控股股东（受实际控制人支配股权的全体股东）对公司的控制作用明显，分权制衡的基因先天不足，脱离大股东控制的公司机构独立治理的难度极大。这种模式下，公司的主要利益冲突不再是股东和代理人之间的冲突，而转向股东相互之间，主要是大股东与中小股东或者控股股东与从属股东之间的冲突。对于金融机构和上市公司还表现为大股东和公司本身及公司债权人的利益冲突，如实践中大量出现的控股股东掏空公司现象。但我国现行《公司法》对控股股东的规制处于抽象概念层面[1]，对这一事实上主导公司治理的控股股东行为的规制十分薄弱。公司法作为公司治理的制度基础，其制度设计存在的重大缺陷是导致我国公司治理质量较低、公司治理问题频发的重要制度因素[2]。

我国现行《公司法》将公司区分有限责任公司与股份有限公司，有限责任公司与股份有限公司的治理机关大同小异，职权更是几乎完全相同。现行公司法将公司的组织机构分为股东会、董事会、监事会和经理机构，与股东会、经理机构设置的必须性不同，董事会和监事会在公司治理架构

---

[1] 仅体现在《公司法》第 21 条第 1 款"公司的控股股东、实际控制人、董事、监事、高级管理人员不得利用其关联关系损害公司利益"。

[2] 亚洲公司治理协会（ACGA）2018 年发布的公司治理观察报告（CG Watch 2018）显示，中国公司治理在 12 个受观察的亚洲国家中排名第 10 位。

中并非不可或缺。至于监事会，其设计的初衷是负责监督董事会和经理，然而由于经济、社会、文化等种种复杂因素，尤其是我国股权所有权结构相对集中，具有控制性地位的股东常常直接出任董事长（执行董事）或总经理，监事会的监督职能在实践中发挥得并不理想，被戏称为"花瓶"①。在控股股东一股独大的背景下，无论是董事会、监事会还是经理层，实际上都受控股股东的绝对控制，三者的分工制衡更多依赖控股股东的自律或自觉，公司法一厢情愿为三者设定角色以期达到一定程度的制衡至多具有形式意义，在实际运行中效果有限且增加了公司治理成本。

公司法规范与现实的错位要求立法对公司治理模式改造和重塑。公司法修改应当正视我国公司治理实践的突出问题，从公司治理制度上做根本性调整变革，发挥公司法作为公司治理基础的应有功能和作用。在具体路径选择上，公司法应当加强对控股股东的法律规制、明确控股股东的公司治理地位、权利义务，从正面规定控股股东的行为，对其事实上的支配权予以明确承认并具体规定其滥用权利损害公司、小股东权益的责任。在公司治理机关及其职权的设定方面，公司法应当允许公司考虑自身实际情况规模大小等因素自主选择是否设置董事会、监事会，即将设置董事会、执行董事、监事会、监事的条款作为任意性条款，交给公司自主选择适用。在选择设置董事会的公司，强化董事会的监督职权。增加独立董事产生方式的规定，独立董事可以由股东会选举产生也可以由小股东协商推举产生、内外部机关或组织推举产生等。公司法应对实践中发挥重要作用的董事长、公司财务负责人、董事会秘书的职权和义务、责任进行具体正面的规定；改变有限责任公司和股份有限公司的法定分类，以封闭性公司和公众性公司作为公司基本分类，同时对于公众性公司和开展金融业务等外部性强的特定类型的公司，公司法、证券法、金融监管法根据具体类型对其机构形式作出特别规定，如强制要求金融企业设置董事会、设置独立董事、董事产生方式、内部监督机构及其产生方式、监管机构参与公司治理

---

① 赵旭东. 公司法修订中的公司治理制度革新［J］. 中国法律评论，2020（3）.

原则性规定等特殊规章制度。同时将股东会以及董事会的职权条款设计成任意性条款，由公司自行确定其职权划分，公众性公司由证券法以特别法的形式予以强制性规范，金融企业由金融监管法根据不同机构类型特点予以特别规范。

金融机构公司治理表现为私法上的权利和公法上的义务，但更多体现为公法义务。财务公司是经营活动外部性较强的金融机构，公司治理不仅涉及股东与代理人代理关系，还包括股东、代理人、委托人、受益人、债权人等利益相关主体间关系。财务公司治理具有高度复杂性、重要性、转移性，治理运行对金融市场稳定和不特定委托人利益产生广泛的重要影响。财务公司治理安排首先须符合公司法的一般规定。在《公司法》未修改前，财务公司治理机构设置、各治理机构职权，治理机构运行规则仍应符合公司法的强制性规定。财务公司应当按照公司法规定设置股东会、必须设置董事会、监事会和高级管理层，此外信托公司应当根据《公司法》和《中国共产党章程》的规定设置党组织，党组织作为公司治理主体参与公司治理。由于我国现行《公司法》对公司治理机制的规范存在不足和缺陷，导致财务公司治理监管的法律基础存在制度上不足。信托公司法人人格独立性不足、控股股东对信托公司过度控制、董事会法定责任与实际责任不匹配，监事会监督失效、高管层制衡机制弱化、独立董事职责虚化等问题均与我国公司法上的缺陷有关，在公司法对公司治理规范存在缺陷的情况下，需要通过特别法和金融监管规范弥补。

2021年12月全国人大常委会发布《公司法修订草案征求意见稿》（简称修订草案），修订草案对公司治理组织架构作出根本性调整变革，董事会、监事会、经理均不再是公司必须设置的治理机构，不同规模不同性质的公司可以根据具体实际依法自主决定公司治理机构设置。作为特殊类型公司的金融机构，同样可以根据业务特点规模大小和实际需要，在公司法允许的范围内满足在同时满足监管法条件下，优化调整内部治理设置提升治理能力。财务公司是经营货币金融业务的公司制法人，以有限公司形式存续。中央企业、中央金融企业、地方政府作为实际控制人的财务公司占比约 80%，国有资本控股的财务公司数量上处于绝对多数，党组织公司治理主体地位法律确认，党组织与公司治理机构融合，公司法应当提供基本法律依据。

金融机构是按照公司法设立的营利法人组织。我国绝大多数金融机构以公司的组织形式存在。金融机构公司治理首先应当符合《公司法》的相关规定，《公司法》为金融机构公司治理提供基本法律依据。我国金融机构从实际控制人角度可以分为两大类，一类为实际控制人是各级政府（包括政府作为实际控制人的企事业单位）的机构，有时也被称为国有及国有控股金融机构；另一类为实际控制人是民营企业或境外大型企业的金融机构。各级政府作为实际控制人的金融机构无论在机构数量还是资产规模上，都处于主导和绝对优势地位。两类金融机构在公司治理上既存在普遍共性也存在较大差异。我国的金融机构中普遍设有中国共产党的组织，将党的领导融入公司治理各环节，党组织成为金融机构公司治理的重要组成部分是我国金融机构改革的重要改革举措。党的组织作为治理主体参与银行业保险业机构公司治理应由法律予以保障。现行《公司法》对党组织参与公司治理进行了原则性规定，但未明确党组织作为公司治理参与主体的地位和具体参与方式。《公司法》第十九条"在公司中，根据中国共产党章程的规定，设立中国共产党的组织，开展党的活动。公司应当为党组织的活动提供必要条件"。公司法修订草案增设"国家出资公司的特别规范"一章。国家出资公司，是指国家出资的国有独资公司、国有资本控股公司，包括国家出资的有限责任公司、股份有限公司。各级人民政府财政部门或其他国有资产管理部分代表人民政府持有公司股权并达到 100% 持股或控股的公司为国家出资公司。若公司类型为持牌金融机构，相应为国家出资金融公司。应当依照公司法的规定设置组织机构，国家出资公司中中国共产党的组织，按照中国共产党章程的规定发挥领导作用，研究讨论公司重大经营管理事项，支持股东会、董事会、监事会、高级管理人员依法行使职权。国家出资公司应当依法建立健全内部监督管理和风险控制制度，加强内部合规管理。实际控制人为各级政府的金融机构在金融业中占主体地位和中国共产党的组织参与公司治理是我国金融机构的两个鲜明特点。

金融机构的内部控制建设在金融危机后受到越来越多的关注，内部控制是保险公司董事会、监事会、高级管理层和全体员工参与的，通过制定和实施系统化的制度、流程和方法，实现控制目标的动态过程和机制。金融机构内部控制在坚持全覆盖、制衡性、审慎性、相匹配原则的情况下，保证合法合规性、战略和经营目标的实现、风险的有效管理和信息的真实完整。金融公司内部控制水平对信息化建设水平依赖程度越来越强，信息化水平在很大程度上决定了公司内部控制的能力和水平。不断完善信息化建设，提升信息科技对内部控制流程、体系的服务和控制的工具作用是提高内部控制能力的重要途径，保险法应对保险机构内部控制的完善进行法律规制。

《公司法》规定，无论有限责任公司还是股份有限公司，均应按股东会、董事会、监事会这种三权分立与制衡的模式构造。法律对公司内部机构构造的单一性设定决定了包括保险公司在内的一切在中国设立的公司均须设置监事或监事会机构。监事与董事均由单一股东推举，监事的监督动力不足，监督往往流于形式，仅出于应对监管。公司法设立的监事及监事会制度缺陷在保险机构同样存在，监事会监督效果和发挥的实际作用较小。法律修订应注重金融机构监事产生机制革新，提高非股东提名监事比重，提高监事会的独立性，赋予监事会向监管机构直接报告机构违法违规的权利和义务。财务公司监事应具有履行监督职责的专业能力和知识、有足够的工作条件和机制保障。财务公司监事会行使职权时可以聘请律师、注册会计师、执业审计师等专业人员，聘任专业人员发生的合理费用，应当由公司承担。公司法调整监事及监事会制度后，根据公司法对监事会、董事会职责的调整、强制性规范和任意性规范，相关监管规范相应调整财务公司监事会制度。

推进金融治理体系和治理能力的现代化，意味着要不断适应时代变化，既改革不适应实践发展要求的体制机制、法律法规，又不断构建新的体制机制、法律法规，使各项金融制度更加科学、更加完善，实现各项金融事务治理制度化、规范化、程序化①。当前金融业高质量发展的新趋势已对防范金融风险提出了更高的新要求，新冠肺炎疫情后市场主体经营行为模式的变化也对经济金融生态构成了新的挑战，这些都要求金融企业必须在治理层面上持续再优化。财务公司治理的完善以及股东在公司治理中的地位和作用的优化、强化变得越来越重要。保险法应当对公司治理中的许多问题，譬如治理虚化、出资人缺位、内部制衡失效等问题在法律上进行回应，为提高公司治理质量提高法律保障。鉴于防范金融风险的制度路径是公司治理与金融监管并重，只有从公司制度缺陷中探寻金融风险的根本诱因，并有针对性地在完善公司治理基础上加强金融监管和法律制度的完善，才能从源头上化解金融风险。

9.2　金融机构公司治理法律规制一般路径

金融机构是依照《公司法》设立的公司，享有《公司法》规定的法人权利，承担义务。除行业特别法有不同规定外，金融机构的组织机构和公司治理遵循《公司法》的一般规定，《公司法》中的法律概念和治理规范对金融机构同等适用。除作为一般法的《公司法》外，金融业各子行业的相应立法对金融机构组织进行特别规范，金融机构经营具有极强外部性，金融机构公司治理不仅关于股东、机构和机构志愿利益，还关系到不特定投资者、债权人和其他利益相关者的利益，关系社会稳定和金融体系安全稳定。

金融机构财产独立于股东，享有独立的法人财产权，股东违法损害金融机构独立地位造成损害的应当承担赔偿责任。《公司法》第三条规定"公司是企业法人，有独立的法人财产，享有法人财产权。公司以其全部财产对公司的债务承担责任。有限责任公司的股东以其认缴的出资额为限

---

①　张晓慧. 强化股东在金融企业公司治理中的地位 [J]. 中国金融，2020（15）.

对公司承担责任；股份有限公司的股东以其认购的股份为限对公司承担责任"。金融机构股东以合法资金对银行出资后，金融机构即取得出资财产的所有权，股东以获得银行保险机构股权作为对价丧失了出资财产的所有。金融机构的股东应当遵守法律、行政法规和公司章程，依法依规依章程行使股东权利承担股东义务，任何股东不得滥用股东权利损害金融机构或者其他股东的利益；股东滥用股东权利给金融机构或者其他股东造成损失的，应当承担赔偿责任。金融机构控股股东应当确保金融机构的机构、财产、人事、业务保持独立。金融机构股东行使股东权利的途径是通过股东大会根据章程确定的程序行使，尊重金融机构人员、财产的独立性，不得违法违规侵占挪用机构资金，损害机构利益。金融机构的控股股东、实际控制人、董事、监事、高级管理人员不得利用其关联关系损害金融机构利益，给金融机构造成损失的，应当承担赔偿责任。《公司法》第二十一条①原则上规定了公司控股股东不得利用关联关系进行利益输送，损害公司利益。实践中出现金融机构控股股东虚假出资、循环出资、越权干预银行董事会、高级管理人员履职并通过不当关联交易为其输送利益等问题，这与公司法对控股股东行为规制不足有关。公司法应当正视并充分肯定控股股东在公司治理中的主体地位并对其予以全面、系统的法律规制，设计和建构以控股股东为核心角色的公司治理结构和治理规则②，应留有空间对特殊类型公司的公司独立性提供更加完善充分的法律保障。金融实践中银行股东承诺承担剩余风险，是商业银行股东加重责任的体现。商业银行股东加重责任，是商业银行股东超越传统有限责任边界而承担的法律义务，但并不意味着无限责任，而是银行公司股东有限责任的特例，是对商行为主体加重义务的特定化③。赋予商业银行股东加重责任，是银行公司克服固有道德风险、实现自我救助的内在要求，也是维护国家金融安全的

---

① 《公司法》第二十一条"公司的控股股东、实际控制人、董事、监事、高级管理人员不得利用其关联关系损害公司利益。违反前款规定，给公司造成损失的，应当承担赔偿责任。"
② 赵旭东. 公司治理中的控股股东及其法律规制 [J]. 法学研究，2020 (4).
③ 杨松，宋怡林. 商业银行股东加重责任及其制度建构 [J]. 中国社会科学，2017 (11).

一项制度保障。现有立法对银行股东加重责任的规定效力层级较低，公司法在规定股东承担有限责任，应对金融机构股东加重责任留有空间，增加法律另有规定的除外，并由商业银行法、保险法、信托法、证券法等特别法对金融机构股东加重责任进行特别规制。金融机构股东可以获得投资银行保险机构收益，股东的投资收益权应当得到法律保障。金融机构股东特别是控股股东、实际控制人、关联方不得与金融机构开展不公平关联交易，损害金融机构利益。金融机构控股股东应当保障金融机构运行的独立性，保障金融机构董事会、高级管理依照法律法规和监管规范履职尽责，运营金融机构开展业务。金融机构股东应当依靠治理机关和治理机制开展加强对董事、董事会和高级管理层的监督。

金融机构公司治理主体及其行为规制、权力和权利义务配置需要法律层面的制度保障。公司制度是现代市场经济体制的运行基础和核心要素，对市场经济的进步和完善起着关键性作用。公司制度最大的优势是突破了个人和家庭在资源调配和财富创造上的局限性，为社会经济发展提供了理想的组织架构和动力源泉[①]。金融机构公司治理首先面对的问题是公司权力的分配，即公司治理主体和权力在各治理主体间的分配。现行《公司法》为股份有限公司治理主体设置了股东大会、董事会、监事会和经理四大公司治理主体（也称治理机关或治理机构）。但实践中，金融机构公司治理主体除上述四大主体外，还包括其要主体，具体为：实际控制人、中国共产党的组织、控股股东、主要股东、董事长、各类董事、董事会秘书、财务负责人、监管机构。但现行《公司法》及其他法律对事实上发挥治理主体作用，行使权力的治理主体参与公司治理的法律主体地位、行权方式和法律责任均未作规定，产生了实际治理主体和名义治理主体"两张皮"问题。金融机构公司治理主体的法律地位需要有公司法上的基本根据，并在特别法《商业银行法》《保险法》中予以具体规范。明确金融机

---

① 赵万一，赵吟. 中国自治型公司法的理论证成及制度实现[J]. 中国社会科学, 2015(12).

构公司治理主体的范围和法律地位，是特别法具体在各主体间分配权力的基础和前提。落实加强和完善党对国有企业的领导、将党的领导融入公司治理需要由法律提供保障。现行《公司法》虽然原则上规定了党组织在公司中可以开展活动，但并未明确其公司治理主体的地位，特别是对于国有及国有控股的公司（包括银行保险机构等金融机构），若要发挥党组织的政治领导作用，需要公司法在法律制度层面提出法律依据和法律保障。

《公司法》独任制法定代表人制度应当修订完善。现行《公司法》规定，公司法定代表人依照公司章程的规定，由董事长、执行董事或者经理担任，并依法登记，确立了单一法定代表人制度。现实中经理（行长）却是最常代表银行保险机构与其他业务伙伴进行交涉和磋商的主体，交易中的各项细节也通常由其来安排和确定。这体现出法律规定与社会现实某种程度的脱节。最了解交易内容的行长可能并无代表权限，而有代表权的法定代表人却不一定充分了解交易细节，这无疑徒增了交易的成本，故而在公司治理制度设计中，理应打破现有的每个公司只有一位法定代表人的限制，而赋予经理以确定的对外代表权，使公司董事长以及经理均有权直接代表银行，即建立双法定代表人制度。法定代表人的真正含义在于其是设有法定公示系统的公司代理人[①]。

金融机构发行种类股需要公司法规制。我国现行《公司法》131条，授权国务院可以对普通股以外的其他种类的股份，另行作出规定。《国务院关于开展优先股试点的指导意见》（国发〔2013〕46号）规定，上市公司可以公开发行优先股，上市公司（含注册地在境内的境外上市公司）和非上市公众公司可以非公开发行优先股，同时明确公司已发行的优先股不得超过公司普通股股份总数的百分之五十，且筹资金额不得超过发行前净资产的百分之五十。随着上市银行保险机构陆续发行优先股，非上市机构发行优先股充实资本变得更加迫切。为鼓励银行保险机构发行优先股补充资本，2019年《中国银保监会中国证监会关于银行保险机构发行优先股补

---

① 殷秋实.法定代表人的内涵界定与制度定位［J］.法学，2017（2）.

充一级资本的指导意见（修订）》进一步放宽了非上市中小银行保险机构发行优先股的条件。随着我国银行保险机构资产规模的不断增长，银行保险机构优先股的发行量将持续增长。类别股的创设不仅为公司融资创造了巨大空间，而且会深刻影响我国公司制度的整体演进，更可促进商事组织法层面的制度创新与完善[①]。优先股等类别股需要由法律作出直接规定，由公司法提供规制基础，在公司法层面明确优先股内涵和优先股权利义务，为包括优先股在内的银行保险机构资本工具创新提供法律保障。金融机构因经营货币和信用的特点，需要接受杠杆率约束和资本充足率监管，对资本需求更加强烈、资本形态更加多样，公司法应当对金融机构资本形态作原则性规定，各专门法对银行、保险、信托、证券、期货等机构资本形态、投资人权益作具体规定。

金融机构公司章程与股东权利义务的公司法规制。公司章程是规范金融机构的组织与行为、公司与股东、股东与股东之间权利义务关系，具有法律约束力的文件。章程对银行及银行股东、董事、监事、行长（经理）和其他高级管理人员有约束力；上述人员可以依据章程提出权利主张。股东可以依据章程起诉公司；公司可以依据章程起诉股东、董事、监事、行长（经理）和其他高级管理人员；股东可以依据章程起诉股东；股东可以依据章程起诉董事、监事、行长（经理）和其他高级管理人员。现行《公司法》规定了公司章程对公司、股东、董事、监事、高级管理人员具有约束力。但未明确规定章程的性质、各方基于章程享有的权利义务和权利救济方式，未来修法时应当予以完善。《公司法》应为金融机构股东权利义务规范提供法律基础。现行《公司法》对股东义务的规制不足，特别是对控股股东义务存在严重缺陷。由于金融机构经营的特殊性，金融机构的主要股东、控股股东对机构、其他股东负有特别的义务，股东权利受到更多的限制，特别是股东与公司间的关联交易应有更强的约束。存在控股股东的公司，《公司法》应当确立控股股东对公司、其他股东负有信义义务。

---

① 朱慈蕴，沈朝晖. 类别股与中国公司法的演进 [J]. 中国社会科学，2013（9）.

金融机构控股股东、实际控制人不得利用其关联关系损害银行利益,给公司造成损失的,应当承担赔偿责任。控股股东应严格依法行使出资人的权利,控股股东不得利用利润分配、资产重组、对外投资、资金占用、借款担保等方式损害银行和其他股东的合法权益,不得利用其控制地位损害银行和其他股东的利益。控股股东在行使其股东的权力时,不得因行使其表决权在下列问题上作出有损于全体或者部分股东的利益的决定:免除董事、监事应当真诚地为银行以最大利益为出发点行事的责任;批准董事、监事为自己或者他人利益以任何形式掠夺银行财产,包括但不限于任何对公司有利的机会。法律应明确规定持牌金融机构公司章程应当在公司网站公开披露,金融机构网站公开的公司章程具有公示公信效力,金融机构及相关主体不得以公示章程与实际不符为由对抗善意交易对手和善意第三人。

金融机构股东会运行的公司法规制与完善。《公司法》以列举方式规定了股份有限公司股东大会的职权。一个问题是股东大会公司法上职权是否可以通过公司章程调整。《公司法》第三十七条"股东会行使下列职权:(十一)公司章程规定的其他职权"。表明除前十项职权外,公司章程可以确立哪些事项列入股东大会的职权,即董事会和经理的某些权力可以通过公司章程进入股东大会。但公司法明确列举的股东大会职权是否可以通过授权下放给董事会或经理?从公司法条文表述和前十项职权的内容上看,任免董事监事并决定其报酬,审议批准董事会和监事会报告,审议批准公司年度财务预算、决算、利润分配和弥补亏损方案,对公司增资、减资、合并、分立、解散、清算或变更公司形式作出决议,修改公司章程是股东作为所有者的权力,对这些职权法律应作强制性,不允许公司章程约定排除或授权给其他治理主体;决定公司经营方针和投资计划、对发行公司债券作出决议两项职权,虽十分重大而被公司法规定为股东会的职权,但却并非所有者的固有权力,因此,应赋予其任意性①。应当认为公司法对股份有限公司股东大会职权的规定总体上是强制性规范,不允许公司章程调

---

① 赵旭东. 公司法修订中的公司治理制度革新 [J]. 中国法律评论, 2020 (3).

整变通，不能授权给董事会或经理。由于银行保险机构股东大会权力及权利义务受到更广泛的约束，特别是股东大会决议涉及的事项需要监管机构的批准。公司法应当明确股东大会决议应当依法经过批准的，决议经批准后生效，但不影响审批前有关主体根据决议为申请批准而应当履行的义务。现行《公司法》对种类股股东行使股东权利未作规定，未来修法时应予以完善，为银行保险机构等发行类别股公司提供基本法律依据。除《公司法》外，现行《商业银行法》《保险法》《证券法》《信托法》等法律均未对金融机构公司章程有特别规范，不得不说是立法缺陷。

金融机构董事会运行的公司法规制与完善。董事会处于公司治理的核心地位，现行《公司法》中的董事会角色和定位，受制于股东本位的倾向，在法律规范的表述中呈现出定位不明、角色不清，股东会、董事会和经理之间在许多公司事务的权力分工和界定是无法操作的。董事会职能被股东会和经理侵蚀，但是在对董事责任的追究上却与之相矛盾，在具体运作上也呈现出与应有的合议方式不相符的行为模式[①]。金融机构董事会公司治理面临董事会权责不对等，法定的集体行权模式与董事长实际主导的相背离，董事会受控股股东过度控制，独立性不足、董事不能公平对待所有股东等治理难题。由于公司法董事会职权责任存在制度性缺陷，对金融机构董事会有效运行形成制度层面的障碍。金融机构董事会对公司经营管理要承担最终责任，要求董事对公司经营管理信息有全面掌握了解、董事具有较强的专业能力和履职能力，但非执行董事获取的信息依赖于执行董事、高级管理层真实完整及时提供，实践中受工作时间的限制，非执行董事往往面临信息的严重不对称，过度依赖董事长的主导和判断。同时，对特殊类型的公司董事会和管理层的权力采用法定模式。金融机构等以董事会承担经营管理主体责任的公司，法律应扩大董事会的整体权力和董事的工作性权力，将经营管理权更多赋予董事会；董事会向下授权或向上转移

---

① 邓峰. 中国法上董事会的角色、职能及思想渊源：实证法的考察 [J]. 中国法学，2013 (3).

权力应当根据特别法和监管规范的规定。公司法在董事产生机制上，应当考虑到金融机构具有强外部监管的特殊性，应当赋予监管机构董事提名权；监管机构根据法律、行政法规的规定可以直接撤换违反法律、行政法规的董事。公司法在董事产生的规定中，应当对此留有空间。公司法应当为金融机构董事及董事会治理提供更加完善的法律规制基础。金融机构董事会应当设置独立董事，董事会和高级管理层交叉任职应保持合理比例，董事会集体决策事项、责任和董事长个人职责应当在章程中有具体明确约定。金融机构董事产生机制在符合法律规定的前提下，公司章程约定应当符合监管规范。

对于非上市不开展金融业务的普通类型公司，法律应当赋予公司根据自身实际选择是否设置董事会的权利。设置董事会的公司，董事会应提供不同的董事会权力配置类型由公司进行选择。将经营管理责任下放给经理层的公司，董事和董事会主要职责是为股东和公司利益监督公司运行，董事会的作用重在监督而非决策和执行，因此此类公司应强化董事的监督职能；设置董事会并将经营管理责任保留在董事会的公司，应赋予董事会公司决策经营管理的最终决策权，设置与之相匹配的责任和权力，改变董事会和董事权利责任不对称的制度性缺陷。

金融机构监事会治理的法律规制与革新。《公司法》效法德日设计的监事会制度几十年运行实践已经证明该制度的彻底失败。无论大公司还是小公司、有限责任公司还是股份公司、上市公司还是非上市公司、普通类型公司还是金融机构，监事会几乎不起实质作用。实践中无论是有限公司内部的股东压制，还是上市公司的财务造假、虚假陈述等丑闻，抑或董事、高管违法关联交易、侵占渎职等公司治理中的各种问题，极少见到监事会有效作为发挥法定的监督作用。在我国公司治理体系下，监事会的表现堪称失败。理论上均衡周到的安排实践中却饱受批评，被指形同虚设[1]。

---

[1] 郭雳. 中国式监事会：安于何处，去向何方？——国际比较视野下的再审思 [J]. 比较法研究，2016（2）.

监事会的设置徒增公司治理成本，挤占了公司监督机制的制度空间。学界已形成取消监事会的广泛呼声。公司法修改即便不彻底取消监事会制度，至少也应允许公司自主选择监事会的设置。对于银行保险机构公司治理的法定主体，监事会在实践同样作用十分有限。《公司法》的对监事会强制性设置增加了银行保险机构的治理成本，公司法的监事会规制存在制度性缺陷。特别法和监管规范又进一步加剧了监事会制度扭曲的成本，在《公司法》未对监事会制度作彻底改造和革新前，应在监管机制中尽量降低监事会制度成本，淡化对监事会作用和对监事履职的考评。在公司法层面应赋予金融机构自主设置监事会权利情况下，金融特别法和监管规范应当针对不同类型金融特点对监事会设置作出特别规定。金融机构应当设置党的纪律检查机构、纪委与监事会职责应当在法律和党规层进行统合。金融机构纪检监察机构应当保持一定程度的独立性，行权条件应当在法律、党规和公司章程中得到保障。金融机构纪检监察机构应当对监管机构和上级纪检监察机关负责，切实发挥和履行监督职能。法律层面对监事会制度作出根本性调整变革后，金融监管规范和金融机构章程对监事会制度进行重构。

金融机构董事长、高级管理层、董事会秘书、财务负责人的公司法规制与革新。《公司法》确立了董事会以会议方式集体行使权力的基本立法模式，董事长的职权主要体现为召集和主持董事会，检查董事会决议的实施情况。在金融机构公司治理实践中，董事长个人事实上承担的公司治理责任远远超过《公司法》确立的责任。公司法在确立董事会集体行权的基本模式下，没有充分考虑董事长个人在董事会运行和公司治理中重大责任，也没有明确赋予董事长公司治理主体地位，是一个立法上的缺憾。在公司制度革新中，公司法应尊重董事长事实上的权力和作用，对董事长的权利义务、权力范围和法律责任进行公司法上的规范，确立董事长公司治理的主体地位。

现行《公司法》对规定了上市公司应当设董事会秘书和独立董事，对其他类型的公司未作明确规定。金融机构作为一类特殊类型的公司，参照上市公司设董事会秘书和独立董事已经成为普遍性事实，未上市的金融机构董事会秘书的职能与上市公司董事会秘书职能侧重虽有所不同，但其发挥重要作用，对此公司法对董事会秘书的规定不应仅限于上市公司，对金融机构设置董事秘书应留有空间。独立董事同样不限于上市公司，公司法应当为特殊类型公司设置包括独立董事在内的非执行董事提供基本制度依据。金融特别法对董事会秘书设置不必强制性规范。金融机构外部董事制度应当在特别法和监管规范中进行明确和具体的规定。监管部门或行业协会有权提名外部董事、外部董事的法定职责应当与主要股推举的执行董事、董事长有所区别。金融机构董事会决策事项应当明确列明哪些事项应当经外部董事表决，未按程序提交外部董事表决的应当承担法律责任。

金融机构财务负责人在公司治理实践中发挥十分重要的作用，财务负责人的公司治理主体地位，应当由公司法确立，其事实上的权力和责任应由法律予以保障和明确，特别是财务负责人与经理、董事长在财务信息报告或披露上的责任承担公司法应规定基本划分原则。公司法上的公司高级管理人员通常指公司经理、副经理和财务负责人，《公司法》除在规定董事会和经理职权时提到高级管理层层由董事会聘任、解聘、决定薪酬；经理向董事会提请聘任或者解聘公司副经理、财务负责人外，对高级管理层未再作其他规定，导致副经理、财务负责人对经理负责还是对董事会负责十分模糊。与"总会计师制度在执行过程中存在称谓不统一、职能不明确、权限不清晰、职责不到位、地位不靠前"等诸多问题[①]类似，在银行保险机构治理实践中，副行长（经理）与董事长、董事会、行长（经理）的权责关系不清晰，不符合权责明晰的基本治理原则。副行长（经理）的聘任提名权、解聘提案权并不由行长（经理）行使，与公司法的规定相背离。在未来公司法修订中对高级管理层应当增加灵活性，根据公司是否设置董事会以及经理职权不同设置赋予公司自主设计高级管理层的产生、权

---

① 丁友刚，文佑云. 我国总会计师制度建设若干问题研究——基于相关政策与法规之间冲突性与不完善性的思考 [J]. 会计研究，2012（8）.

责、与其他治理主体关系等。

9.3 商业银行法修改完善

商业银行是经营信贷业务的经营机构,是我国金融机构的主体,从公司治理的角度来看,商业银行经营主要表现在以下几个方面:经营高杠杆性;债权人不特定和公众性;资产组成的风险程度高;资产负债存在严重期限错配;风险的传染性;广泛的外部监管[1]。商业银行开展的信贷融资是我国社会融资的主体,商业银行在我国金融机构和金融体系中处于核心地位。商业银行公司治理和治理监管一直是金融监管的重点。中国人民银行2020年10月16日发布关于《中华人民共和国商业银行法(修改建议稿)》第124条规定了商业银行外的其他银行业金融机构办理本法规定的商业银行业务的,适用本法有关规定,这意味着企业集团财务公司开展的相关业务将纳入商业银行法调整范围。商业银行法的修改将对财务公司治理和业务开展提供直接法律规范。

商业银行业务经营具有特殊性。与一般公司不同,银行具有诸多特殊性,这些特殊性导致了其治理结构与一般公司治理结构存在差异,在研究银行机构治理结构时予以足够的重视[2]。我国金融机构中,银行是唯一能够向不特定社会公众吸收存款的金融机构,银行的经营具有极强的外部性。由于银行汇集了社会公众的大量资金,并通过高杠杆模式运营,资金安全和合法合规运用是金融监管机构最为关注的问题。同时在利益相关者参与银行治理方面,外部债权人因信息获取困难,较难介入银行公司治理。商业银行在我国金融体系中地位关键,作用重大,风险外溢效应显著,对金融系统安全稳定运行具有重要影响。银行实现的社会融资在社会融资总额中处于绝对主导地位,是储蓄向投资转化的重要媒介。商业银行

---

[1] 洪正. 论银行业公司治理的特殊性[J]. 经济评论, 2006 (6).
[2] 李维安. 商业银行公司治理:理论模式与我国的选择[J]. 南开学报(哲学社会科学版), 2003 (1).

通过存款贷款机制创造了社会信用，是唯一能够创造信用的金融机构（目前政策性银行和国家开发银行经营银行保险机构部分业务时也能够吸收存款）。我国的商业银行机构绝大多数以股份有限公司的组织形式存在，一部分商业银行已经成为上市公众公司。上市银行公司治理同时须满足上市公司相关法律法规和监管规则。中国人民银行对商业银行按季度针对资本和杠杆情况、资产负债情况、流动性、定价行为、资产质量、跨境融资风险、信贷政策执行等七大类16项指标进行宏观审慎评估（MPA）。为了避免个别商业银行风险暴露影响宏观经济运行，政府可能会为管理层冒险经营的行为买单，即存在中央银行作为最后贷款人的情况下，即使某一家银行由于自身经营不善面临倒闭，为了维护其他利益相关者的权益，政府作为隐性担保人提供最终还款支持的可能性要远高于一般企业[①]。

商业银行法律规制具有特殊性。中国银保监会对照《二十国集团/经合组织公司治理原则》6章39条具体要求，系统梳理了我国银行业的实施情况，在总结银行公司治理框架基础方面存在的差距时指出：公司治理法规制度仍存在短板，部分规制约束力不足，现行公司治理监管规制尚未充分考虑各类机构的差异性[②]。银行保险机构公司治理应当遵循公司法的一般规范，同时应当遵循《商业银行法》等其他法律法规的特别规范。金融监管机构对商业银行开展以公司治理为重要监管内容的外部监管。监管活动应当根据银行保险机构经营特殊性、公司治理特殊性开展，监管规范具有行业特殊性。

党组织参与公司治理是银行机构特殊性的另一重要表现。习近平总书记指出，坚持党对国有企业的领导是重大政治原则，必须一以贯之；建立现代企业制度是国有企业改革的方向，也必须一以贯之。要将党的领导融入公司治理进一步制度化、规范化、程序化，要处理好党组织和其他治理主体的关系，明确权责边界，做到无缝衔接，形成各司其职、各负其责、

---

① 秦强. 基于公司治理的我国商业银行风险管理研究[D]. 山西财经大学2020年博士论文.
② 中国银保监会公司治理监管部. G20公司治理原则与我国银行保险业实践[J]. 中国金融, 2020 (01).

协调运转、有效制衡的公司治理机制。2015年9月，中共中央办公厅印发了《关于在深化国有企业改革中坚持党的领导加强党的建设的若干意见》，明确提出必须毫不动摇坚持党对国有企业的领导，毫不动摇加强国有企业党的建设。要求把加强党的领导和完善公司治理统一起来，明确国有企业党组织在公司法人治理结构中的法定地位，强调党对国有企业的领导只能加强，不能削弱。2020年8月，中国银保监会印发《健全银行业保险业公司治理三年行动方案（2020—2022年）》的通知（以下简称《通知》），提出推动我国银行业保险业进一步加强党的领导，借鉴吸收国际先进经验，切实提升公司治理质效。《通知》提出要进一步明确并严格落实党的领导融入公司治理的具体要求。在对国有及国有控股银行保险机构的公司治理全面评估中，重点关注党的领导与公司治理融合情况，适度提高权重。具体工作包括推动国有及国有控股机构进一步完善公司章程，写明党组织的职责权限、机构设置、运行机制、基础保障等重要事项；完善"双向进入、交叉任职"领导体制；要求进入董事会、监事会和高管层的党委班子成员要严格落实党组织决定；要求银行保险机构结合本单位实际制定和完善党委前置研究讨论的重大经营管理事项清单，重大经营管理事项必须经党委研究讨论后，再由董事会或高管层作出决定；指出监管机构和银行保险机构持续探索完善党的领导与公司治理有机融合的方式和路径。党对国有银行保险机构的领导、党组织参与公司治理是我国银行保险机构公司治理的一个显著特征。

我国的金融体系是以间接金融为核心的，商业银行在这一体系中占有主导地位。《商业银行法》是我国唯一一部专门为一种特殊类型的商业组织而进行的专门立法。商业银行在国家金融体系以及经济社会发展中处于十分重要的地位。金融是现代经济的核心，商业银行是我国金融的核心。《商业银行法》是我国金融法律体系框架的重要组成部分，是商业银行公司治理重要制度规范，在商业银行公司治理中发挥重要作用。我国现行《商业银行法》是1995年颁布的，后经2003年和2015年两次修订，但基本框架和核心内容并没有发生变化。当时的规范对象主要是国有商业银行，使其经营思路由专业银行转化为商业银行，巩固银行公司化、商业化的改革成果。目前，这种规范对象和立法思路已经完全不能适应时代的需要①。近十余年来，我国银行业飞速发展，参与主体数量急剧增加，规模持续壮大，业务范围逐步扩展，创新性、交叉性金融业务不断涌现，立法和监管面临很多新情况。《商业银行法》于 1995 年施行，2003 年、2015 年两次修订，大量条款已不适应实际需求，亟待全面修订。商业银行法修改已经列入第十三届全国人大常委会的立法规划，并开始正式起草修改草案。中国人民银行起草和公布了《中华人民共和国商业银行法（修改建议稿）》（以下简称"《修改稿》"），并于 2020 年 10 月向社会公开征求意见。《修改稿》新设第三章商业银行的公司治理，吸收现行监管制度中的有益做法，落实商业银行公司治理要求。增设股东义务与股东禁止行为。突出了董事会核心作用，规范董事会专门委员会、独立董事等事项。提升监事会独立性与监督作用，建立监事会向监管机构报告机制。健全内部控制，规范激励约束机制、信息披露与关联交易管理。建立分类准入和差异化监管机制。完善商业银行市场准入条件，增加对股东资质和禁入情形的规定。《修改建议稿》以习近平新时代中国特色社会主义思想为指导，贯彻党的十八大、十九大、十九届四中全会、第五次全国金融工作会议等重要会议精神，落实习近平总书记关于金融工作的重要论述，着力完善银行业立法顶层设计。

现行《商业银行法》共九章 95 条。《修改建议稿》共十一章 127 条，其中整合后新设或充实了四个章节，分别涵盖公司治理、资本与风险管理、客户权益保护、风险处置与市场退出。修改建议稿就以下八个方面内容提出修改建议：（1）完善商业银行类别，扩大立法调整范围。明确村镇银行法律地位，为未来出现的新型商业银行预留法律空间。明确政策性银行、农村信用合作社、农村合作银行、财务公司等办理商业银行业务的，适用本法有关规定，体现功能监管原则。（2）建立分类准入和差异化监管

---

① 刘少军. 商业银行法组织制度修改中的权责分配问题 [J]. 现代法学，2021（3）.

机制。完善商业银行市场准入条件，增加对股东资质和禁入情形的规定。就商业银行分类准入条件作出授权性规定。就引导商业银行专业化发展、差异化风险监管要求等作出具体规定。（3）完善商业银行公司治理。新设第三章"商业银行的公司治理"，吸收现行监管制度中的有益做法，参考国际经验，落实商业银行公司治理要求。增设股东义务与股东禁止行为。突出董事会核心作用，规范董事会专门委员会、独立董事等事项。提升监事会独立性与监督作用，建立监事会向监管机构报告机制。健全内部控制，规范激励约束机制、信息披露与关联交易管理。（4）强化资本与风险管理。新设第四章"资本与风险管理"，落实《巴塞尔协议Ⅲ》资本监管要求，确立资本约束原则，明确宏观审慎管理与风险监管要求。（5）完善业务经营规则，突出金融服务实体经济。原第三章、第四章整合充实为第五章"业务经营规则"。完善商业银行业务范围与业务规则。明确区域性商业银行的本地化经营要求，推动商业银行立足当地、回归本源。尊重商业银行自主经营权和市场主体地位，减少不必要的行政约束，提升金融服务实体经济能力，删除原第三十六条借款人原则上需提供担保的规定；修改利率规定，允许双方自主约定存贷款利率；确立授信审查尽职免责制度；延长商业银行处置担保物时限要求；删除企业仅能开立一个基本账户的规定。（6）规范客户权益保护。新设第六章"客户权益保护"，对商业银行营销、信息披露、风险分级与适当性管理、个人信息保护、收费管理等客户保护规范作出具体规定。（7）健全风险处置与市场退出机制。将原第七章整合充实为第九章"风险处置与市场退出"，参考国际准则，总结我国银行业处置经验，建立风险评级和预警、早期纠正、重组、接管、破产等有序处置和退出机制，规范处置程序，严格处置条件，完善职能分工。对结算最终性、终止净额结算、过桥商业银行作出规定。（8）加大违法处罚力度。扩充违规处罚情形，增设对商业银行股东、实际控制人以及风险事件直接责任人员的罚则。引入限制股东权利、薪酬追索扣回等措施，强化问责追责。提高罚款上限，增强立法执行力和监管有效性。

商业银行公司治理在法律层面主要由公司法和商业银行法规制。从公司法与商业银行法的关系上看，对商业银行而言公司法是一般法，商业银行法是特别法。商业银行法与公司法有不同规定时，根据一般法与特别法适用原理应当适用商业银行法的规定。商业银行是根据公司法设立的公司法人，其公司治理主体应当首先符合公司法的一般规定。商业银行应设置股东会、董事会、监事会和行长等公司治理机构，同时商业银行法对治理机构有特别规定的，还应当遵守商业银行法的规定。对于公司法的强制性规范，且商业银行法没有特别规定的，商业银行仍应当遵守公司法的强制性规范。商业银行应当建立组织健全、权责明确、制衡有效、运转高效的公司治理机制。

随着我国商业银行改革发展特别是金融创新的不断深入，商业银行公司治理制度供给需求越发强烈。由于法律规范供给的滞后，监管规范成为法律的替代。监管规范的效力层级较低、权威性不足以及稳定性较差，制约了商业银行公司治理质量的提升。商业银行法是银行的根本性法律规范，包括公司治理在内的商业银行重要制度都应当由商业银行法进行规定。商业银行法是银行公司治理的法律基石。商业银行的设立条件和程序、股东权利义务和行为、股东大会运行、董事和董事会机制、高级管理层权责、内部控制等是商业银行法公司治理规制的重点。商业银行法规范一般应理解为强制性规范，银行不得选择适用，违反规范应当承担法律责任。商业银行法应当为银行公司治理各方面提供全面的规范依据，从内部治理和外部治理两方面进行规制。内部治理方面，商业银行法应当对商业银行公司治理主体、各治理主体的权责及运行方式进行规范，通过立法对明确银行股东加重责任，实现对一般公司法基本制度的补充和修正[1]。在外部治理方面，应当规定监管机构公司治理监管的权限、监管方式及应当承担的责任。

《商业银行法》修订应当与《公司法》修订保持协调统一，应当在公司法全面修订实施后，根据通过后的公司法对公司制度的调整变革相应修

---

[1] 杨松，宋怡林. 商业银行股东加重责任及其制度建构 [J]，中国社会科学，2017 (11).

订商业银行法。在公司治理机构设置方面，公司法若将除公司股东会作为必设机构，其他治理机构为选设机构，商业银行法应明确规定商业银行、政策性银行应当设置董事会。对于受商业银行法调整的企业集团财务公司、金融租赁公司、汽车金融公司、消费金融公司等其他类型银行业金融机构，则授权监管机构根据机构规模大小和业务特点对相应机构治理机构设置进行规定，不强制设置董事会、监事会等治理机构。商业银行、开发性金融机构、政策性银行和其他吸收不特定公众存款金融机构应当设置董事会，企业集团财务公司不强制设置董事会，金融租赁公司、消费金融公司、汽车金融机构根据营业收入、资产规模、风险评级状况选择设置董事会。公司治理机构应当与金融机构规模大小和业务模式梯度性设置。吸收不特定公众存在的银行业机构应当以股份有限公司形式设立，不设置监事会和监事，在董事会中强制设置董事会审计委员会，履行监督职责。其他银行业机构可以股份有限公司、有限责任公司形式设置。国家直接出资的商业银行和国家通过国有金融控股平台公司控股的商业银行应当以股份有限公司形式设置，必须设置董事会，股东会按照公司法相关规定享有相关职权。由于监事会实际上发挥作用有限，商业银行法可进一步规定商业银行不设监事会，监督职责由非执行董事占多数的董事会审计委员会行使。国有实际控股的商业银行党组织发挥治理主体作用应当由商业银行法给予法律上的保障。

参考文献

[1] Myers, S. The Capital Structure Puzzle [J]. Joural of Finance, 1995 (39): 575 - 592.

[2] Shleifer, A., R. W. Vishny. A Survey of Corporate Governance [J]. Journal of Finance, 1997, 52 (2), 737.

[3] Claessens, S., S. Djankov, L. P. H., Lang. The Separation of Ownership and Control in East Asia Corporations [J]. Journal of Financial Economics, 2000, 58 (6), 81 - 112.

[4] Baek, J. S., Kang, J. K., Park, K. S. Corporate Governance and Firm Value: Evidence from the Korean Financial Crisis [R]. AICG Working Paper, 2003.

[5] Johnson, S., R., La Porta, F., Lopez-de-Silanes, A. Shieifer. Tunneling [J]. American Economic Review, 2000, 90 (2), 22.

[6] La Porta, R., et al. Corporate Ownership around the World [M]. NEBR Working Paper, 1998.

[7] La. Porta, Rafael, Florencio Lopez-de-Silanes. Investor Protection and Corporate Governance. [J] Journal of Financial Economies, 2000 (58): 3 - 28.

[8] Hart, Moore. A Theory of Debt Based on the Inalienability of Human Capital [J]. Quarterly Journal of Economics, 1994 (5): 49 - 68.

[9] Jensen, M. C., Meckling, W. H. Theory of the Firm: Managerial Behavior, Agency Cost and Ownership Structure [J]. Journal of Financial Economics, 1976 (3): 306 - 360.

[10] Berle, A., G. Means, The Modern Corporation and Private Property. New York: Macmillan, 1932.

[11] Steve Thompson, Mike Wright. Corporate Governance: The Role of Restructuring Transeactions [J]. The Economic Journal, 1995, 14 (5): 149-174.

[12] Anup Agrawal, Charles R Knoeber. Firm Performance and Mechanisms to Control [J]. Journal of Financial and Quantitative Analysis, 1996 (9): 152-174.

[13] Roe, M. Legal Origins, Politics and ModernStock Markets [J]. Harvard Law Reivew, 2006, 120 (2): 460-527.

[14] Khanna T. and Yafeh Y. Business Groups in Emerging Markets: Paragons or Parasites [J]. Journal of Economic Literature. 2007 (45): 331-372.

[15] Rajan, R. G., L. Zingales. The Great Reversals: The Politics of Financial Development in the Twentieth Century [J]. Journal of Financial Economics, 2003 (69): 5-50.

[16] Morch R., Wolfenzon D. and Yeung. Corporate Governance Economic Entrenchment and Growth [J]. Journ of Economic Literature, 2005 (43): 655-720.

[17] Morck R. Corporations [M]. The New Palgrave Dictionary of Economics (second edition Edited by Steven N. D. & L. E. Blume, 2008 (2): 265-268.

[18] La Porta R. L.. Lopez—de—Silanes F. and Shleifer A. The Economic Consequences of Legal Origin [J]. Journal of Economic Literature. 2008 (46): 285-332.

[19] Becht M., P. Bolton, and A. Roel. Corporate Government and Control [J]. Working Paper, 2002 (13): 9371.

[20] Claessens S., S. Djankov, L. H. P. Lang. The Separation of Ownership and Control in East Asian Corporations [J]. Journal of Financial Economics, 2000 (58): 81-112.

[21] Khanna T. and Yafeh Y. Business Groups in Emerging Markets: Para-

gons or Parasites [J]. Journal of Economic Literature, 2007 (45): 331 – 372.

[22] Faccio M. & L. H. P. Lang. The Ultimate Ownership of Western European Corporations [J]. Journal of Financial Economics, 2002 (65): 365 – 395.

[23] Larcker, D. F., Richardson, S. A., and Tuna, I. Corporate Governance, Accounting Outcomes, and Organizational Performance [J]. The Accounting Review, 2007 (82): 963 – 1008.

[24] Cheung Y., P. R. Rau and A. Stouraitis. Tunneling, Propping and Expropriation: Evidence from Connected Party Transactions in Hong Kong [J]. Journal of Financial Economics, 2006, 82 (2): 343 – 386.

[25] Jiang G., C. M. C. Lee and H. Yue. Tunneling through Inter – corporate Loans: The China Experience [J]. Journal of Financial Economics, 2010, 98 (1): 1 – 20.

[26] Petersen M. A.. Estimating Standard Errors in Finance Panel Data Sets: Comparing Approaches [J]. Review of Financial Studies, 2009, 22 (1): 435 – 480.

[27] Peng W. Q., K. C. J. Wei and Z. Yang. Tunneling or Propping: Evidence from Connected Transactions in China [J]. Journal of Corporate Finance, 2011, 17 (2): 306 – 325.

[28] Polo, A. Corporate Governance of Banks: The Current State of the Debate, Working Paper, 2007.

[29] Adams, R. and H. Mehran. Is Corporate Governance Different for Bank Holding Companies? [J]. Economic Policy Review, 2003 (9): 123 – 142.

[30] Belkhir, M. Board structure, Ownership Structure and Firm Performance: Evidence from Banking, Working Paper, 2005.

[31] Alonso, P. and E. V. Gonzalez. Corporate Governance in Banking: The Role of Board of Directors. Working Paper, 2006.

[32] Alchian Armen A. Corporate management and property rights [M]. Washington, DC: American Enterprise Institute, 1969.

[33] Williamson O E. Markets and hierarchies: analysis and antitrust implication [M]. New York: Free Press, 1975.

[34] Milgrom, Paul and John Roberts. An Economic Approach to Influence Activities and Organizational Responses [J]. American Journal of Sociology, 1988 (96): 154-179.

[35] Jensen M C, Meckling W H. Specific and general knowledge and organization structure [M]. Basil Blackwell, Oxford: Contract Economics, 1992.

[36] Scharfstein, D. S. and J. C. Stein. The Dark Side of Internal Capital Markets: Divisional Rent-Seeking and Inefficient Investment [J]. The Journal of Finance, 2000, 55 (6): 2537-2564.

[37] Ozbas, O. and D. S. Scharfstein. Evidence on the Dark Side of Internal Capital Markets [J]. Review of Financial Studies, 2010, 23 (2): 581-599.

[38] Porter, M. E.. The Five Competitive Forces That Shape Strategy [J]. Harvard Business Review, 2008 (1): 1-18.

[39] La Porta, Lopez-De-silanes, Shleifer and Vishny. R-Law and finance [J]. Journal of Political Economy, 1998: 1113-1155.

[40] Gompers P., Ishii J., Metrick A.. Corporate Governance and Equity Prices [J]. Quarterly Journal of Economics, 2003 (118): 107-155.

[41] Bebchuk, L A, Cohen, A, and Ferrell, A. What matters in corporate governance? [J]. Review of Financial Studies, 2009, 22 (2): 783-827.

[42] Ammann, M, Oesch, D, and Schmid, M M. Corporate governance and firm value: International evidence [J]. Journal of Empirical Finance, 2011, 18 (1): 36-55.

[43] Larcker, D F, Richardson, S A, and Tuna, A I. Corporate governance, accounting outcomes, and organizational performance [EB/OL]. Available at SSRN: http://ssrn.com/abstract=976566, March 30, 2007.

[44] Ho, Chi-Kun. Corporate governance and corporate competitiveness: An international analysis [J]. Corporate Governance: An International Review,

2005, 13 (2): 211 – 253.

[45] Larcker, D F, Richardson, S A, and Tuna, A I. Corporate governance, accounting outcomes, and organizational performance [EB/OL]. Available at SSRN: http://ssrn.com/abstract = 976566, March 30, 2007.

[46] Bhagat, S, Bolton, B J, and Romano, R. The promise and peril of corporate governance indices [J]. Columbia Law Review, 2008, 108 (8): 1803 – 1882.

[47] Daines, R M, Gow, I D, and Larcker, D F. Rating the ratings: How good are commercial governance ratings? [J]. Journal of Financial Economics, 2010, 98 (3): 439 – 461.

[48] Bebchuk, L A, and Hamdani, A. The elusive quest for global governance standards [R]. Harvard Law and Economics Discussion Paper, No. 633, 2009.

[49] Gerard Caprio, Luc Laeven, Ross Levine Governance and Bank Valuation [J]. Journal of Financial Intermediation, 2007: 584 – 617.

[50] Altunbas, Yener, Carbo, Santiago, Gardener, Edward P M, et al. Examining the Relationships between Capital Risk and Efficiency in European Banking [J]. European Financial Management, 2007, 13 (1): 49 – 70.

[51] Dyck, Alexander and Luigi Zingales. Corporate Governance and Capital Flows in a Glob Economy, Cornelius, P. and B. Kogut (eds.), NewYouk: Oxford University Press, 2002.

[52] Luc Laeven, Ross Levine. Bank Governance Regulation and Risk Taking [J]. Journal of Financial Economics, 2009: 259 – 275.

[53] Miller S M. Managerial Discretion and Corporate Governance in Publicly Traded Firms: Evidence from the Property – Liability Insurance Industry [J]. Journal of Risk and Insurance. 2011, 78 (3): 731 – 760.

[54] Glaeser, Edward, Simon Johnson, and Andrei Shleider. Coase vs. Coasians [J]. Quarterly Journal of Economics, 2001, 116 (3): 853 – 899.

[55] [美] 伯利，米恩斯. 现代公司与私有产权[M]. 甘华鸣，罗锐韧，蔡如海，译. 北京：商务印书馆，2005.

[56] 赵昌文，杨记军，夏秋. 中国转型期商业银行的公司治理与绩效研究[J]. 管理世界，2009（7）：46－55.

[57] 刘明康. 公司治理是银行永续发展的基石[N]. 新华财经，2011－01－07.

[58] 尚福林. 深化银行业改革 提升全面风险管理水平[N/OL]. 人民网，2013－09－16.

[59] Newman. P., Milgate. M., Eatwell. J. 新帕尔格雷夫货币金融大辞典[M]. 胡坚，等，译. 北京：经济科学出版社，2000.

[60] 王苏宏. 公司债对融资结构与治理结构的影响——基于长江电力的案例研究[D]. 北京交通大学，2008.

[61] 刘明康. 现代中国银行业监管法律体系的构建[J]. 金融时报，2005（9）：46－51.

[62] 冯果，李安安. 金融创新视域下公司治理理论的法律重释[J]. 法制与社会发展，2013（5）：71－76.

[63] 李慧聪，李维安，郝臣. 公司治理监管环境下合规对治理有效性的影响——基于中国保险业数据的实证研究[J]. 中国工业经济，2015（11）：24－29.

[64] 郭韶青. 保险公司治理结构研究文献述评[J]. 中国物价，2010（3）：65－69.

[65] 李维安，邱艾超. 国有企业公司治理的转型路径及量化体系研究[J]. 科学学与科学技术管理，2010（9）：19－27.

[66] 刘枫. 政府行为对中国国有保险企业公司治理评估的影响[J]. 中国高新技术企业，2008（8）：36－44.

[67] 罗胜，张雁云. 保险公司董事会评估机制研究[J]. 保险研究，2011（9）：74－76.

[68] 孔爱国，卢嘉园. 市场约束、商业银行治理与风险的实证研究

[J]．金融研究，2010（6）：65 - 69．

［69］夏喆，靳龙．公司治理机制对中国保险业风险与绩效的影响——基于中国保险行业 2011 年截面数据［J］．保险研究，2013（3）：16 - 23．

［70］叶成徽，陈晓安．经理报酬对中国上市保险公司效率的影响——基于随机前沿方法的实证研究［J］．保险研究，2012（8）：29 - 38．

［71］卢闯，刘俊勇，孙健，等．控股股东掏空动机与多元化的盈余波动效应［J］．南开管理评论，2011（5）：68 - 73．

［72］吴育辉，吴世农．股权集中、大股东掏空与管理层自利行为[J]．管理科学报，2011（8）：34 - 44．

［73］陶新元．中国房地产上市公司财务与治理绩效评估［J］．统计与决策，2013（9）：56 - 60．

［74］李光绪，廖晓莉，张同健．上市公司独立董事治理绩效影响因素实证研究［J］．财会通讯，2011（18）：71 - 74．

［75］杜莹，刘立国．股权结构与公司治理效率：中国上市公司的实证分析［J］．管理世界，2002（11）：23 - 29．

［76］苏启林，朱文．上市公司家族控制与企业价值［J］．经济研究，2003（8）：36 - 45．

［77］白重恩等．中国上市公司治理结构的实证研究［J］．经济研究，2005（2）：81 - 91．

［78］上海证券交易研究中心．中国公司治理报告（2015）[R]．上海：复旦大学出版社，2015．

［79］宁向东．公司治理理论[M]．北京：中国发展出版社，2005．

［80］安彬彬．公司治理理论发展综述［J］．东方企业文化·天下智慧，2010（7）：261 - 262．

［81］林毅夫．充分信息与国有企业改革[M]．上海：三联书店，上海人民出版社，1997．

［82］郑红亮，王凤彬．中国公司治理结构改革研究：一个理论综述[J]．管理世界，2000（13）：119 - 125．

[83] 秦晓. 公司治理结构的模式选择和制度安排[J]. 战略与管理, 2000（5）：92-100.

[84] 林毅夫, 蔡昉, 李周. 充分信息与国有企业改革[M]. 上海：上海人民出版社, 1997.

[85] 林毅夫, 蔡昉, 李周. 现代企业制度的内涵与国有企业改革方向[J]. 经济研究, 1997（3）：3-10.

[86] 杨红英, 童露. 论混合所有制改革下的国有企业公司治理[J]. 宏观经济研究, 2015（2）：15-19.

[87] 南开大学公司治理评估课题组. 中国上市公司治理状况评估研究——来自2008年1127家上市公司的数据[J]. 管理世界, 2010（1）：142-152.

[88] 杨典. 公司治理与企业绩效——基于中国经验的社会学分析[J]. 中国社会科学, 2013（1）：72-94.

[89] 韩少真, 潘颖, 张晓明. 公司治理水平与经营业绩——来自中国A股上市公司的经验证据[J]. 中国经济问题, 2015（1）：50-62.

[90] 郑志刚, 殷慧峰, 胡波. 中国非上市公司治理机制有效性的检验——来自中国制造业大中型企业的证据[J]. 金融研究, 2013（2）：26-31.

[91] 赫臣, 刘芯蕊, 白丽荷, 等. 公司治理机制及其治理效应研究——基于2003—2013年上市公司的公开数据[J]. 南京审计大学学报, 2016（4）：48-53.

[92] 李慧聪, 李维安, 郝臣. 公司治理监管环境下合规对治理有效性的影响——基于中国保险业数据的实证研究[J]. 中国工业经济, 2015（8）：71-80.

[93] 李云鹤, 李湛. 企业生命周期、公司治理与公司资本配置效率[J]. 南开管理评论, 2011, 14（3）：110-121.

[94] 袁琳, 张伟华. 集团管理控制与财务公司风险管理——基于10家企业集团的多案例分析[J]. 会计研究, 2015（5）：97-101.

[95] 王超恩, 张瑞君, 谢露. 产融结合、金融发展与企业创新——

来自制造业上市公司持股金融机构的经验证据[J]. 研究与发展管理, 2016, 28 (5): 71 - 81.

[96] 杜运潮, 王任祥, 徐凤菊. 国有控股上市公司的治理能力评估体系——混合所有制改革背景下的研究[J]. 经济管理, 2016 (11): 11 - 25.

[97] 韩贵义. 中国国有企业公司治理诊断模型与评估研究[J]. 中国科技论坛, 2010 (10): 67 - 71.

[98] 杨建仁, 左和平, 罗序斌. 中国上市公司治理结构评估研究[J]. 经济问题探索, 2011 (10): 29 - 37.

[99] 秦斗豆. 混合所有制是提高企业治理绩效的有效途径[J]. 中国市场, 2014 (3): 82 - 88.

[100] 郑国坚, 林东杰, 张飞达. 大股东财务困境、掏空与公司治理的有效性——来自大股东财务数据的证据[J]. 管理世界, 2013 (5): 36 - 43.

[101] 袁琳, 张宏亮. 董事会治理与财务公司风险管理——基于10家集团公司结构式调查的多案例[J]. 会计研究, 2011 (5): 65 - 71.

[102] 任梦杰. 财务公司模式下的企业集团财权制度安排[J]. 会计之友, 2016 (14): 23 - 28.

[103] 戴璐, 吴志华. 企业集团财务公司的管理与治理效应[J]. 经营与管理, 2007 (7): 29 - 35.

[104] 严李浩. 企业集团财务公司内部控制制度建设: 存在问题与改进建议[J]. 上海金融, 2011 (15): 15 - 20.

[105] 李慧. 基于内部资本市场理论的中国集团财务公司功能研究[J]. 云南社会科学, 2013 (4): 68 - 74.

[106] 谭文浩. CFO人口特征、产权性质与集团内部资金配置[J]. 审计与经济研究, 2016 (11): 58 - 65.

[107] 顾亮, 李维安. 集团内部资本市场与成员企业价值——基于集团成立财务公司的事件研究[J]. 证券市场导报, 2014 (8): 31 - 37.

[108] 高曦, 纳鹏杰, 李昊承. 企业集团财务公司董事会治理与风险管理研究[J]. 中国集体经济, 2014 (7): 75 - 76.

[109] 李洁. 政府控制、市场化进程与自由现金流的过度投资[J]. 经济问题探索, 2012 (8): 52-59.

[110] 韩留卿. 企业集团财务公司法人治理有效性思考[J]. 青海金融, 2014 (2): 43-45.

[111] 易兰广. 企业集团内部资本市场有效性及影响因素研究[J]. 中南大学学报 (社会科学版), 2014 (17): 61-63.

[112] 王超恩, 张瑞君, 徐鑫. 集团财务公司效率与企业创新[J]. 管理科学, 2016 (3): 11-15.

[113] 宋清华, 曲良波, 陈雄兵. 中国商业银行规模、治理与风险承担的实证研究[J]. 当代财经, 2011 (11): 57-70.

[114] 王娟. 公司治理效率研究评述[J]. 商业会计, 2013 (11): 64-66.

[115] 李维安, 徐业坤, 宋文洋. 公司治理评估研究前沿探析[J]. 外国经济与管理, 2011 (8): 57-64.

[116] 陈仕华, 郑文全. 公司治理理论的最新进展: 一个新的分析框架[J]. 管理世界, 2010 (2): 156-167.

[117] 袁琳, 张伟华. 集团管理控制与财务公司风险管理——基于10家企业集团的多案例分析[J]. 会计研究, 2015 (11): 28-35.

[118] 杨圣军. 企业集团财务公司管理与实务[M]. 北京: 中国金融出版社, 2012.

[119] 袁琳, 余欣怡, 仝旭. 巴塞尔协议Ⅲ与财务公司风险管理[J]. 北京工商大学学报 (社会科学版), 2013, 28 (3): 81-86.

[120] 田俊东. 财务公司产业链金融风险管控研究[J]. 会计之友, 2018 (17): 74-76.

[121] 王金梁, 张海宁. 财务公司产业链金融业务有关问题探讨[J]. 财务与会计, 2017 (1): 51-52.

[122] 吴秋生, 黄贤环. 财务公司的职能配置与集团成员上市公司融资约束缓解[J]. 中国工业经济, 2017 (9): 156-173.

[123] 王刚, 尚晓贺, 洪金明. 财务公司对集团型企业资金使用效率影响的实证研究[J]. 投资研究, 2019, 38 (5): 81-88.

[124] 陈挺, 尹红华, 邓学明等. 财务公司对母公司财务绩效的影响研究——来自电力能源行业的经验证据[J]. 财会通讯, 2021 (6): 56-60.

[125] 李志勇. 财务公司风险准备的计提[J]. 中国金融, 2020 (4): 94-95.

[126] 李伏安. 财务公司改革发展的新阶段[J]. 中国金融, 2015 (16): 17-19.

[127] 周骏, 黄嵩, 张俊超. 财务公司还是结算中心?——企业集团资金集中管理模式的角度[J]. 上海金融, 2020 (2): 64-70.

[128] 王辉, 臧日宏. 财务公司金融功能的国际比较及启示[J]. 上海金融, 2015 (6): 106-108.

[129] 段文务. 财务公司面临的风险与管理[J]. 中国金融, 2018, 892 (22): 95-96.

[130] 黄德渊, 方燕儿. 财务公司如何向产业银行转型[J]. 银行家, 2016 (10): 93-95.

[131] 吴秋生, 黄贤环. 财务公司职能配置与集团成员上市公司投资效率[J]. 经济问题, 2017 (7): 103-112.

[132] 王少杰. 财务公司转型路径[J]. 中国金融, 2016 (18): 86-87.

[133] 王会欣. 大型企业集团资金集中管理问题探讨[J]. 财会通讯, 2015 (11): 47-49.

[134] 谢增毅. 董事会委员会与公司治理[J]. 法学研究, 2005, 27 (5): 60-69.

[135] 虞政平. 构建中国多元化公司治理结构新模式[J]. 中外法学, 2008 (1): 66-74.

[136] 蔡勇. 国有企业集团票据池金融生态优化功能: 以中国石油为

例[J]. 财会月刊, 2021 (4): 150-154.

[137] 李慧. 基于内部资本市场理论的我国集团财务公司功能研究[J]. 云南社会科学, 2013 (4): 68-73.

[138] 袁琳, 张伟华. 集团管理控制与财务公司风险管理——基于10家企业集团的多案例分析[J]. 会计研究, 2015 (5): 35-41, 94.

[139] 顾亮, 李维安. 集团内部资本市场与成员企业价值——基于集团成立财务公司的事件研究[J]. 证券市场导报, 2014 (8): 31-37.

[140] 严李浩. 企业集团财务公司内部控制制度建设: 存在问题与改进建议[J]. 上海金融, 2011 (11): 104-107.

[141] 王兴友. 企业集团财务公司业务创新发展研究——基于资金富余型财务公司视角[J]. 西南金融, 2019 (12): 88-96.

[142] 姜洪元. 企业集团资金的归集、筹措、使用与安全[J]. 中国注册会计师, 2021 (2): 102-104.

[143] 唐忠良. 企业集团资金集中管理财务公司模式研究[J]. 财会通讯, 2013 (33): 113-115, 121.

[144] 邓群伟. 我国财务公司发展历程和趋势[J]. 银行家, 2012 (6): 77-79.

[145] 马广奇, 杨雯. 新形势下财务公司发展问题思考[J]. 财会通讯, 2011 (7): 94-95.

[146] 王岩玲. 行业评级与财务公司发展[J]. 中国金融, 2015 (16): 20-21.

[147] 庄毓敏, 邵镜容. 银行与财务公司合作服务实体经济[J]. 中国金融, 2020 (12): 46-47.

[148] 丁龙飞, 谢获宝, 韩忠雪. 子公司自主权、财务公司与短贷长投[J]. 金融经济学研究, 2020, 35 (4): 146-160.

[149] 程新生. 公司治理、内部控制、组织结构互动关系研究[J]. 会计研究, 2004 (4): 14-18, 97.

[150] 顾海峰, 闫君. 公司治理、资本监管与银行风险承担[J]. 财经

理论与实践, 2020, 41 (6): 2-9.

[151] 舒伟, 张咪. 公司治理: 新趋势与启示[J]. 管理现代化, 2020, 40 (2): 76-80.

[152] 李安安, 冯果. 公司治理的金融解释——以金融法和金融学的科际整合为视角[J]. 法制与社会发展, 2015, 21 (4): 162-172.

[153] 陈彬, 邓霆. 公司治理对保险公司绩效影响的实证检验——以24家中资财产保险公司为例[J]. 社会保障研究, 2013 (1): 104-112.

[154] 夏喆, 靳龙. 公司治理机制对我国保险业风险与绩效的影响——基于我国保险行业2011年截面数据[J]. 保险研究, 2013 (3): 16-23.

[155] 李慧聪, 李维安, 郝臣. 公司治理监管环境下合规对治理有效性的影响——基于中国保险业数据的实证研究[J]. 中国工业经济, 2015 (8): 98-113.

[156] 阮珂, 何永芳, 刘丹萍. 公司治理结构、多元化经营与绩效——基于我国上市商业银行2004—2013年面板数据的实证研究[J]. 宏观经济研究, 2015 (11): 142-151.

[157] 郑志刚. 公司治理困境与应对[J]. 中国金融, 2018 (5): 67-68.

[158] 姚伟, 黄卓, 郭磊. 公司治理理论前沿综述[J]. 经济研究, 2003 (5): 83-90, 94.

[159] 朱南军, 郝君富. 公司治理是保险集团健康发展的制度基础[J]. 中国金融, 2010 (21): 59-60.

[160] 赵万一, 华德波. 公司治理问题的法学思考——对中国公司治理法律问题研究的回顾与展望[J]. 河北法学, 2010, 28 (9): 2-21.

[161] 冯果, 李安安. 公司治理一体化走向的制度发生学解释——以结构融资为中心展开[J]. 现代法学, 2012, 34 (1): 87-95.

[162] 朱南军, 王文健. 公司治理与风险承担——来自中国保险业的证据[J]. 经济科学, 2017 (2): 101-115.

[163] 高雷，宋顺林．公司治理与公司透明度[J]．金融研究，2007（11）：28-44．

[164] 肖丽，叶蜀君．公司治理与银行稳定的关系研究[J]．南京社会科学，2014（3）：50-56．

[165] 赵旭东．公司治理中的控股股东及其法律规制[J]．法学研究，2020，42（4）：92-108．

[166] 赵旭东．股东会中心主义抑或董事会中心主义？——公司治理模式的界定、评判与选择[J]．法学评论，2021，39（3）：68-82．

[167] 孙月静．股份制商业银行公司治理绩效的实证分析[J]．财经问题研究，2006（3）：29-34．

[168] 郭露，琚然，戴志敏．股份制商业银行资本结构与代理成本分析[J]．华东经济管理，2015，29（11）：108-114．

[169] 祝继高，饶品贵，鲍明明．股权结构、信贷行为与银行绩效——基于我国城市商业银行数据的实证研究[J]．金融研究，2012（7）：48-62．

[170] 李维安，曹廷求．股权结构、治理机制与城市银行绩效——来自山东、河南两省的调查证据[J]．经济研究，2004（12）：4-15．

[171] 鲁桐．国际公司治理发展新动向[J]．中国金融，2020（4）：65-66．

[172] 张扬，郝臣，李慧聪．国外保险公司治理研究：主题、逻辑与展望[J]．保险研究，2012（10）：86-94．

[173] 郝臣，付金薇，李维安．国外保险公司治理研究最新进展——基于2008—2017年文献的综述[J]．保险研究，2018（4）：112-127．

[174] 王舟浩，张园．国外公司治理经验及对我国的启示[J]．西安交通大学学报（社会科学版），2014，34（1）：54-60．

[175] 刘福广．国有控股公司党组织嵌入治理结构研究[D]．北京：北京交通大学，2020．

[176] 程凤朝，李莉．国有控股银行党委领导与公司治理关系研究

[J]. 财贸经济, 2012 (11): 48-55.

[177] 宋玮. 国有商业银行公司治理的理论分析及政策含义[J]. 金融论坛, 2003 (3): 8-12.

[178] 聂永忠. 国有商业银行总分行的组织效率——基于公司治理视角的研究[J]. 金融论坛, 2014, 19 (12): 71-77.

[179] 田雷. 国有中小银行公司治理建设[J]. 中国金融, 2020 (21): 27-29.

[180] 秦强. 基于公司治理的我国商业银行风险管理研究 [D]. 太原: 山西财经大学, 2020.

[181] 王飞, 徐炜. 基于股东大会视角的我国上市银行公司治理效率研究[J]. 上海金融, 2013 (10): 52-53, 117.

[182] 高飞. 加快修订商业银行法[J]. 中国金融, 2014 (12): 12-14.

[183] 郭少泉. 建设现代商业银行公司治理体系[J]. 中国金融, 2018 (14): 42-44.

[184] 冯果, 李安安. 金融创新视域下的公司治理——公司法制结构性变革的一个前瞻性分析[J]. 法学评论, 2010, 28 (6): 34-41.

[185] 冯果, 李安安. 金融创新视域下公司治理理论的法律重释[J]. 法制与社会发展, 2013, 19 (6): 64-75.

[186] 鲁篱, 梁远航. 金融控股公司章程研究[J]. 社会科学研究, 2013 (5): 29-33.

[187] 张怡. 金融控股公司治理结构改革[J]. 中国金融, 2019 (1): 60-61.

[188] 鲁桐. 金融控股集团公司治理的关键[J]. 中国金融, 2017 (16): 22-23.

[189] 徐金麟, 王凯. 进一步健全金控集团公司治理[J]. 中国金融, 2020 (15): 30-31.

[190] 郝臣. 进一步提升我国保险公司治理有效性的政策建议[J]. 经

济研究参考，2017（48）：21-22.

[191] 崔竞文．类别股与中国公司法的演进[J]．法制博览，2016（36）：191-192.

[192] 李腾，钟明．利益相关者视角下我国保险公司独立董事制度有效性研究[J]．保险研究，2019（9）：60-73.

[193] 杨大可．论党组织与国企监督机制的融合[J]．当代法学，2020，34（2）：87-95.

[194] 蔡立东．论法定代表人的法律地位[J]．法学论坛，2017，32（4）：14-23.

[195] 何颖，阮少凯．论金融产品销售商的投资者适当性义务[J]．财经法学，2021（1）：134-145.

[196] 季奎明．论金融机构董事信义义务的扩张[J]．甘肃政法学院学报，2011（5）：142-148.

[197] 张继红．论金融机构董事之民事责任[J]．中国政法大学学报，2018（3）：125-138，208.

[198] 张艳，丁江萍，刘循循．论新《保险法》对保险公司公司治理的影响[J]．保险研究，2010（5）：78-83.

[199] 隋平，罗康．论银行公司治理制度的构建[J]．法学杂志，2012，33（6）：152-156.

[200] 洪正．论银行业公司治理的特殊性[J]．经济评论，2006（6）：125-133.

[201] 杨松，宋怡林．民营银行股东自担风险立法模式借鉴与选择[J]．法律科学（西北政法大学学报），2016，34（6）：150-162.

[202] 谢志华．内部控制、公司治理、风险管理：关系与整合[J]．会计研究，2007（10）：37-45，95.

[203] 徐华，李思荟．内部治理、外部监管与保险公司风险承担[J]．保险研究，2013（12）：116-123.

[204] 丁灿．农商行公司治理实践与反思[J]．中国金融，2018

(21): 52-54.

[205] 夏平. 努力探索中小银行公司治理之路[J]. 中国金融, 2018 (14): 44-46.

[206] 张晓慧. 强化股东在金融企业公司治理中的地位[J]. 中国金融, 2020 (15): 15-18.

[207] 高明华. 强化金融企业董事会独立性[J]. 中国金融, 2020 (15): 38-40.

[208] 凌敢. 全面提升城商行公司治理水平[J]. 中国金融, 2018 (14): 31-33.

[209] 周清杰. 商业银行的公司治理与银行监管: 孰轻孰重[J]. 北京工商大学学报 (社会科学版), 2006 (2): 26-29.

[210] 上海农商银行课题组, 刘勇奋. 商业银行公司治理、社会责任与金融消费者权益保护[J]. 上海金融, 2013 (11): 95-99, 62.

[211] 潘敏. 商业银行公司治理: 一个基于银行业特征的理论分析[J]. 金融研究, 2006 (3): 37-47.

[212] 李维安, 曹廷求. 商业银行公司治理——基于商业银行特殊性的研究[J]. 南开学报, 2005 (1): 83-89.

[213] 梁绮利. 商业银行公司治理研究 [D]. 北京: 中共中央党校, 2016.

[214] 张吉光, 骆丹花. 实现城商行有效公司治理[J]. 中国金融, 2018 (16): 74-75.

[215] 孙永祥. 所有权、融资结构与公司治理机制[J]. 经济研究, 2001 (1): 45-53.

[216] 李艺华, 郝臣. 外部治理对保险公司风险承担的影响研究——基于外部监管和产品市场竞争视角[J]. 保险研究, 2019 (12): 65-80.

[217] 刘坤坤. 完善保险公司法人治理结构的监管对策[J]. 南方金融, 2008 (8): 39-41.

[218] 彭彦曦. 完善地方银行公司治理[J]. 中国金融, 2020 (23):

37-39.

[219] 周亮. 完善公司治理 促进股份制银行高质量发展[N]. 中国银行保险报, 2020-08-31 (001).

[220] 韩洋. 危机以来国际金融监管制度的法律问题研究[D]. 上海: 华东政法大学, 2014.

[221] 徐晓松, 徐东. 我国《公司法》中信义义务的制度缺陷[J]. 天津师范大学学报（社会科学版), 2015 (1): 51-58.

[222] 郝臣, 白丽荷, 崔光耀. 我国保险公司股东治理有效性实证研究——基于偿付能力的视角[J]. 当代经济管理, 2016, 38 (12): 84-90.

[223] 江津, 王凯. 我国保险公司治理机制有效性研究——基于上市保险公司的实证检验[J]. 保险研究, 2015 (1): 62-71.

[224] 徐强胜. 我国公司人格的基本制度再造——以公司资本制度与董事会地位为核心[J]. 环球法律评论, 2020, 42 (3): 57-70.

[225] 邹小琴. 我国公司治理法律制度的弊端检讨及完善路径[J]. 法学杂志, 2020, 41 (1): 74-82.

[226] 刘兵勇. 我国商业银行产权、股权与混合所有制改革[J]. 江西社会科学, 2016, 36 (6): 52-60.

[227] 李金, 黄雯. 我国上市商业银行股权结构与绩效的关系研究[J]. 西南民族大学学报（人文社会科学版), 2013, 34 (8): 102-106.

[228] 安吉娃, 李玉环. 我国上市银行公司治理与风险控制研究[J]. 现代管理科学, 2015 (9): 15-17.

[229] 王稳, 田满霞. 我国寿险公司治理效率评价的实证研究[J]. 保险研究, 2020 (12): 3-17.

[230] 陈众. 我国信托业公司治理机制与经营绩效关系研究[D]. 北京: 中央财经大学, 2016.

[231] 章添香, 张春海. 我国银行业公司治理、经营效率与企业内部控制[J]. 经济管理, 2015, 37 (12): 39-48.

[232] 李维安. 我国银行治理改革与发展[J]. 中国金融, 2014 (6):

61-62.

[233] 银保监会政策银行部公司治理研究课题组,周民源,孙晓明. 我国政策性金融机构公司治理研究[J]. 金融监管研究,2020(5):1-15.

[234] 郝臣,刘琦. 我国中小型保险机构治理质量研究——基于2016—2019年公开数据的治理评价[J]. 保险研究,2020(10):79-97.

[235] 丁友刚,文佑云. 我国总会计师制度建设若干问题研究——基于相关政策与法规之间冲突性与不完善性的思考[J]. 会计研究,2012(8):72-77,97.

[236] 李爱君. 系统重要性金融机构的特殊风险法律防范[J]. 中国政法大学学报,2015(1):105-123,159.

[237] 李燕,杨朝越. 行政与市场双重视角下的国有大型商业银行治理检视[J]. 投资研究,2019,38(7):147-159.

[238] 张炜. 修改完善商业银行法[J]. 中国金融,2016(2):46-49.

[239] 赵清辉. 银行公司治理的制衡机制[J]. 中国金融,2014(6):65-66.

[240] 阎庆民. 银行业公司治理与外部监管[J]. 金融研究,2005(9):84-95.

[241] 赵静,王海杰,卢方元. 银行治理视角下资本监管对银行风险承担的影响研究[J]. 南京社会科学,2017(8):27-35.

[242] 杨再平. 有效银行监管机制问题探析[J]. 金融研究,2015(2):23-28.

[243] 许建平. 制衡是城商行公司治理的关键[J]. 中国金融,2020(21):19-22.

[244] 郑伟. 中国保险业发展评析[J]. 中国金融,2020(2):36-38.

[245] 吕向公. 中国城市商业银行公司治理优化研究[D]. 西安:西北农林科技大学,2012.

[246] 邓峰. 中国法上董事会的角色、职能及思想渊源:实证法的考察[J]. 中国法学,2013(3):98-108.

[247] 黄笠. 中国商业银行治理法律策略分析[J]. 江苏社会科学, 2012 (2): 166-169.

[248] 郝臣, 崔光耀, 李浩波, 王励翔. 中国上市金融机构公司治理的有效性——基于2008—2015年CCGI～(NK)的实证分析[J]. 金融论坛, 2016, 21 (3): 64-71, 80.

[249] 赵万一, 赵吟. 中国自治型公司法的理论证成及制度实现[J]. 中国社会科学, 2015 (12): 156-176, 208.

[250] 陆岷峰, 周军煜. 中小商业银行: 风险管理、公司治理与改革策略[J]. 济南大学学报(社会科学版), 2020, 30 (4): 100-113, 159.

[251] 范健. 资本泛滥时期的公司治理与金融监管[J]. 法学杂志, 2019, 40 (2): 11-24.

[252] 李维安, 曹廷求. 商业银行公司治理: 理论模式与我国的选择[J]. 南开学报, 2003 (1): 42-50.

[253] 曾斌, 程威. 2019年公司治理的全球和区域趋势[J]. 投资者, 2019 (2): 187-194.

[254] 周小川. 公司治理与金融稳定[J]. 中国金融, 2020 (15): 9-11.

[255] 郭树清. 完善公司治理是金融企业改革的重中之重[N]. 经济日报, 2020-07-03 (010).

[256] 王娴, 闫琰. 集团内金融机构公司治理问题与对策[J]. 中国金融, 2020 (15): 35-37.

[257] 赵旭东. 公司法修订中的公司治理制度革新[J]. 中国法律评论, 2020 (3): 119-130.

[258] 赵旭东. 公司治理中的控股股东及其法律规制[J]. 法学研究, 2020, 42 (4): 92-108.

[259] 周学东. 中小银行金融风险主要源于公司治理失灵——从接管包商银行看中小银行公司治理的关键[J]. 中国金融, 2020 (15): 19-21.

[260] 彭虹, 汤丽. 保险公司治理监管法律问题初探[J]. 云南大学学

报（法学版），2010，23（5）：27-32.

[261] 佐哈·戈申，理查德·斯奎尔，林少伟，许瀛彪. 被代理人成本：公司法与公司治理的新理论（上）[J]. 交大法学，2017（2）：151-167.

[262] 顾闻. 我国商业类国有企业公司治理法律制度问题研究[D]. 南京：南京师范大学，2019.

[263] 俞敏. 党的领导与中小银行公司治理[J]. 中国金融，2020（18）：65-66.

[264] 楼秋然. 党组织嵌入国有企业公司治理：基础理论与实施机制研究[J]. 华中科技大学学报（社会科学版），2020，34（1）：8-16，47.

[265] 崔勤之. 对我国公司治理结构的法理分析[J]. 法制与社会发展，1999（2）：13-18.

[266] 乔宝杰. 对我国有限责任公司治理结构的反思[J]. 政治与法律，2011（8）：112-118.

[267] 张锐. 法律移植视角下的"公司治理"[J]. 中山大学法律评论，2015，13（4）：49-72.

[268] 迈克尔·克劳斯纳，李诗鸿. 公司法和公司治理中的现实与幻象[J]. 华东政法大学学报，2018，21（3）：137-162.

[269] 朱慈蕴，林凯. 公司制度趋同理论检视下的中国公司治理评析[J]. 法学研究，2013，35（5）：24-41.

[270] 徐晓松. 公司治理："结构"抑或"问题"[J]. 政法论坛，2013，31（6）：61-68.

[271] 于群. 公司治理的法哲学分析[J]. 当代法学，2002（6）：61-64.

[272] 胡晓静. 公司治理的解析[J]. 甘肃政法学院学报，2008（5）：23-28.

[273] 李安安，冯果. 公司治理的金融解释——以金融法和金融学的科际整合为视角[J]. 法制与社会发展，2015，21（4）：162-172.

[274] 刘安. 公司治理的政治经济学维度——基于中国公司法的分析[J]. 证券法苑，2014，13（4）：62-87.

[275] 李爱荣. 公司治理结构的法理学分析[J]. 法学, 1998 (8): 50-53.

[276] 傅穹, 曹理. 公司治理模式: 全球一体化与中国本土化的相互渗透[J]. 国家检察官学院学报, 2012, 20 (1): 135-144.

[277] 赵万一, 华德波. 公司治理问题的法学思考——对中国公司治理法律问题研究的回顾与展望[J]. 河北法学, 2010, 28 (9): 2-21.

[278] 冯果, 李安安. 公司治理一体化走向的制度发生学解释——以结构融资为中心展开[J]. 现代法学, 2012, 34 (1): 87-95.

[279] J. B. 希顿, 林少伟, 许瀛彪. 公司治理与代理崇拜[J]. 交大法学, 2018 (4): 95-109.

[280] 阳建勋. 公司治理与金融监管互动中的银行股东道德风险规制[J]. 现代法学, 2018, 40 (4): 122-135.

[281] 施天涛. 公司治理中的宪制主义[J]. 中国法律评论, 2018 (4): 89-106.

[282] 曹兴权. 公司治理准则的司法适用[J]. 投资者, 2018 (2): 31-50.

[283] 强舸. 国有企业党组织如何内嵌公司治理结构？——基于"讨论前置"决策机制的实证研究[J]. 经济社会体制比较, 2018 (4): 16-23.

[284] 沈伟. 黑暗中的治理: 金融危机与公司治理——特集导读[J]. 交大法学, 2014 (2): 5-11.

[285] 席涛. 货币、市场与《商业银行法》[J]. 政法论坛, 2015, 33 (1): 3-20.

[286] 黄立新, 陈宇, 王靓, 等. 监管转型背景下公司治理监管路径的现状、问题与对策[J]. 证券法苑, 2015, 14 (1): 283-295.

[287] 冯果, 李安安. 金融创新视域下的公司治理——公司法制结构性变革的一个前瞻性分析[J]. 法学评论, 2010, 28 (6): 34-41.

[288] 冯果, 李安安. 金融创新视域下公司治理理论的法律重释[J]. 法制与社会发展, 2013, 19 (6): 64-75.

[289] 徐明,杨柏国. 经济危机下的公司治理问题及应对[J]. 法学, 2010 (6): 95-104.

[290] 赵英杰. 论 OECD《公司治理原则》——2015 年修订情况及其对我国的启示[J]. 证券法苑, 2016, 18 (2): 295-313.

[291] 赵忠龙. 论公司治理的概念与实现[J]. 法学家, 2013 (3): 97-112, 178-179.

[292] 杨帆. 论公司治理结构中的外部监事制度[J]. 法学, 2001 (12): 68-71.

[293] 管斌. 论我国村镇银行公司治理的制度变革[J]. 经济法论丛, 2017 (1): 299-322.

[294] 隋平,罗康. 论银行公司治理制度的构建[J]. 法学杂志, 2012, 33 (6): 152-156.

[295] 赵万一,高达. 论中国公司法与证券法的协同完善与制度创新——以公司治理为研究视角[J]. 河南财经政法大学学报, 2014, 29 (4): 138-148.

[296] 朱伟一. 法官帮闲:美国公司治理的新动向[J]. 国际融资, 2014 (6): 39-41.

[297] 赵冉冉,罗培新. 趋同抑或存异:公司治理法律制度变革前瞻[J]. 金融法苑, 2015 (1): 38-55.

[298] 李建伟. 全球公司治理趋同背景下的中国公司治理模式选择[J]. 中国法律:中英文版, 2012 (1): 16-21.

[299] 吴世学. 全球金融危机与公司治理[J]. 交大法学, 2014 (2): 12-20.

[300] 商镇. 商业银行公司治理的司法介入[J]. 法律适用, 2008 (12): 78-80.

[301] 杨松,宋怡林. 商业银行股东加重责任及其制度建构[J]. 中国社会科学, 2017 (11): 53-74, 205.

[302] 佐藤孝弘. 受合法性概念影响的中国公司治理变迁[J]. 经济法

研究，2010（9）：245-253.

[303] 邹小琴. 我国公司治理法律制度的弊端检讨及完善路径[J]. 法学杂志，2020，41（1）：74-82.

[304] 官欣荣. 我国司法介入公司治理的迷惑及对策——华尔街金融危机背景下的新思考[J]. 政法论坛，2009，27（4）：124-137.

[305] 黄运成，曹里加，李畅. 我国证券公司治理缺陷的根源及其出路[J]. 政治与法律，2004（6）：54-57.

[306] 吴建斌. 现代公司治理结构的新趋势[J]. 法学杂志，1996（4）：16-17.

[307] 管晓峰. 银行公司治理结构与资产运营安全[J]. 广东社会科学，2009（1）：188-193.

[308] 张吉光，朱柯达. 中小银行公司治理难题[J]. 中国金融，2019（5）：48-49.

[309] 周友苏. 中国特色国有公司治理的特征、要点和实现路径[J]. 经济法论丛，2017（2）：56-64.

[310] 蒋建湘. 中国特色国有公司治理模式及其实现[J]. 经济法论丛，2018（1）：57-61.

[311] 范健. 资本泛滥时期的公司治理与金融监管[J]. 法学杂志，2019，40（2）：11-24.

[312] 罗培新. 美国公司治理评级的法律与政策之反思——兼及对我国公司治理法律制度的影响[J]. 法学，2009（11）：41-57.

[313] 吴越. 美国公司治理制度与我国公司法的完善[J]. 当代法学，2002（12）：110-114.

[314] 梁绮利. 商业银行公司治理研究[D]. 北京：中共中央党校，2016.

[315] 朱慈蕴，林凯. 公司制度趋同理论检视下的中国公司治理评析[J]. 法学研究，2013，35（5）：24-41.

[316] 宋姝. 公司法修改对股东积极主义的回应——以中小股东监督

大股东掏空行为为视角[J]. 社会科学家, 2020 (4): 105-109.

[317] 赵旭东. 公司法修订中的公司治理制度革新[J]. 中国法律评论, 2020 (3): 119-130.

[318] 梁涛. 奋力构建中国特色银行保险业公司治理机制[N]. 中国银行保险报, 2020-07-17 (001).

[319] 张翼, 马光. 法律、公司治理与公司丑闻[J]. 管理世界, 2005 (10): 113-122, 161.

[320] 殷秋实. 法定代表人的内涵界定与制度定位[J]. 法学, 2017 (2): 14-27.

[321] 许荣, 王杰. 董事责任保险与公司治理机制的互动影响研究——来自中国A股上市公司的证据[J]. 保险研究, 2012 (3): 68-78.

[322] 王亮. 董事会中心主义的法律模式建构[D]. 成都: 西南政法大学, 2017.

[323] 赵尚梅, 史宏梅, 杜华东. 地方政府在城市商业银行的大股东掏空行为——从地方政府融资平台贷款视角的研究[J]. 管理评论, 2013, 25 (12): 32-41.

[324] 楼秋然. 党组织嵌入国有企业公司治理: 基础理论与实施机制研究[J]. 华中科技大学学报 (社会科学版), 2020, 34 (1): 8-16, 47.

[325] 中国工商银行董事会办公室课题组, 钱毅, 李媛, 等. 大型银行授权管理与公司治理效率研究[J]. 金融论坛, 2016, 21 (8): 11-22.

[326] 钱毅, 张春煜, 张启宇. 大型银行集团治理的挑战[J]. 中国金融, 2015 (17): 58-60.

[327] 牛锡明. 大型银行集团公司的治理[J]. 中国金融, 2017 (16): 12-14.

[328] 王红一. 从银行公司治理的特殊性看银行董事的责任[J]. 法学, 2007 (10): 108-115.

[329] 金煜. 城商行公司治理建设思考[J]. 中国金融, 2018 (14): 36-38.

［330］罗胜. 保险公司治理评价与治理监管研究［D］. 天津：南开大学，2012.

［331］祝杰. 保险公司治理结构的完善［J］. 社会科学战线，2012（6）：281-282.

［332］贲奔，臧明仪. 保险公司治理监管的硬约束［J］. 中国金融，2014（6）：56-58.

［333］陈彬. 保险公司治理对企业绩效影响的实证研究［D］. 上海：复旦大学，2011.

［334］郝臣，崔光耀，白丽荷. 保险公司治理对偿付能力影响实证研究——基于公司治理评价视角［J］. 金融与经济，2016（8）：50-56.

［335］郝臣. 保险公司治理的优化［J］. 中国金融，2017（16）：80-81.

［336］刘素春. 保险公司治理的特殊性研究——基于利益相关者理论［J］. 保险研究，2010（5）：84-89.

［337］李维安，李慧聪，郝臣. 保险公司治理、偿付能力与利益相关者保护［J］. 中国软科学，2012（8）：35-44.

［338］薄燕娜. 保险公司实际控制人的范畴界定与监管规制［J］. 东岳论丛，2020，41（2）：127-135.

［339］邢婷婷. 保险公司内部控制研究［D］. 天津：南开大学，2013.

［340］毛颖，孙蓉，甄浩. 保险公司股权结构对风险承担行为的影响研究［J］. 保险研究，2019（7）：14-28.

［341］凌士显，谢清华. 保险公司董事会治理与经营绩效［J］. 南方金融，2015（12）：67-75，24.

［342］郝臣，钱璟. 保险公司董事会治理、公司绩效与偿付能力［J］. 金融发展研究，2018（3）：12-20.

［343］郝臣. 保险法人机构治理评价新思路［J］. 上海保险，2018（4）：10-13.

［344］李广子，陈醒. 巴塞尔银行监管委员会银行公司治理原则的演

进与启示[J]. 经济研究参考,2019(1):72-77.

[345] G20 公司治理原则与我国银行保险业实践[J]. 中国金融,2020(1):39-40.

[346] 刘少军.《商业银行法》组织制度修改中的权责分配问题[J]. 现代法学,2021,43(1):169-185.

[347] 董希淼.《商业银行法》修改的意义[J]. 中国金融,2020(21):54-55.

[348] 汪小亚,何正启.《商业银行法》修订应关注的几个问题[J]. 金融论坛,2016,21(6):8-15.

[349] 鲁桐.《G20/OECD 公司治理原则》修订及影响[J]. 中国金融,2018(9):85-87.